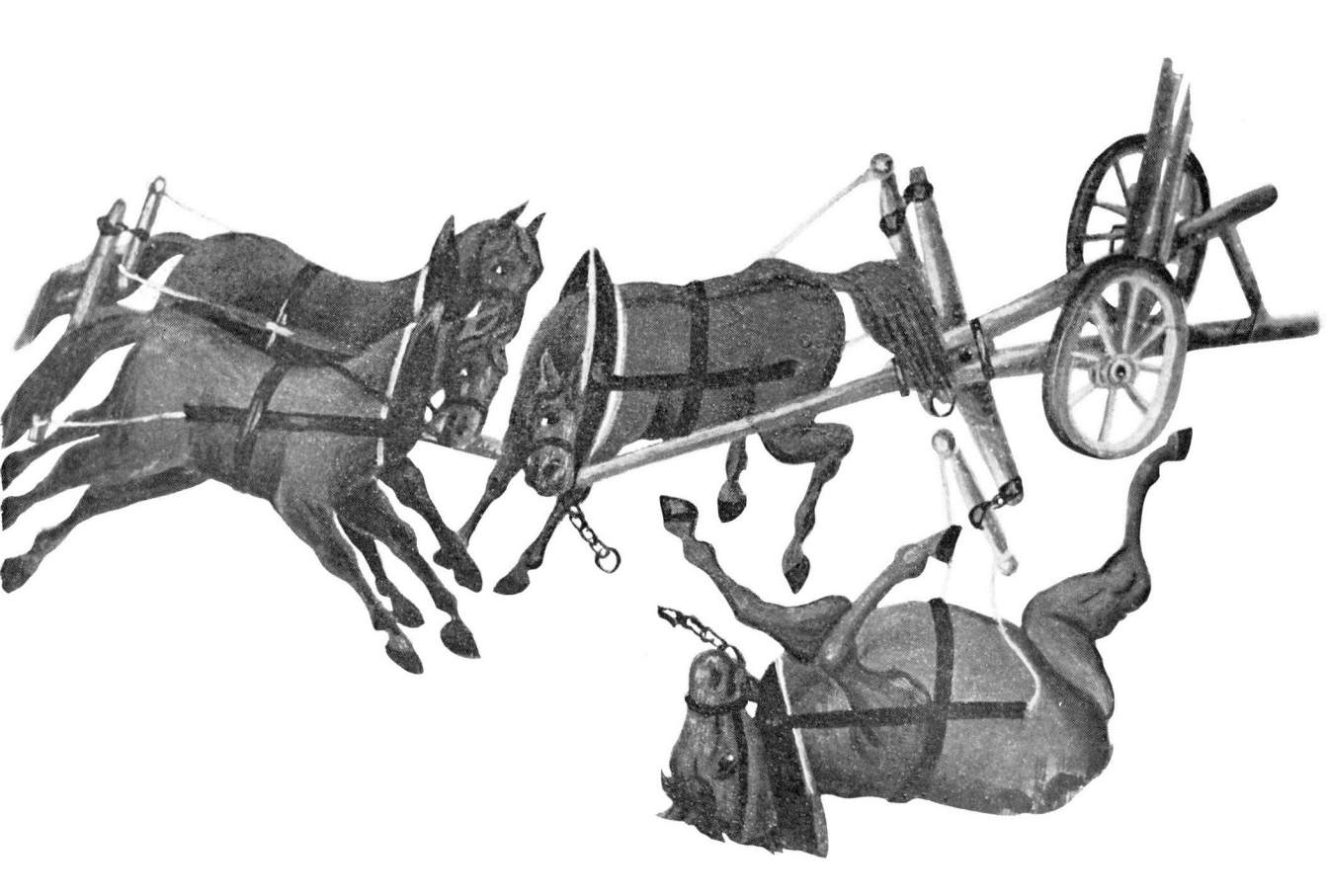

Frank Baer

Votivtafel-Geschichten

Votivtafeln erzählen
von Räubern und von Kriegen,
von Feuersbrünsten und Kindsnöten
von Verkehrsunfällen und
von wunderbarer Hilfe

Rosenheimer Verlagshaus

Inhalt

EX VOTO Seite 6
Votivtafeln und ihre Geschichte / Mirakel und Mirakelbücher / Die wunderbare Rettung des Thomas Hanss 1663 / Wallfahrtspropaganda / Votivtafelmaler / Heutiger Bildbestand

WALLFAHRT Seite 20
Heilige Stätten und Reliquienverehrung / Entwicklung der Gnadenwallfahrten / Das Wunder der Augenwendung in Maria Steinbach / Himmlische Nothelfer und frommes Brauchtum / Opferfreudigkeit der Pilger am Beispiel Altötting

KINDSNÖTE Seite 40
Geburtshilfe in der Barockzeit / Hebammenausbildung und gewaltsame Entbindung / Ein Ärztestreit zwischen zwei Accoucheuren des 18. Jahrhunderts / Kindbettfieber und Kindersterblichkeit / Kindergeschichten aus Mirakelbüchern

KRANKHEIT Seite 60
Medizinische Versorgung im 17. und 18. Jahrhundert / Doctores, Bader und Wanderärzte / Seuchen und Epidemien / Krankenberichte aus Mirakelbüchern / Heilige als Heilspezialisten

FEUERSNOT Seite 80
Brandbekämpfung vor Einführung der Feuerwehr / Feuerordnungen und Brandwachen / Löschtechnik mit Eimerkette und Handspritze / Das Feuer als Strafe Gottes / Ein Stadtbrand im Jahre 1794

KRIEGSGEFAHR Seite 100
Der Spanische Erbfolgekrieg aus der Sicht der bayerischen Bauern und Bürger / Kriegssteuern, Einquartierung und Plünderung / Ein Pfarrer als Geisel unter Husaren / Der Oberländer Aufstand und die Sendlinger Bauernschlacht

RAUBÜBERFALL Seite 120
Räuberbanden im 18. Jahrhundert / Soziale und politische Hintergründe des Räuberunwesens / Organisation und Taktik der Banden / Der Bayerische Hiesel, Krummfinger und Schinderhannes / Votivtafelgeschichte vom Überfall auf eine Mühle

VERKEHRSUNFALL Seite 140
Unfälle mit Pferden und pferdegezogenen Wagen / Verkehrswesen in der Postkutschenzeit / Unsicherheit auf den Straßen / Schiffsreisen und Floßfahrten / Unfallberichte auf Votivtafeln

VOLKSFRÖMMIGKEIT UND
AUFKLÄRUNG Seite 160
Glauben und Aberglauben / Staatliche Zwangsmaßnahmen gegen das Brauchtum barocker Volksfrömmigkeit / Feiertagsverbote und Wallfahrtsbeschränkungen / Votivtafeln, die keine Geschichten mehr erzählen

VOTIVTAFELTEXTE Seite 166

BIBLIOGRAPHIE Seite 170

Ex Voto

Im Jahre 1780 verlobte sich der Mühlknecht und Bauernsohn Georg Kaiser mit einer Votivtafel zur Muttergottes nach Altötting. Das heißt, er stellte sich in einer lebensgefährlichen Situation unter den Schutz des dort verehrten Gnadenbildes, das in dem Ruf besonderer Wunderwirksamkeit stand, und versprach für den Fall seiner Rettung eine Votivtafel. Diese Tafel brachte er dann auf einer Wallfahrt zur Gnadenkapelle und übergab sie seiner himmlischen Nothelferin. Sie wurde in der Kapelle aufgehängt als Zeugnis seiner Dankbarkeit und als neuerlicher Beweis für die Wunderkraft des Gnadenbildes. Die Geschichte, die sie erzählt, ist auf den Seiten 16 und 17 wiedergegeben.

Votivtafeln verdanken ihre Entstehung dem Glauben an die wundertätige Kraft von Gnadenbildern, die in Wallfahrtskirchen verehrt und von den Gläubigen um Schutz und Hilfe angefleht werden. Die lateinische Formel EX VOTO, die sich auf fast allen Votivtafeln findet, sagt, daß diese Bilder »aufgrund eines Verlöbnisses« gestiftet wurden. Die Stifter hatten sich in einem Augenblick der Gefahr einem Gnadenbild anverlobt, sich also unter den Schutz der Himmlischen gestellt und dabei versprochen, ein gemaltes Bild zu stiften, wenn sie davonkommen würden.

Sobald sie der Gefahr mit Gottes Hilfe entronnen waren, wallfahrteten sie an den Gnadenort und überbrachten das versprochene Bild, auf dem die Geschichte ihrer wunderbaren Rettung aufgezeichnet war. Es wurde in der Wallfahrtskapelle aufgehängt als Beweis für die Wunderkraft des Gnadenbildes und als Demonstration für den Glauben des Votanten.

Votivtafeln sind lebendige Zeugnisse einer Volksfrömmigkeit, die sich auszeichnete durch eine besondere Freude an der öffentlichen Demonstration des Glaubens und durch ein sehr direktes und persönliches Verhältnis zwischen den Gläubigen und denen, die sie verehrten.

Jedes »Verlöbnis« stellte eine Art frommen Handel dar, bei dem der Votant die Hilfe, die er von den Himmlischen erwartete, mit einem Opfer zu vergelten versprach. Dieses Opfer konnte materieller Art sein, eine bestimmte Geldsumme, ein Stück Vieh, ein Pfund Kerzenwachs und ähnliches, oder es bestand aus dem Versprechen, gewisse religiöse Übungen zu absolvieren, beispielsweise ein selbstauferlegtes Fastengebot einzuhalten.

Es konnte aber auch aus einer eher symbolischen Gabe bestehen, einer sogenannten Votivgabe, die an den eigentlichen Anlaß des Verlöbnisses erinnerte: Einem Paar silberner Augen für Hilfe bei einem Augenleiden, der Wachsnachbildung eines Beines für die Heilung eines Knochenbruchs oder eben einer Votivtafel.

Von allen diesen Opfern war zweifellos die Votivtafel das persönlichste: Ein öffentliches Bekenntnis des Votanten für sein Vertrauen in die Wunderkraft des Gnadenbildes, ein für alle offen erkennbares, namentlich unterzeichnetes Zeugnis seiner Dankbarkeit.

Es war seit alters her üblich gewesen, daß die frommen Pilger an den heiligen Stätten Opfer darbrachten und auf den Altären der Wallfahrtskapellen Weihegaben niederlegten. Die adeligen Wallfahrer pflegten dazu auch ihre Wappen in den Kapellen aufzuhängen, um ihre Pilgerfahrten zu beurkunden. Der Brauch, Votivtafeln zu stiften, kam dagegen erst am Ende des Mittelalters auf, zu einer Zeit, als die volkstümliche Verehrung der Heiligen und der Muttergottes in den Gnadenwallfahrten eine neue Ausdrucksform fand.

Diese Gnadenwallfahrten führten zu kleinen, meist unscheinbaren Kapellen, die urplötzlich dadurch aus ihrer Anonymität herausgetreten waren, daß der in ihnen verehrte Heilige auf den Hilferuf eines frommen Beters hin ein Mirakel bewirkt hatte und dadurch in den Ruf geraten war, ein besonders hilfreicher Nothelfer zu sein.

Das gläubige Volk jener Zeit war mit solchen Mirakeln gut vertraut durch die zahllosen Wundergeschichten aus den Heiligenlegenden, die damals von den herumziehenden Bettelmönchen verbreitet wurden und großen Anklang fanden. Auch Wunderheilungen waren allgemein bekannt. Kranke und Krüppel pflegten seit jeher heilige Männer aufzusuchen oder zu den Grabstätten der Heiligen zu pilgern, um dort Heilung zu finden.

Die Votivtafeln, die von persönlichen Gnadenerlebnissen berichten, erinnern denn auch in Form und Inhalt an die bildlichen Darstellungen der Heiligenlegenden auf den Stifterbildern der Spätgotik. Sie haben durchweg den gleichen traditionellen Bildaufbau:

Oben das Gnadenbild, unter dessen Schutz sich der Votant gestellt hat. Darunter der Votant selbst, also der Stifter des Bildes, der entweder als frommer Beter dargestellt ist, oder aber in jenem Augenblick »augenscheinlicher Todsgefahr«, den er mit Gottes Hilfe überlebt hat. Und im unteren Teil des Bildes ein geschriebener

Text mit Namen und Daten, der die Geschichte der wunderbaren Rettung des Votanten in mehr oder weniger ausführlichen Worten schildert.

In ihrer ursprünglichen Form erzählen alle Votivtafeln von wunderbarer Rettung aus einer hoffnungslosen Notsituation, sie berichten von Mirakeln und Gnadenerweisen. Erst später kam die Sitte auf, Votivtafeln auch ohne akuten Anlaß zu stiften, um sich ganz allgemein des Schutzes der himmlischen Nothelfer zu versichern, oder um in einer anhaltenden Notlage Hilfe zu erbitten, wie die Abbildungen auf den Seiten 156 und 160/161 zeigen.

Auf die Mirakel gründete sich das Ansehen der Wallfahrtskapellen. Je öfter und eindrucksvoller sich die wunderwirkende Kraft der Gnadenbilder in solchen Mirakeln und Gnadenerweisen offenbarte, desto mehr wuchs das Vertrauen des gläubigen Volkes. Es war deshalb ganz natürlich, daß die Kapellenverwaltungen sich bemühten, die Mirakel publik zu machen. »Wallfahrtspropaganda gehört wesentlich zum Wallfahrtsort«, schrieb der Altöttinger Wallfahrtsadministrator Robert Bauer 1971 in einem Aufsatz über die Votivtafeln seiner Kapelle.

Die Votivtafeln spielten bei dieser Art von Propaganda eine wichtige Rolle, weil sich das größtenteils schriftunkundige Volk von den bildlichen Darstellungen der Mirakel besonders beeindrucken ließ.

In den Anfangszeiten der Wallfahrten ergänzten deshalb die Kapellenverwaltungen oft den Bildbestand durch eigene repräsentative Bilder. An Altötting wurden ab 1510 über 50 große Tafeln in Auftrag gegeben, die noch heute im Kapellenumgang hängen. In Tuntenhausen finden sich solche offiziellen Mirakeldarstellungen auf einer Bildleiste, die um das ganze Kirchenschiff herumführt, in Maria Steinbach schmücken sie die Decken der Seitenschiffe.

Ein anderes Werbemittel, das den Ruhm der Wallfahrtsorte weit ins Land hinaustrug, waren die sogenannten Mirakelbücher, die jeweils eine Sammlung eindrucksvoller Mirakel enthielten und in großen Auflagen verbreitet wurden. Genauso wie die Votivtafeln berichteten auch sie von wunderbarer Rettung aus Not und Gefahr, von glücklicher Genesung bei unheilbar scheinender Krankheit, von Feuersbrünsten und Unwettern, Raubüberfällen und Kriegsgreueln und allen möglichen anderen Widrigkeiten des Lebens, die die hilfesuchenden Wallfahrer dank der Fürbitte der himmlischen Nothelfer überstanden hatten.

Nicht selten waren die Mirakel dabei nach Themenkreisen geordnet, die bestimmte Zielgruppen ansprachen: Taube, Blinde, Lahme oder Straffällige, die mit der Justiz in Konflikt geraten waren:

»Malefiz-Personen, welche wegen Mord oder sonsten grosser Übelthaten, bevorab so unschuldig [vor allem wenn sie unschuldig waren], in Gefänglichem Verhafft um Leib und Leben gefangen gelegen.«

Jeder Leidensgenosse, der in seinem Unglück keinen Ausweg mehr wußte, konnte aus diesen Mirakelbüchern neue Hoffnung schöpfen, und eine Schrift, wie die oben genannte, die von mehreren Mirakeln aus dem Bereich der Justiz berichtete, war tatsächlich auch ein echter Trostspender in einem Strafvollzug, der viele Unschuldige aufgrund falscher Verdächtigungen und erpreßter Geständnisse verurteilte, barbarische Strafen verhängte und schon einen einfachen Diebstahl oft mit dem Tod am Galgen ahndete.

Wo keine Aussicht bestand auf ein gerechtes Verfahren und ein angemessenes Urteil, blieb denen, die in die Fänge der Justiz geraten waren nur die Hoffnung auf Hilfe vom Himmel.

»Anno 1492 ward Conrad Braitenauer zu Wien in Oesterreich Diebstahls halber gehenckt und nach Verfliessung einer halben Stund den Medicis, umb das sein Leib anatomirt werden solte, in die Statt gebracht: wie man zu disem Werck gleich die Hand anlegen wolte, hebt gedachter Conrad in beysein viler Studenten unverse-

*Ich wurde falsch in den Verdacht,
Bald um mein Ehr und Gut gebracht.
Ich bsunn mich her, und bsunn mich hin,
Endlichen kam mir in den Sinn,
Um zu entweichen den Gerichts-Händen,
Solle mich zu Mariam wenden.
Bey Dieser suchte ich Hilf und Rath,
Daß sie mir doch beystundte,
Und ich erfuhre in der That,
Daß (sie) Niemand läßt gehn zu grunde.*

Die Votivtafeln, die in großer Zahl die Wallfahrtskapellen schmückten und von allen möglichen Mirakeln berichteten, waren nicht nur sichtbarer und bildkräftiger Beweis für die wunderwirkende Kraft der Gnadenbilder, sondern auch echte Trostspender für all jene, die sich in ihren Nöten nicht mehr zu helfen wußten. Ein unschuldig Verurteilter beispielsweise, der nach der damaligen Gerichtspraxis kaum Chancen auf eine Wiederaufnahme seines Verfahrens hatte, wenn ihm sein Vermögen erst einmal entzogen worden war, konnte als gläubiger Christ neue Hoffnung schöpfen aus solchen Geschichten, wie der des oben abgebildeten Bürgers, der sich – um die Mitte des 18. Jahrhunderts – in ähnlicher Lage an die Muttergottes von Dornach (Niederbayern) gewandt hatte und auf ihre Fürbitte hin freigekommen war.

hens den Kopff in die höhe, gibt zu vernemen, wie er aus Mariae Vorbitt bey dem Leben erhalten worden, umb willen er in seiner Gefängknuß sich nach Alten-Oetting verlobt, auch grosse Reu unnd Leyd über seine begangene Sünd unnd Missethaten mit Vergiessung viler Zäher gehabt. Komt hernach mit der Universität zu Wien Pedellen, der in allem mit- und bey gewesen, auch alles mit Augen gesehen, hieher, unnd danckt Mariae seiner Nothellfferin.«

An einem anderen Beispiel aus Altötting, das in einer ausführlichen Mirakelschrift und auf einer großen Bildtafel genau dokumentiert ist, läßt sich der Weg vom Verlöbnis zum Mirakel und von der Registrierung dieses Mirakels bis zu seiner Publikation anschaulich verfolgen. Es erzählt von einem Studenten namens Thomas Hanss aus Hall bei Innsbruck, der 1663 eine Räderung überlebte.

Thomas Hanss hatte nach dem Studium ein »liederliches Leben« angefangen und schließlich, immer mehr auf die schiefe Bahn geratend, »große und erschröckliche Mordthaten« begangen. Der Bericht sagt nicht eindeutig, was er wirklich im einzelnen verbrochen hatte, aber aus einigen Hinweisen läßt sich ersehen, daß er zumindest als letzte Tat am 7. Februar 1663 den Schloßkaplan des Schlosses Heimfels in Sillian in Osttirol durch Messerstiche schwer verletzte.

Auf der Flucht mußte er sich verstecken und geriet dabei ausgerechnet in den Heuschober des Landrichters von Sillian, wo er zum ersten Mal die Macht seiner himmlischen Helferin spürte:

»Nachdem nun gedachter Thomas also unnd in seinen höchsten Ängsten underm Heu verborgen lage, wurde immittels spaten Abends das gewöhnliche Ave Maria geläutet, under welchem Gebett er sich GOtt und Mariae eyffrig befohlen, inniglich bittend, die Trösterin der Betrübten wolle ihme die Einsprechung GOttes deß H. Geists erlangen, ob er die Zeit zu weiterer Außflucht allda erwarten: oder wann es zu seiner Seelen Hayl gedeyen würde, sich selbsten persönlich allem auffpassendem Volck praesentiren: und freywillig in ihre Händ gefängklich angeben solle, worüber ihme nichts anders vorkommen, als wann ihn jemands, doch auff ganz unsichtbarliche Weiß, übernatürlich von dem Heustock herunter hebte mit einer solchen Macht, daß er sich dises Gewaltes nit erretten kundte. Wie er dann nach solchem von dem Herrn Landrichter gefängklich in Eisen und Banden angenommen und auff das Schloß Heinfels geführt: auch alldorten in die 24. Wochen lang verhafftet worden.«

Wie man diese Geschichte auch auslegen mag, Thomas Hanss muß schon einen sehr starken Antrieb gehabt haben, sich freiwillig zu stellen, denn mildernde Umstände konnte er nach einem Mordversuch keineswegs erwarten. Die Todesstrafe war ihm in jedem Fall gewiß.

Während seiner Gefangenschaft bekam er dann vom Ortsgeistlichen neben anderer Literatur auch ein Mirakelbuch von Altötting in die Hand, aus dem er lesen konnte, daß schon verschiedene Leidensgenossen durch die Fürbitte der Gnadenmutter trotz »tödlicher Execution bey dem Leben erhalten« worden waren. Als Bürger von Hall dürfte ihm Altötting wohl vertraut gewesen sein, denn der Einzugsbereich des bayerischen Wallfahrtsortes reichte weit ins Inntal hinauf.

Thomas Hanss verlobt sich also nach Altötting mit einer Wallfahrt und dem Gelübde, sein Leben lang samstags zu fasten, wenn er mit dem Leben davonkommen sollte.

Am 17. Juni 1663 wird das Urteil verkündet. Es lautet, wie nicht anders zu erwarten, auf »Tod durch das Rad«, die übliche Strafe für Mord. Als Tag der Urteilsvollstreckung wird der 27. Juli anberaumt. Nun war eine solche Hinrichtung anscheinend doch ein ziemlich außergewöhnliches Ereignis für den kleinen Ort Sillian im Pustertal. Der Ortspfarrer allein fühlt sich jedenfalls überfordert und bittet das Servitenkloster im 30 Kilometer entfernten Wallfahrtsort Maria Luggau um Beistand bei der geistlichen Betreuung des Delinquenten. Der Prior kommt daraufhin selbst, und am Morgen des 27. Juli macht sich der Zug auf, zur Richtstätte, die eine Gehstunde außerhalb des Ortes liegt.

Vier Geistliche bemühen sich in ständigem Gebet um den Verurteilten, darunter auch der Schloßkaplan, der ihm beinahe zum Opfer gefallen wäre und der seinerseits seine Rettung nur der Tatsache zuschrieb, daß er damals beim Überfall des Thomas Hanss »die Hülff des Heiligen Antonii von Padua inständig und eyffrig angeruffen« hatte, worauf »dem Übelthäter das Messer von selbsten auß der Hand gefallen« war.

Der Strafvollzug begnügte sich damals nicht mit der einfachen Tötung des Verurteilten, sondern machte daraus eine grauenvolle Quälerei, wobei sowohl der Sühnegedanke wie die Absicht, abzuschrecken, eine Rolle spielten. Die Mirakelschrift schildert die Prozedur in bewegten Worten:

»Nun ligt diser nunmehr von der ganzen Welt verlassen arme Mensch auff seinem harten Todt-Beth, unnd erwartet under dem schon verdeckten Angesicht, die herzbrechende Radstöß... So nimbt Ottmar Krieger, Scharpffrichter von Hall das auff etlich und vierzig Pfund schwere Rad, fest und mannhafft in die Händ unnd gibt erstlich dem Maleficanten auff den rechten Arm zween Stöß, dann zween auff den Linken: und drittens 3 wol gemessene und harte Stöß, auß all seinen Kräfften auff das Herz und die Brust, wer wolt zweifflen, daß bei so

Das Ansehen der Wallfahrtskapellen hing ab vom Vertrauen der Wallfahrer in die wunderwirkende Kraft ihrer Gnadenbilder. Dieses Vertrauen wuchs mit der Zahl und der Qualität der Mirakel, die von den Gnadenbildern bewirkt wurden. Deshalb bemühten sich die Kapellengeistlichen, die Mirakel so weit wie möglich publik zu machen.

Das eindrucksvollste Mittel der Publikation war die bildliche Darstellung auf den Votivtafeln. Dabei begnügten sich die Kapellen aber nicht mit den gestifteten Tafeln, sondern ließen zusätzliche eigene repräsentative Bilder anfertigen, die besonders spektakuläre Mirakel in Wort und Bild vorstellten.

Die Abbildung oben zeigt ein solches offizielles Mirakelbild. Es hängt seit 1664 im Umgang der Gnadenkapelle von Altötting und illustriert die wunderbare Geschichte des Studenten Thomas Hanss, der nach einem Verlöbnis zur dort verehrten schwarzen Madonna eine Räderung überlebt hatte. Seine Geschichte ist auf den Seiten 10 bis 12 ausführlich beschrieben.

gebrauchtem Gewalt und Begird des Scharpffrichters nit gleich bede Armb mit schmerzhafftigem Krachen entzweygebrochen und das schwache menschliche Herz in vil Stücke zerschmettert wäre?«

Nach zwei weiteren Stößen auf die Oberschenkel ging dem 47jährigen Scharfrichter die Luft aus, und er übergab das Rad seinem Sohn, der es noch viermal auf die Beine niederfallen ließ.

»Bei diesen Stössen hat es den armen Sünder in Banden zimblich hoch über sich gehebt, daß einer wol hätte köndten durch dessen Rücken mit einer flachen Hand durchfahren, worüber er, der Scharpffrichter, die Obrigkeit gefragt, ob er noch mehr Stöß thun solle oder nit? Darauff der Landrichter vermeldet, er solle mit den andern Sachen fortfahren, auff welches er den armen Sünder von den Brechhölzern abgelöst, darbey er gesehen, daß ihme wegen der Herzstöß das Blut etwas wenigs auß dem Mund unnd der Nasen herfürgangen, alsdann er ihne auff das Rad dem Urthl gemäß gebunden. Als derselbe auff dem Rad gebundner an einem Pfahl über sich gerichtet worden, seyen alle gegenwärtig gewestc Personen auff die Knye nidergefallen und haben allbereit bey einer Viertelstund gebetet, der arme Sünder aber gesagt: Ach wann man mir nur noch einen Stoß geben thäte, mein herz ist noch frisch. Under disem seyen die Geistliche und die Obrigkeit hinweg gangen, und er, Scharpffrichter, auch hinnach gefolgt.«

Tatsächlich hatte Thomas Hanss die mörderische Tortur fast ohne Schaden überstanden, lediglich der linke Unterschenkel war gebrochen.
Nach eineinhalb Stunden holt ihn ein Laienbruder aus Maria Luggau vom Rad herunter und bringt ihn ins nächste Wirtshaus, wo ihn der Stadtbarbierer verbindet.
Sein Überleben hat sofort ungeheures Aufsehen erregt, wie schon die Reaktion der Zuschauer zeigt, die allesamt auf die Knie niederfielen. Der grenzenlose Wunderglaube, der damals das Volk erfaßt hielt, ließ die Menschen beinahe gierig nach allen möglichen »Zeichen«, die das Wirken Gottes hätten offenbaren können, Ausschau halten.

Für die Zeitgenossen gab es jedenfalls nicht den geringsten Zweifel, daß die Errettung des Haller Studenten ein Werk himmlischer Mächte war.

Für Thomas Hanss selbst brachte das unmittelbare Vorteile: Er war jetzt durch die Begegnung mit der Himmelskönigin gewissermaßen geadelt. Schon einen Monat später, am 30. August, wird er vom österreichischen Erzherzog begnadigt und am 20. September freigelassen.

Am 26. Oktober ist er in Altötting und gibt sein Mirakel zu Protokoll. Die Kapellenverwaltung ist höchst interessiert an dem spektakulären Fall. Sie gibt unverzüglich das große Tafelbild in Auftrag und läßt sich in aller Eile die Aussagen des Studenten von den Tiroler Behörden bestätigen.

Kurze Zeit später, Anfang 1664, erscheint bereits die Mirakelschrift, die nicht nur das ausführliche Protokoll des Thomas Hanss enthält, sondern auch die beeidigten Aussagen des Landrichters, des Scharfrichters und des Stadtbarbierers von Sillian mit Unterschrift und Siegel.

Thomas Hanss selbst erhielt ein Salär von der Kapellenverwaltung und lebte längere Zeit in Altötting als lebendiger Beweis für die Wunderkraft des dortigen Gnadenbildes.

Es gab zwei Gründe dafür, daß dieses Mirakel so stark herausgestellt wurde: Zum einen versuchte die Kapellenverwaltung der Wallfahrtsbewegung nach dem Niedergang im Dreißigjährigen Krieg wieder neuen Aufschwung zu geben. Zum anderen galt es, die Werbung von Maria Luggau zu überbieten. Thomas Hanss hatte sich nämlich nicht nur nach Altötting verlobt, sondern auch nach Maria Luggau, und dort hatte man ebenfalls damit begonnen, seinen Fall für die Wallfahrtspropaganda auszunutzen. Noch heute wird dort das Hinrichtungsinstrument, ein großes Wagenrad, gezeigt.

Doppel- und Mehrfachverlöbnisse waren nicht selten (in besonders bedenklichen Fällen rief man eben gerne mehrere Heilige zu Hilfe), und auch eine gewisse Konkurrenz unter den Wallfahrtsorten war nichts ungewöhnliches. Der folgende Mirakelbericht aus dem Jahre 1708 mag das verdeutlichen, wobei allerdings zu berücksichtigen ist, daß damals, während des spanischen Erbfolgekrieges, die Feindseligkeit zwischen Bayern und Österreich besonders groß war.

»Der hochgebohrene Herr Johannes Georgius Kließ Freyherr von Dölleberg in Cärnthen unweit Clangfurt, als er einst in diesen lauffenden Jahr zu Herbstzeit nacher Maria Zell in Steyrmarckt Kirchfährten gereist [gewallfahrtet ist], geschahe, als er neben seiner Frauen in die Kirchen eingangen, und zu selbigen Gnaden-Bild kommen, wurde er nach dero Ansehung an beeden Augen stock blind; darauff reiset er Gelübds halber auf den Sonntagsberg zu der allerheiligsten Dreyfaltigkeit, allwo er nur einen Augenblick lang gewürdiget wurde, das Gnaden-Bild anzusehen, aber gleich wiederumben erblindet. Als solches seine Frau Mutter Anna Maria, anjetzo Heberin zu Welß in Ober-Oesterreich wohnhafft, solches mit Herzenleyd vernommen, verlobt sie diesen ihren Sohn anstatt seiner mit einer Kirchfahrt und silbernen baar Augen nacher Maria Hülff ob Passau. Darauff, als sie ihme dieses berichtet, hat er mit Freuden zur Antworth erstattet, wie daß er in selbiger Stund, als sie vor ihme [für ihn] das Gelübd gethan, an dem rechten Aug seye sehend worden, und das andere sich auch schon gebessert, wie er dann auch in nachfolgender Post sie erinnert, daß er GOtt Lob auch an dem lincken Aug schon das Gesicht bekommen und mithin so gut sehe, als vor und ehe. Dahero die Mutter also gleich sich auff den Weeg gemacht, ihr verlobte Kirchfahrt verrichtet, das versprochene Opffer abgelegt und vor diese so grosse Wunders-Gnad schuldigisten Danck abgestattet, auch dieses unter einem Jurament in beysein eines Weltlichen Priesters und 2 Patribus Capucinern und 4 Weltlichen Persohnen außgesagt hat.«

Bei all dem aber, was die Kapellenverwaltungen selbst für das Ansehen ihrer Wallfahrtskapellen taten, wurde doch der weit überwiegende Teil der Wallfahrtspropaganda von den Wallfahrern selbst besorgt: Durch die mündliche Weitergabe der Mirakel, durch unzählige Weihegaben und Opfer, die die Kapellen schmückten, und vor allem durch die Votivtafeln, die in immer größerer Zahl gestiftet wurden.

Schon 1571 berichtet ein Chronist aus Altötting:

»Die ganze Capell hangt der Zeichen voll, welche die, denen dann geholfen worden, hingebracht und andächtiglich geopfert haben..., daß es im Grund anderst nicht ist, als wann diejenigen, denen geholfen worden ist, selbst dastünden.«

Spätestens 1658 ist die Kapelle so austapeziert mit Votivbildern, daß man in den Kreuzgang der benachbarten Stiftskirche ausweichen muß und schließlich auch noch die Sieben-Schmerzen-Kapelle vollhängt. Allein in der Zeit von 1656 bis 1693 wurden 12450 Bilder gestiftet: So viele schmiedeeiserne Bilderhaken mußten nämlich laut Kapellenrechnung bestellt werden.

Im 18. und 19. Jahrhundert wurden es noch mehr. Nach einer sehr vorsichtigen Schätzung kam der Wallfahrtsadministrator Robert Bauer allein für Altötting auf eine Zahl von mindestens 50000 Tafeln, die bis 1900 gestiftet worden sind.

Nur ein geringer Teil davon hat sich erhalten. Die beiden ältesten Tafeln stammen aus den Jahren 1501 und 1517 (Abb. S. 15). Aus dem 17. Jahrhundert sind noch 49 Bilder vorhanden, 43 aus dem 18. und knapp 1500 aus dem 19. Jahrhundert. In Maria Steinbach hat man rund 700 Bilder gerettet, in Andechs sind es nicht einmal mehr 150.

In vielen Kapellen hatte man frühzeitig damit anfangen müssen, alte Bilder gegen neue auszutauschen, weil kein Platz mehr war. In Altötting wurde schon seit 1693 ausgemustert, wobei man aber sicherlich die wertvolleren Tafeln hängen ließ.

Nach der Säkularisation 1803 war man dann weniger rücksichtsvoll. Die Aufklärer verbrannten wahllos unzählige Votivbilder in ihrem allzu eifernden Kampf gegen Wallfahrt und Wunderglauben.

An diesen »Säuberungsaktionen« waren auch viele geistliche Herren beteiligt, und wenn sich nicht an manchen Orten die Bauern schützend vor ihre Wallfahrtskirchen gestellt hätten, wäre der Bestand an Votivtafeln heute zweifellos noch sehr viel geringer.

Erst um die Jahrhundertwende erkannten einige Volkskundler den kulturhistorischen Wert der alten Votivbilder, die Maler Franz Marc und Kandinski veröffentlichten in München einige der Tafeln aus Murnau (Abb. S. 35. 38. 75. 118. 138).

Das neuerwachte Interesse an Volkskunst und naiver Malerei brachte dann auch die Sammler und die Diebe auf den Plan, die die Bestände weiter dezimierten. Das Unverständnis mancher Geistlicher tat ein übriges. So blieb nicht allzu viel übrig.

Die meisten Votivtafeln stammen von unbekannten Künstlern, kleinen Malermeistern, die damals in jeder Stadt zu finden waren oder auf den Dörfern herumzogen. Sie kannten das Sujet, hatten möglicherweise sogar Vorlagen für die gängigen Gnadenbilder und einige hatten sich auch in der Nähe der Wallfahrtskapellen fest niedergelassen und sich ganz auf Votivtafeln spezialisiert. Sie malten auf Bestellung und nach den Wünschen und Angaben des Kunden, der besonderen Wert auf Genauigkeit und möglichst drastische Darstellung der gefährlichen Situation legte, in der er sich befunden hatte. Auf diese Weise kamen Bilder zustande, die mit sehr viel Liebe zum Detail und oft voll unfreiwilliger Poesie vom Leben der frommen Bauern und Bürger berichten. Manche sind Meisterwerke naiver Volkskunst, die einen Platz in der Kunstgeschichte verdienen, wie beispielsweise die oben erwähnten Tafeln aus Murnau.

Wie schon der Titel andeutet, sind in diesem Buch solche Votivtafeln bevorzugt, die Geschichten erzählen, und da vor allem die Geschichten interessieren, ist bei den Abbildungen meist nur der Ausschnitt wiedergegeben, der eben diese Geschichte zeigt. Bildtext und Gnadenbild wurden fast immer weggelassen, soweit sie nicht zur Illustration der Geschichte beitragen.

Wer die Originale sehen will, hat es schwer: Viele Bilder hängen in kleinen Dorfkirchen, die außerhalb der Gottesdienstzeiten versperrt sind, viele werden von den Pfarrern versteckt gehalten, in Sakristeien und Nebenräumen, die für das Publikum nicht zugänglich sind. Und oft hängen sie in dunklen Ecken, oder so hoch, daß man nur mit Hilfe einer Leiter herankommt. Das ist bedauerlich, aber es läßt sich nicht ändern, solange die Alarmanlagen teuer und die Diebe skrupellos sind.

»Anno Domini 1517, am Montag nach Reminiscere ist Hanns Jungwirt, Bürger zu Passau mit einem Gaul gefallen. Hat ihn hart geschleift und geschlagen. Also hat er die Mutter Gottes von Ötting angerufen. Ist er wieder gesund davon gekommen.«

Diese Votivtafel aus Altötting ist eine der ältesten, die in Deutschland erhalten geblieben sind. Sie zeigt den traditionellen Bildaufbau, der auf fast allen Votivtafeln eingehalten ist: Oben das Gnadenbild, dem sich der Votant in einem Augenblick der Gefahr anverlobt hat. Darunter der Stifter des Bildes selbst – oft zusammen mit allen Familienangehörigen – der entweder als frommer Beter dargestellt ist oder in einer Szene, die seine Notsituation dokumentiert. Und am unteren Bildrand ein mehr oder weniger ausführlicher Text, der das Mirakel seiner Rettung beschreibt.

Ano· dm̄ 1517· am mantag nach Remiſcere iſt hanns
Ÿung wirt purger zu paſſaw mit ainem gaul gefalln
hat in hörtigklich geſchlaift vñ geſlagen alſo hat er die
mütter goz võ otting angerueft iſt er wieder geſund

Mein Gespann, ein Mühlknecht auch, der reist von
*　　　　　　　　　　　　　　　　[Berchtesgaden]*
mit mir nach Reichenhall – allzeit gut Kameraden.
Und nahe bei dem Tor gab er mir einen Stich.
Die Därme gingen aus. Als ich wollt flüchten mich
zum Bader in die Stadt, ist er beim Tor gestanden
und ließ mich nicht hinein. Ein großen Stein in Handen
wart' er auf mich und traf mein linkes Aug so schwer,
daß ich mir nichts gedenkt von einer Hilfe mehr.
Die Därme in der Hand mußt ich mich rückwärts
*　　　　　　　　　　　　　　　　[wenden,]*
ich liefe trostlos fort. Das Messer in den Händen
folgt mir der Mühlknecht nach, ein kleine Viertelstund,
bis ich ein Häusl fand, wo ich mich retten kunnt.
Als ich aus dieser Gfahr, und da der Bader kommen,
hat er dreimal lädiert die Därme wahrgenommen.
Der Priester hat mich schon bereitet zu den Tod,
und daß ich leb, dank ich Erasmo, Maria und Gott.

Mit diesen Versen beschrieb der Mühlknecht Georg Kaiser, der schon auf Seite 7 vorgestellt wurde, 1780 auf einer Altöttinger Votivtafel die Geschichte seiner wunderbaren Rettung. Die beiden aufregendsten Phasen dieser Geschichte sind im Bild festgehalten.

Da ist zuerst einmal jener Augenblick höchster Lebensgefahr, als er – schon schwer verletzt – vor dem Stadttor von Reichenhall von seinem Reisegenossen abgefangen und von einem großen Stein am linken Auge getroffen wird. Der Stein ist fast so groß wie sein Kopf. (Georg Kaiser muß mit dem Auftrag für sein Bild an einen welschen Maler geraten sein. Reichenhall sieht darauf aus wie eine Stadt in Oberitalien. Auf den umliegenden Hügeln wachsen Zypressen.)

Die zweite Szene zeigt den übel zugerichteten Mühlknecht in dem »Häusl«, wohin er sich hatte retten können. Der Priester ist gerade dabei, ihm die letzte Kommunion zu spenden. Auf dem Tisch brennt schon die Totenkerze und vorne kniet im grünen Rock der Bader aus der Stadt. Der hält zwar Verband und chirurgisches Besteck bereit, aber er läßt dem Priester den Vortritt, denn der Zustand des Patienten ist so kritisch, daß man jeden Augenblick mit seinem Ableben rechnen muß, und da ist es angebracht, zunächst die Seele zu retten, bevor der Wundarzt seine Kunst versucht.

»Erasmo, Maria und Gott« dankte Georg Kaiser seine Wiedergenesung. Es ist kein Zufall, daß er den heiligen Erasmus als ersten genannt hat. St. Erasmus soll als Bischof während der Christenverfolgung unter Kaiser Diokletian auf besonders sadistische Weise ums Leben gebracht worden sein, indem man ihm den Darm mittels einer Winde aus dem Leib spulte. Jedenfalls machte ihn das gläubige Volk auf diese Legende hin zum Nothelfer und Schutzpatron für all jene, die an Verletzungen oder Krankheiten des Unterleibs zu leiden hatten.

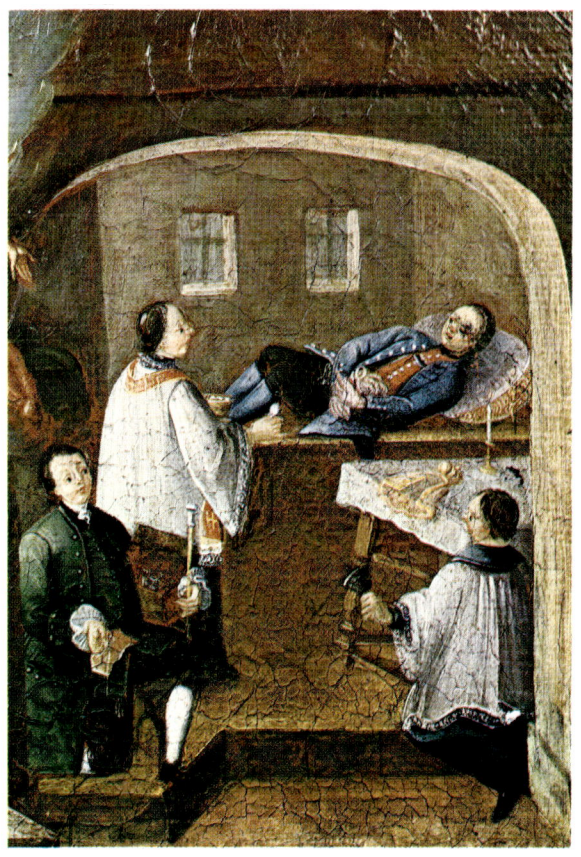

»Die gemeite Moosach bitten den heiligen Leonhardus bey Gott gnade zu finden. Ex voto 1801.«

So lautet die Inschrift auf dieser Votivtafel von Siegertsbrunn bei München. Die Bauern der Gemeinde Moosach hatten sich demnach – wohl wegen einer Viehseuche – dem heiligen Leonhard anverlobt und ihn auf dem dargestellten Bittgang um Hilfe angefleht. In einer Zeit, in der man die Ursachen einer Viehseuche noch nicht kannte, wurde jedes solche Unglück als Strafe Gottes empfunden. Wenn man die Seuche also abwenden wollte, mußte man zunächst versuchen, Gott wieder gnädig zu stimmen. Dazu aber bedurfte es der Fürbitte der himmlischen Nothelfer, die man sich durch Bittgänge und Wallfahrten gewogen zu machen hoffte. Eine Landgemeinde der Barockzeit verwendete auf solche Bittgänge und Wallfahrten in der Regel jedes Jahr etwa 30 bis 40 Tage, teils aus Dankbarkeit für empfangene Hilfe, teils zur Vorsorge, um sich von vorneherein des Schutzes der Heiligen zu versichern. Und zwar nicht nur gegen Viehseuchen, sondern auch gegen alle anderen Gefahren, die das Leben und die Lebensgrundlagen bedrohten: Gegen Dürre und Dauerfrost, gegen Krankheit und Krieg, gegen Hagelschlag, Überschwemmung und Ungezieferplagen.

In diesem Fall hatten sich die frommen Bauern an den heiligen Leonhard gewandt, den Schutzpatron für das Vieh, und zwar speziell an den heiligen Leonhard von Siegertsbrunn, der in dem Ruf stand, ein besonders erfolgreicher Nothelfer und Fürbitter zu sein.

Wallfahrt

»Margaretha Eckerin von Vilzhofen hat angezaigt, daß sie auff einer Trag ganz erkrumpter nacher Oetting gebracht worden, alldorten es nach verrichter Wallfahrt mit ihr so weit besser worden, daß sie der Trag nit mehr vonnöthen gehabt, sonder an zwey Krucken zu unser lieben Frawen nach Tuntenhausen gehen können, daselbsten sie widerumben solche Besserung empfunden, daß sie die Krucken alldort verlassen unnd an einem Stecken allhero zu unser lieben Frawen Hülff nacher Weichenlinden kommen können, ihr Andacht verricht, 1 Pfund Wax auffgeopffert unnd zweymal in dem hailsamen Wasser gebadt, und darnach ganz gerad worden. Zeugen seynd Georg Kolb von Högling und Mößner von Tuntenhausen. Anno 1649.«

Diese Mirakelgeschichte aus Weihenlinden bei Rosenheim erzählt von einer Frau, die an den Beinen derart gelähmt war, daß sie nicht mehr laufen konnte. Wir würden heute ohne weiteres voraussetzen, daß sie an einer Krankheit litt. Im 17. Jahrhundert war das keineswegs so eindeutig.

Damals hielt man es genau so gut für möglich, daß die Lähmung von den Hexenkünsten einer mißgünstigen Nachbarin herrührte, oder daß der Frau ein Teufel in die Beine gefahren war, oder aber, daß Gott selbst ihr das Leiden auferlegt hatte als Strafe für begangene Sünden. In allen diesen Fällen konnte ein Arzt verständlicherweise wenig ausrichten. Die Patientin war auf die Gnade Gottes angewiesen.

Margarethe Ecker macht sich also auf, Gott um diese Gnade zu bitten. Und weil Gott für einen gewöhnlichen Sterblichen unerreichbar ist, sucht sie sich einen Vermittler, der ihre Bitte weitergeben kann: Sie wallfahrtet zur Muttergottes.

Diese Wallfahrt ist ein strapaziöses Unterfangen: neunzig Kilometer weit läßt sie sich auf einer Bahre tragen, siebzig Kilometer schleppt sie sich an Krücken fort, und noch einmal zehn humpelt sie am Stock von einem Gnadenbild zum anderen. In unerschütterlichem

Gottvertrauen erträgt sie alle Strapazen und ist am Ende ihrer Wallfahrt tatsächlich geheilt.

Margarethe Ecker war eine fromme Frau, die in der Überzeugung lebte, daß der Mensch nichts vermag ohne die Gnade und Hilfe Gottes. Für die meisten ihrer Zeitgenossen war diese Überzeugung nicht nur Ausdruck religiöser Empfindungen, sondern eine Schlußfolgerung, die sich aus der täglichen Erfahrung aufdrängte: Wenn Unwetter die Ernten bedrohten und Seuchen das Vieh dezimierten, wenn Soldaten plündernd durchs Land zogen und Krankheiten und Unfälle die Familie heimsuchten, immer war der Mensch unberechenbaren und unerklärlichen Gefahren ausgeliefert, die er ohne den Beistand der himmlischen Helfer nicht überstehen konnte.

Um diesen lebensnotwendigen Beistand zu erlangen, suchte er einen Ort auf, wo er Gott näher war, als anderswo, einen heiligen Ort, wo die Aussicht, daß sein Anliegen gehört werden würde, größer war. Er unternahm eine Wallfahrt zu einer Gnadenkapelle.

»Das Wörtlein Wallfahrt hat seinen Namen ererbt von denen alten, damals in der Finsternuß deß blinden Heydenthums lebenden Teutschen, welche theils ihren Götteren in denen Wäldern Altär aufrichteten, theils die

1834 verlobte sich dieser fromme Bauer samt Ehefrau, Tochter und Söhnen zur Muttergottes von Andechs. Die Votivtafel, die er stiftete, enthält keine Angaben über die Art des Gnadenerweises, der ihm zuteil geworden ist: Hilfe bei Krankheit, bei einer Viehseuche oder in anderen Nöten. Aber dem Votanten kam es in diesem Fall wohl auch nicht so sehr darauf an, ein bestimmtes Mirakel zu dokumentieren, als vielmehr seine ganze Familie vorsorglich unter den Schutz der himmlischen Nothelferin zu stellen, indem er jedes Familienmitglied auf seiner Tafel verewigen ließ.

düsteren Waldungen selbsten für Götter halteten. Ursach dessen begaben sie sich des öfteren in die Wälder und schlachteten verschidene Opffer von Vieh, Rinder und leyder sogar von selbst eigenen Kindern. Und dise abgöttische Verrichtungen nenneten sie Wallfahrten oder Waldfahrten; worvon bey uns Christen nur noch der blosse Namen übrig.«

Mit dieser bündigen Erklärung leitet Hieronymus Richter seine 1738 erschienene »Wahrhaffte und außführliche Beschreibung der weitberühmten Marianischen Wallfahrt zu Steinbach« ein, und wenn es auch mit der Etymologie hapert (Wallfahrt hat nichts mit »Wald« zu tun sondern mit »wallen« = wandern), so hat er doch recht mit der Andeutung, daß dieser religiöse Brauch keine Erfindung des Christentums ist.

Die meisten Religionen kennen heilige Orte, an denen sich die Gläubigen ihren Göttern näher glauben, als anderswo: Hohe Berge, die weit in den Himmel ragen, oder Quellen, die einen geheimnisvollen Zugang in die Tiefen der Erde freigeben, oder Bäume, Höhlen und Haine. Für das alte Nomadenvolk der Juden war es der Ort, an dem die Bundeslade niedergestellt war, bei den Christen galt als größtes Heiligtum das Grab Christi, jener Ort, von dem aus der Sohn Gottes in den Himmel aufgefahren war.

Jahrhundertelang zog ein ununterbrochener Strom von Pilgern zum Heiligen Grab nach Jerusalem. Wer sich die weite Reise nicht zutraute oder nicht leisten konnte, besuchte wenigstens die Apostelgräber von St. Peter in Rom oder von St. Jakob im nordspanischen Compostela.

Als das Heilige Land trotz aufopfernden Kampfes der Kreuzritter verlorengegangen war und das Heilige Römische Reich die Idee des unter einer Kirche geeinten christlichen Abendlandes gegenüber den Interessen der Nationalstaaten nicht mehr durchsetzen konnte, wurden diese Fernwallfahrten zu den heiligen Gräbern immer schwieriger, kostspieliger und gefährlicher. Die Pilgerstraßen, die ganz Europa durchzogen hatten, stießen an immer mehr Landesgrenzen und Zollschranken und veródeten.

Die Gläubigen fanden jedoch bald Ersatz: Geistliche und weltliche Fürsten schmückten die einheimischen Kirchen mit Reliquien aus den heiligen Gräbern und gaben ihnen auf diese Weise etwas von der Heiligkeit der traditionellen Wallfahrtsorte. Auch die Grabstätten der einheimischen Heiligen gewannen neue Anziehungskraft. In Andechs, einem der bedeutendsten Wallfahrtsorte Bayerns, läßt sich diese Entwicklung historisch genau belegen.

Die Grafen von Andechs waren begeisterte Kreuzfahrer gewesen und hatten auf mehreren Fahrten einen wertvollen Reliquienschatz gesammelt, den sie auf ihrem Burgberg am Ammersee in einer eigens dafür gebauten Kapelle zur Verehrung ausstellten. Die beiden kostbarsten Stücke waren ein Kreuzpartikel und ein Zweig von der Dornenkrone. (Dazu kamen später noch drei sogenannte Bluthostien.)

Die Reliquien waren in ein Kruzifix eingelassen, das in der Kapelle hing und sich bis heute erhalten hat. Es hängt allerdings nicht mehr in Andechs, sondern in der Pfarrkirche von München-Forstenried und hat daher auch seinen Namen, unter dem es in der Kunstgeschichte bekannt ist: »Forstenrieder Kreuz«. Im Rücken der überlebensgroßen Christusfigur befindet sich eine Höhlung, in der die Reliquien untergebracht waren.

Die Andechser Reliquien waren schon im 12. Jahrhundert das Ziel zahlreicher Wallfahrer aus ganz Deutschland gewesen. Bei der Zerstörung der Burg (um 1250) blieben sie auf wunderbare Weise erhalten, wurden auf wunderbare Weise wiederentdeckt (eine Maus soll den Weg zum verschütteten Geheimversteck gewiesen haben), und als man sie danach im Jahre 1392 in München zur Verehrung ausstellte, drängten in zweieinhalb Wochen 150000 Gläubige herbei. Jeden Tag zählte man einen Metzen voll geopferter Silbermünzen, eine so ungeheure Summe (ein bayrischer Metzen faßte 37 Liter), daß die Augsburger über den Geldabfluß aus ihrer Stadt protestierten und die böse Behauptung in die Welt setzten, der bayerische Herzog Stephan habe das Reliquienfest vor allem wegen des Geldes veranstaltet, womit sie wohl nicht so ganz unrecht hatten.

Später, als die Reliquien zurückgebracht worden waren, wurde aus dem Burgberg der Grafen von Andechs der »heilige Berg« der Wallfahrer. 1463 zogen beispielsweise 5000 Münchner dorthin, weil in der Stadt eine Seuche ausgebrochen war.

Die wachsende Reliquienverehrung und die Sammelleidenschaft adliger und geistlicher Herren für diese Reliquien gaben also dem Wallfahrtswesen einen gewaltigen Auftrieb. Und zwar nicht nur deshalb, weil sie die Wallfahrt auch für den einfachen Bürger und Bauern erschwinglich machten (der Pilger mußte nicht mehr eine monatelange Abwesenheit in Kauf nehmen, sondern fand genügend heilige Orte in der überschaubaren Nachbarschaft), sondern auch, weil die Kirche die Reliquienverehrung mit Ablässen belohnte, das heißt mit einer Ermäßigung der jenseitigen Sündenstrafen. Für die Verehrung der 19013 Reliquien, die Luthers Landesherr Friedrich der Weise in der Schloßkapelle von Wittenberg zusammengetragen hatte, wurden dem reuigen Sünder rund zwei Millionen Jahre Fegefeuer erlassen. 1392 in München hatte es sogar einen Generalablaß gegeben.

Das 14. Jahrhundert war ein Jahrhundert der Katastrophen gewesen. Zwischen 1326 und 1400 hatte es in Deutschland 32 Seuchenjahre mit Pest und Hungersnöten gegeben, die ein Drittel der Bevölkerung hinwegrafften. In den anderen europäischen Ländern war es nicht besser. Die Folge war ein allgemeiner Verfall des gesellschaftlichen Gefüges und der moralischen Normen.

Die einzige Kraft aber, die sich dem entgegenstemmen konnte, die Kirche, befand sich selber in einer Krise: Seit 1309 wurden die Päpste in Avignon festgehalten, ab 1378 folgte das große Schisma mit zwei und später sogar drei Päpsten und Gegenpäpsten, ein Zustand, der fast 40 Jahre dauerte und die Autorität der Kirche immer mehr untergrub.

Die Unsicherheit, die daraus erwuchs, hatte starke Auswirkungen auf das religiöse Leben. Nie wurden die Schrecken der Hölle gräßlicher ausgemalt als in den Predigten jener Zeit, die aus dem christlichen Gott der Liebe und Gnade einen unerbittlich strafenden Richter machten, der den Weg zur ewigen Seligkeit auch dem Frömmsten versperrte.

Ein großer Teil der hohen Geistlichkeit verfolgte nur noch weltliche Interessen, betrachtete seine Pfründen oft nur als Geldquelle, mißachtete den niederen Klerus, der in äußerster Armut lebte und seinen Aufgaben oft nicht gewachsen war, und vernachlässigte die Seelsorge.

»Der Klerus ist allgemein verhaßt«, schrieb 1461 der reformfreudige Benediktiner-Abt Konrad von Tegernsee an seinen Amtsbruder im Kloster Melk.

Das einfache Volk fand in der Kirche nicht mehr den seelsorgerischen Beistand, den es so dringend brauchte, in seiner Angst vor dem Jenseits und vor allem in den Nöten des irdischen Lebens. Es ist nur zu natürlich, daß es woanders Trost suchte.

Es fand ihn bei den Heiligen, deren Verehrung ihm schon lange vertraut war und deren legendenreiche Lebensgeschichten es aus den Predigten der wandernden Bettelmönche kannte. Es fand ihn bei der Gottesmutter, die ihm näherstand als der abstrakte dreieinige Gott. Es fand ihn außerhalb der prächtigen, mächtigen Kirche in winzigen Kapellen und in der Natur, wo der fromme Mann persönliche Zwiesprache halten konnte mit seinen himmlischen Helfern, und es fand ihn sogar außerhalb der Religion in vorchristlichen Bräuchen und magischen Praktiken, von denen es glaubte, daß sie vor den Widrigkeiten des Lebens schützen könnten.

Zwei Mirakelberichte mögen diese Entwicklung dokumentieren: Der erste erzählt von einem gewissen Hans Heger aus der Pfarrei Schliersee, der in den achtziger Jahren des 15. Jahrhunderts in schwerer Krankheit eine Wallfahrt nach St. Wolfgang bei Dorfen gelobte. Als er genesen war und das Gelübde einlösen wollte, »sind die Römer umbzogen zu denselben Zeiten mit der Gnad«,

Die Abbildungen oben zeigen das Gnadenbild der Wallfahrtskirche auf dem heiligen Berg Andechs in drei verschiedenen Versionen. Die Votivtafelmaler stellten die Gottesmutter jeweils so dar, wie es ihrem Stil und den Wünschen der Stifter entsprach. Der Bauernmaler, der einen bäuerlichen Geschmack befriedigen mußte, malte sie anders (rechts), als der Hofmaler, der einen adeligen Auftraggeber hatte (Mitte). Die meisten Tafeln stammen von unbekannten Künstlern oder kleinen Gebrauchsmalern, die sich zum Teil in der Nähe der Wallfahrtskirchen fest niedergelassen hatten und auf Votivtafeln spezialisiert waren. Um Aufträge brauchten sie sich nicht zu sorgen. Nach einer sehr vorsichtigen Schätzung wurden beispielsweise allein in Altötting bis 1900 mindestens 50000 Votivtafeln gestiftet.

das heißt, in seinem Dorf kam ein römischer Ablaßverkäufer vorbei, und der Bauer ließ sich prompt gegen Bezahlung einer bestimmten Summe von seinem Wallfahrtsgelübde befreien. Daraufhin bekam er umgehend die »gschoß an einem pain«, eine ungemein schmerzhafte Knochenerkrankung, und dieses Leiden verschwand erst, nachdem er den heiligen Wolfgang versöhnt und die versprochene Wallfahrt absolviert hatte.

Der zweite Mirakelbericht macht es noch deutlicher, wie sehr die Autorität der Kirche untergraben war. Die volkstümliche Heiligenverehrung hatte schon so viel Eigenleben entwickelt, daß selbst das Machtwort eines Bischofs dagegen nichts mehr galt:

Im Jahre 1510 war dem Weihbischof von Augsburg ein Mädchen aufgefallen, das in Erfüllung eines Gelübdes an den heiligen Leonhard von Inchenhofen einen eisernen Ring um den Hals trug (Kette und Eisenfessel sind die Attribute dieses Heiligen, der ursprünglich Schutzpatron der Gefangenen war).

Der geistliche Herr, der solche unchristlichen Bräuche nicht gerne sah, schrie das Mädchen an: »Was wiltu (willst du) des teufels Bandt an dem halß?«. Diesen Vorwurf hört eine danebenstehende Frau, die daraufhin zu sich selbst sagt: »Nie will ich wieder einen Ring tragen, wenn er des teufels Bandt ist.« Sofort nach diesem Schwur, der ja nichts anderes bedeutete als eine Befolgung des bischöflichen Gebots, »erkrumpte« sie an Händen und Füßen und litt große Qualen, die erst dann vergingen, als sie dem hl. Leonhard versprach, nie mehr wider ihn zu reden, und als Buße ein Jahr lang vier eiserne Ringe um den Leib zu tragen.

Man kann kein exaktes Datum angeben, wann diese

neue Art volkstümlicher Heiligenverehrung, die mit Wallfahrtsgelübde und Mirakel, das heißt mit einem persönlichen Gnadenerlebnis verbunden war, genau entstanden ist. Man kann nur feststellen, daß sie sich im Lauf des 15. Jahrhunderts entwickelt hat und schon gegen Ende dieses Jahrhunderts eine erste große Blütezeit erlebte.

Eine der ältesten Gnadenwallfahrten Bayerns führt nach Tuntenhausen nordwestlich von Rosenheim. Schon 1441 wurde dort ein erstes Wunder registriert, das in einem Mirakelbuch von 1646 folgendermaßen beschrieben ist:

»Ein Weib von Prötschlaipfen, Tundenhauser Pfarr, hatte ailff gantzer Jahr einen geschwolnen Bauch, neben steten unaussprechlich großen schmertzen, weiln dann kein Menschliches Mittel zuverhoffen, rueft sie die gnadenreiche Helfferin Mariam die Mutter Gottes an, welche ihr ainsmals im Schlaf fürkombt, und ermahnet, wann sie wölle gesund werden, solle sie drey Sambstäg nach einander nach Tundenhauser Pfarr, alldort sovil Garn opffern, darauss ein Altartuch möchte Gewürckt werden. Weil aber das arme Weib solches ins Werck zu setzen verschoben, ist dieselbe das andermal ernstlicher im Schlaf ermahnet, auch von ihrem aignen Mann deme sie es erzehlt, dahin gehalten worden; sie hat kaum das letste mal diss Gottshaus besucht, und das Opffer verricht, ist die Geschwulst und aller Schmertzen vergangen.«

Die Frau von Brettschipfen wurde also von einem körperlichen Leiden geheilt, nachdem sie eine ganz persönliche Abmachung mit der Muttergottes getroffen hatte. Bemerkenswert ist auch, daß ihr Einsatz bei diesem frommen Handel (das Opfer von einer Rolle Garn und drei Arbeitstagen) genau den Verhältnissen einer Bauersfrau angemessen war (anders als beim Ablaßhandel, bei dem der Klerus die Opfersumme generell für alle Stände gleich festsetzte). Und zum zweiten, daß das Gnadenerlebnis mit dem Besuch einer kleinen unbedeutenden Dorfkirche verknüpft war und nicht in einer der großen Kathedralen oder Klosterkirchen stattfand. Das zeigt, wie das fromme Volk außerhalb der Kirche einen eigenen Zugang zu den himmlischen Helfern gefunden hatte.

Es erklärt auch, warum diese volkstümlichen Gnadenwallfahrten, denen wir Votivtafeln und Mirakelbücher verdanken, zunächst sehr oft auf den erbitterten Widerstand der Kirchenoberen stießen. Die Freisinger Diözesansynode verfügte 1509, daß kein Pfarrer in seiner Pfarrei eine Kirche bauen, bzw. den Bau zulassen oder die Errichtung von Bildstöcken mit Opferkästen gestatten solle, wenn nicht der Bischof den Grundstock gelegt habe; denn das Volk begeistere sich an allem Neuen und die Mutterkirchen würden dadurch um ihre geziemenden Ehren betrogen und oft würden an diesen Orten unwahre Dinge als wahre Begebenheiten verkündet.

Die Begründer der meisten Gnadenwallfahrten waren einfache Leute, Bauern, Schäfer und Tagelöhner, die ihre Gnadenerlebnisse in kleinen abgelegenen Kapellen hatten, häufig sogar in der freien Natur, wie noch heute die Namen vieler Wallfahrtsorte andeuten: Maria Einsiedel, Maria Waldrast, Maria im grünen Tal.

Auch in Altötting war es nicht die mächtige Stiftskirche, die das fromme Volk anzog, sondern die winzige »uralt haylige Capel unser lieben Frauen auf der grünen Matten«, die damals lediglich aus dem achteckigen Rundbau bestand.

1489 fiel dort ein dreijähriger Junge in den Fluß Mehren, wurde vom Wasser abgetrieben und, nachdem er »ein halbe Stund darin gerunnen, endlich gantz todt herauß gezogen«. Die Mutter nahm den Jungen auf den Arm und rannte, so schnell die Beine laufen wollten, dorthin, wo allein noch Hilfe zur erwarten war: Zu jener anderen Mutter, die selbst ein Kind großgezogen hatte und wissen mußte, wie einer Mutter zumute ist, die ihr Kind verliert.

Die Frau lief also zur heiligen Kapelle und legte den scheinbar toten Jungen auf den Altar unter die Mutter-

Gottes-Statue, warf sich auf die Knie und bat flehentlich mit allen anderen Frauen, die ihr schreiend und heulend nachgefolgt waren, um das Leben des Jungen. Und tatsächlich: »Alsbald wird das Kind lebendig.«

Es war der Beginn der weltberühmten Gnadenwallfahrt zu unserer lieben Frau von Altötting.

Nach dem dreijährigen Jungen folgte ein sechsjähriger (fast immer galten die ersten Wunder bei Marienwallfahrten kleinen Kindern), ein Bauernsohn, der von seinem Vater beim Hafer-Einfahren auf das Handroß gesetzt worden war, dabei unter den Wagen fiel und »dermaßen zertruckt wurde, daß seines Lebens kein Hoffnung mehr vorhanden«.

Der Vater hatte sicherlich von dem Erlebnis seiner Dorfnachbarin und von den wunderbaren Fähigkeiten der Muttergottes in der heiligen Kapelle gehört, aber der Weg dorthin war viel zu weit, der Junge auch gar nicht transportfähig. In seiner Verzweiflung legte er das Gelübde ab, daß er den Jungen so bald wie nur möglich zur Kapelle bringen würde, wenn er nur am Leben bliebe. »Folgenden Tag ist der Knab wiederumben gantz frisch und gesund.« Der Bauer löst sein Gelübde ein und zieht mit dem Jungen vor das Gnadenbild in die Kapelle.

Dieses Gnadenbild, die berühmte schwarze Madonna, stand bereits seit dem Jahre 1330 in der Kapelle, ohne daß man ihm irgendwelche besonderen Wunderkräfte zugetraut hätte. Auch die Bäuerin von 1489 hatte sich ja zuerst ganz allgemein an die Muttergottes gewandt und einfach die nächstgelegene ihr geweihte Kirche aufgesucht, ohne an die schwarze Madonna zu denken. Erst das Wunder hob die Kapelle unvermittelt über alle anderen Gotteshäuser im Umkreis empor. Erst dadurch gewann das Gnadenbild seine besondere Bedeutung.

Eine solche Entwicklung war ganz natürlich in jener wundergläubigen Zeit. Wenn der fromme Beter zwischen Angst und Hoffnung im Halbdunkel der Kapelle kniete, die Hände flehentlich erhoben zur Marienstatue, die über dem Altar thronte, inbrünstig um Hilfe bittend, kann man sich unschwer vorstellen, wie die Statue für ihn lebendig wurde im flackernden Licht der Kerzen und sich wahrhaftig in die Muttergottes verwandelte.

Mit welch explosiver Gewalt diese Wunder im frommen Gemüt des Volkes einschlugen, schildert anschaulich der Chronist des Wallfahrtsortes Maria Steinbach. Sein Bericht zeigt auch, wie die altüberkommene Reliquienwallfahrt, die auf das Seelenheil im Jenseits gerichtet war, aufging in der neuen Gnadenwallfahrt, die eher die Linderung irdischer Leiden zum Ziel hatte.

Maria Steinbach war zunächst ebenfalls nur eine unbedeutende Pfarrkirche gewesen, die einem Prämonstratenser-Kloster unterstand. Sie liegt in der Nähe von Memmingen im Allgäu. 1723 wurde in der Kirche ein Kreuzpartikel zur Verehrung ausgestellt, der im Lauf der Jahre immer mehr Gläubige aus der Umgebung anzog, so viele, daß man 1728 darangehen konnte, die Kirche im Inneren reicher auszugestalten. Der Hochaltar wurde mit drei aufwendig renovierten alten Statuen geschmückt. Dann fährt die Chronik fort:

». . . solchermassen stunden die renovierte Bildnuß beyläuffig 2 Jahr ohne besondere Beachtung, Ehr oder Rueff; gestalten niemand was merkwürdiges von diesen Bildnussen weder gedenckt weder gesehen, obwohlen bey selber Zeit schon ein grosser Zulauff zu dem heiligen Creutz-Particul geschahe, welcher alle Freytag öffentlich zur Verehrung ausgesetzt wurde. Hernach aber, den 2. Junij des 1730. Jahrs entstunde unverhofft ein Geschrey bey dem Volck, als thätte jüngstgedachte Bildnuß der schmertzhafften Mutter GOttes die Augen bewögen, auf und zuschliessen, und die Farb des Angesichts mercklich verändern . . . auß welchen einige in der Kirchen vor heiliger Forcht oder Freud anfangen überlaut zu seuffzen, aufzuruffen, zu weinen etc.«

Die Psychologie hat für derartige Phänomene eine einfache Erklärung: Der Wunsch, von der Muttergottes ein sichtbares »Zeichen« zu empfangen, wurde in den frommen Wallfahrern so übermächtig, daß sie dieses

Diese Votivtafel, die in den 30er Jahren des 18. Jahrhunderts von einer adeligen Familie gestiftet wurde, zeigt das Innere der Pfarrkirche von Maria Steinbach zu jener Zeit, als die Wallfahrt entstand. Man erkennt einen für damalige Verhältnisse eher bescheidenen Hochaltar mit einem Christus am Kreuz, rechts und links davon auf zwei Beichtstühlen die Statuen einer schmerzhaften Muttergottes und eines heiligen Johannes. Beinahe über Nacht wurde aus dieser unscheinbaren Kirche der bedeutendste Wallfahrtsort im katholischen Schwaben.

Zeichen tatsächlich wahrnahmen. Genauso wie beispielsweise eine eingebildete Krankheit bei dazu veranlagten Naturen ganz reale Schmerzen hervorrufen kann.

Außerdem war den Gläubigen ein solcher Vorgang damals durchaus geläufig. Sie kannten Dutzende ähnlicher Geschichten von anderen Heiligenstatuen in anderen Wallfahrtsorten. Manche Bildnisse hatten einen überirdischen Glanz ausgestrahlt, andere eine himmlische Musik ertönen lassen, wieder andere mit Kindern geredet. In Villa Bonga in Spanien hatte sich eine Schafherde vor einem Gnadenbild auf die Knie niedergelassen, in Etrosa hatte ein Mann beim Ballspiel den Arm des Christkinds an einer geschnitzen Madonnenfigur abgeschlagen: Kurz darauf wurde ihm ein Kind ohne Arm geboren. Auf dieses Phänomen hin entstand umgehend eine Wallfahrt, ebenso wie in Panormi, wo ein Dieb eine Perle aus der Krone einer Marienstatue stahl und seine Hand so lange nicht mehr aufmachen konnte, bis er die Tat bereut und die Perle zurückgebracht hatte.

Augenbewegungen waren demgegenüber beinahe schon eine alltägliche Erscheinung. Während aber an anderen Orten die Aufregung nach einiger Zeit meist wieder einschlief, wuchs in Steinbach die Zahl der Augenzeugen von Woche zu Woche.

»Es sahen dises Wunder Geist- und Weltliche, Edle und Unedle, Reich und Arm, Verheyrathet und Ledige, und zwar zu allen Stunden des Tags, zu Morgen, und Abend, zu Mittag und Nachmittag, bey Sonnenschein und trüben Wetter, bey Schnee und Wind etc. doch ist wohl zu beobachten, daß offtermalen auß zwainzig dreyssig nur drey vier etc. etc. dise Gnadenreiche Augen-Wendung mit solcher Gewißheit gesehen, daß sie sich getrauten, vor hoher Geistlicher Obrigkeit ein solches aydlich zu bekräftigen.«

Was die geistliche Obrigkeit anging, so waren die Meinungen geteilt: Der Pfarrer von Steinbach stand natürlich auf Seiten seiner gläubigen Wallfahrer. Der Pfarrer der Nachbargemeinde Hofs dagegen, ein gewisser

Leopold Baur, kam zu einer ganz anderen Ansicht, als er mit ansehen mußte, wie seine Schäflein in immer größeren Scharen wegliefen. Im November 1730 bereits schrieb er einen geharnischten Protestbrief an den zuständigen Bischof in Konstanz, worin er sich beschwerte, daß die Marienstatue in Steinbach äußerst merkwürdig (»insolita«) sei, und der dort aufgekommene Marienkult ein Ärgernis für Katholiken und Häretiker. Man habe der Statue einen neuen Kopf aufgesetzt (das heißt, er vermutete eine Manipulation an den Augen) und habe unverschämte Lieder komponiert, die in der Kirche gesungen würden. Auch verbreite man angebliche Wunder.

Die unmittelbaren Vorgesetzten im Kloster Rot reagierten zunächst ebenso skeptisch. Der Abt veranlaßte eine Inspektion, bei der man herausfand, daß das Gnadenbild ziemlich tief im Schatten einer Nische stand, und daß »die Marianische Augenwendung oder Entfärbung deß Angesichts auß Ursach der Stellung des Bilds, oder etwan mittelst eines durch gewise Scheiben eintringenden Glanzes oder besonderen Liechts sich ereignet hätte«.

Man vermutete also – ausgesprochen rationalistisch – daß die Erscheinung durch Lichtreflexe oder Spiegelungen der Fensterscheiben hervorgerufen würden und ließ deshalb die Statue einen Viertel Meter aus der Nische herausstellen.

Schon nach dem nächsten Gottesdienst aber konnte der Pfarrer von Steinbach triumphierend berichten, daß sich »das gnadenreiche Bildnuß so starck in dem heiligen Angesicht gleichsam vor Schmertzen gekrümet (habe), ob den Augbraumen aufgeschwollen (sei) und sozureden hart angespannte Aderen gezeigt (habe), daß es vile in der Kirchen vermerckt (hätten), mithin vor Verwunderung zusammen lauffend anfangen zu Weinen, Betten, Seufftzen etc.«

Die Gläubigen bemerkten also, wie der Gottesmutter buchstäblich die Zornesader schwoll über dem Unglauben der Prämonstratenser-Mönche des Klosters Rot. Die hielten sich daraufhin in Zukunft klug zurück und überließen alles weitere dem bischöflichen Ordinariat in Konstanz.

Inzwischen war allerdings die Woge religiöser Begeisterung schon so hoch geschlagen, daß es vergeblich gewesen wäre, sich dagegen zu stemmen. Trotzdem ließ sich die bischöfliche Kommission fast drei Jahre Zeit, bis sie am 7. September 1733 nach Steinbach kam.

Zweieinhalb Wochen lang untersuchten die geistlichen Herren die Marienstatue, wobei sie eigens zwei Kunstmaler als Experten zuzogen. Dann vernahmen sie unter Eid 71 Personen, die behaupteten, die Augenwendung gesehen zu haben, und schließlich fertigten sie noch ein Protokoll über 77 Mirakel, die sich in der Zwischenzeit ereignet hatten.

Das erste Wunder war schon knapp drei Monate nach der ersten Augenwendung registriert worden:

»HErr Johann Gebele, Gerichts-Amtmann und Barbierer zu Aichstett, 61 Jahre alt, hatte ein Söhnlein mit Namen Franz Xaveri, von etwann 2 Jahren, zu der schmerzhafften Mutter Gottes verlobt und dahin tragen lassen; um weilen das Kind immerdar kranck, und bey seinen zweyjährigen Alter nit gehen, und stehen, noch reden könnte; zumahlen auch eine gefährliche Dörrsucht bey ihme angesetzt; in welchen gefährlichen Umständen er dem gar zu jungen Kind sich nit getrauete einzugeben, als einen wenigen Safft zur Milderung der anhaltenden Schmertzen, welcher aber gar nit zulänglich ware zur Curierung deß sehr üblen Zustands. Sobald er aber ein Wallfahrt zu der miraculosen Mutter GOttes in Steinbach verrichtet, hat sich das Kind sogleich wohl anfangen zu befinden, zu gehen, und zu reden.«

Das Zeugnis des Amtmanns, der durch die Rettung seines Sohnes zu einem glühenden Verehrer der Steinbacher Madonna geworden war, und die Aussagen zahlreicher anderer glaubwürdiger Zeugen machten es der bischöflichen Kommission einigermaßen leicht, zu einem positiven Resultat zu kommen. Am 19. Dezember 1733 erließ der Bischof von Konstanz, Johann Franz, ein Dekret, mit dem er die Marianische Wallfahrt nach Maria Steinbach offiziell anerkannte.

Die Gläubigen feierten das Ereignis mit einem gewaltigen Dank- und Freudenfest, denn so ganz selbstverständlich war eine solche Anerkennung damals nicht.

In dem heute eingemeindeten Dorf Kriegshaber bei Augsburg beispielsweise hatte es 20 Jahre später einen ähnlich großen Auflauf um ein Muttergottes-Bild gegeben. Auch dort wollten zahlreiche Gläubige eine Bewegung der Augen wahrgenommen haben. Aber obwohl der Wirt des Ortes – mit sicherem Instinkt ein großes Geschäft witternd – sich sofort um die Aufzeichnung von allen möglichen Wundern bemühte und auch prompt 1752 und 1753 ausführliche Mirakellisten zusammenstellte, versagte das bischöfliche Ordinariat in Augsburg die Anerkennung.

Trotzdem zählte man in Deutschland, wo es 1511 erst ein Dutzend Marienwallfahrten gegeben hatte, 1738 bereits über 2000 Marianische Gandenorte – von den zahllosen Heiligenwallfahrten gar nicht zu reden.

Die Marien- und Heiligenverehrung erreichte damals ihren Höhepunkt. Sie fand ihren Ausdruck in manchmal beinahe familiärer Vertraulichkeit mit den himmlischen Helfern, wenn die Altbayern die Heiligen Barbara, Katharina und Margaretha beispielsweise als »die heiligen drei Madln« ansprachen und den St. Leonhard so innig verehrten, daß der Historiker Johann Nepomuk Sepp ihn schlicht als »Bauernherrgott« bezeichnete.

Sie äußerte sich in triumphierender Prachtentfaltung, wenn man über den alten Kapellen und Gnadenbildern neue glänzende Wallfahrtskirchen errichtete und wenn die verehrten Muttergottes-Statuen in feierlicher Zeremonie in Brokat und Gold eingekleidet wurden. Mozart hat seine berühmte Krönungsmesse für einen solchen Anlaß komponiert: Für die Krönung der Muttergottesstatue im österreichischen Maria Plain. Und die Verehrung der Gnadenbilder drängte den dreieinigen Gott der offiziellen Kirche schließlich so sehr in den Hintergrund, daß der Konstanzer Bischof Johann Franz sein Steinbacher Dekret mit drohend erhobenem Zeigefinger abschließen mußte:

»Doch wollen wir alle, welche von öffentlicher Canzel predigen, erinnert haben, daß sie das gemeine Volk unterrichten, daß ermeldtes Bildnuß zwar mirakulös seye, nit aber, als wann wir glauben, als wann in diser oder anderen leblosen Statuen selbst eine innerlich würckende Krafft seye oder daß unser Vertrauen auf solch Materialische Bildnuß gesetztet werde, sondern daß alle Ehr-Beweisung, die dergleichen Bildnussen gemacht wird auf die seligste Mutter GOttes, welche durch dise Bildnuß nur repraesentiert wird, gerichtet seye, wie dann auch die Wunderwerck nit von der seligsten Jungfrau selbst eigenmächtig sondern von Gott auf die von seiner seligsten Mutter gemachte Fürbitt geschehen thun.« (Gekürzt)

Glauben und Aberglauben, tiefe Religiosität und an Fetischismus erinnernde Bilderverehrung lagen damals dicht beieinander. Die Geistlichkeit hatte oft Mühe, ihre Schäflein einigermaßen auf dem Weg des rechten Glaubens zu halten. Sie verfolgte dabei einen eher diplomatischen Kurs, der sich von der Einsicht leiten ließ, daß harte Verbote das größtenteils ungebildete Volk nur noch mehr zum Aberglauben und zur Magie treiben würde. Deshalb wurden viele mehr oder weniger unchristlichen Bräuche und Vorstellungen, die das Volk in das Wallfahrtswesen eingebracht hatte, stillschweigend geduldet – eine Praxis, die später von den Aufklärern besonders heftig kritisiert wurde, die aber den Bedürfnissen des Volkes weitgehend entgegenkam.

»Das Landvolk unserer Gegend ist eingenommen für auffallende, wunderliche Dinge. Das liest und hört es gerne, kann aber aus Mangel an religiöser Kenntnis das Wahre vom Falschen nicht unterscheiden«, schrieb noch 1819 ein Landpfarrer aus Laufen nördlich von Salzburg, und ein aufgeklärter Zeitgenosse ergänzte: ». . . das Volk hängt mehr an dem Sinnlichen als an dem Geistigen, mehr an der Schale als an dem Kern der Religion.«

An den Gnadenorten erwarteten die Gläubigen nicht nur geistige Tröstung zu finden, sondern vor allem handfeste Hilfsmittel gegen die Widrigkeiten und Gefahren des täglichen Lebens: Amulette und Kreuzlein, die vor mißgünstigen Geistern schützen sollten, Kerzen und geweihte Wasser und Öle gegen alle möglichen Leiden, kleine Gnadenbildchen, die wie Briefmarken auf große Bogen gedruckt waren, sogenannte Schluckbildchen, die wie Tabletten bei Krankheit eingenommen wurden, und ähnliches mehr.

Den in Weihenlinden verkauften »Weihenlinden-Kreuzlein« wurden fast unbegrenzte Fähigkeiten zugeschrieben: Ins brennende Nachbarhaus geworfen, schützten sie davor, daß das eigene Heim Feuer fing, auf den wehen Zahn gelegt, linderten sie den Schmerz, an den vier Ecken eines Feldes in die Erde vergraben, schützten sie die Ernte vor Hagelschlag. Die Grenze zwischen religiösen und magischen Bräuchen war fließend. Im letzten Kapitel wird davon noch ausführlicher die Rede sein.

Darüber hinaus dienten die Wallfahrten auch ganz profanen Zwecken. Für weite Teile der bäuerlichen Bevölkerung boten sie die einzige Möglichkeit, einmal aus dem Bereich des eigenen Kirchturms herauszukommen, andere Gegenden und Menschen kennenzulernen oder manchmal – wenigstens vorübergehend – den allzu strengen Bindungen der eigenen Dorfgemeinschaft zu entfliehen.

Der Journalist Johann Kaspar Riesbeck begegnete 1780 auf der Schiffsreise von Salzburg nach Passau einer Gruppe von Wallfahrern, die er in seinen »Briefen eines reisenden Franzosen über Deutschland« folgendermaßen schilderte:

»Von Salzburg fuhr ich auf der Salzach und dem Inn zu Schiff hierher (nach Passau). Wasserreisen haben in Betracht der zahlreichen Gesellschaft, die man öfters trifft, ungemein viel Reiz für mich. Bis nach Burghausen war das Schiff gestopft voll. Da stieg die Hälfte meiner Reisegefährten aus, um nach dem nahegelegenen Ötting zu wallfahren. Sie bestand aus einem Schwarm junger Leute beiderlei Geschlechts, denen man sehr deutlich ansah, daß sie auf dieser heiligen Fahrt nichts weniger vorhatten, als ihre alten Sünden zu büßen. Wenn der erste Verführer dieser Mädchen nach der Aussage unserer Moralisten alle Schuld der Sünden tragen muß, die sie nachher begehen, so machen sie ihm aus Rache gewiß die Hölle heiß genug. Im Wirtshaus zu Burghausen blieben wir noch die Nacht über beisammen, und ich hatte viel Gelegenheit zu bemerken, daß meine Wallfahrer reichen Stoff zu ihrer bevorstehenden Beichte sammeln wollten.«

In dieser Schilderung äußert sich keineswegs nur die Spottlust eines aufgeklärten Zeitgenossen. Auch der Geistlichkeit waren diese Begleiterscheinungen des Wallfahrtswesens bekannt. Und der schwäbische Landpfarrer Johann Christoph Beer beispielsweise gebrauchte 30 Jahre vor Riesbeck noch sehr viel schärfere Worte, wenn er seine Gemeindemitglieder wegen ihrer ausgedehnten Wallfahrten vergatterte:

»Allen Gewalt setzt das Volck in vielfältiger Besuchung der Gotts-Häuser, Bilder der Heiligen, und Wallfahrten: Es ist bey solchen des Umschweiffens, und Außlauffens kein End, sie scholdern immerdar herum von einer Kirch und Gottesdienst zu dem anderen, von einem Dorff, oder von einer Stadt zu der anderen, von einer Wallfahrt auf die andere... Dahero dann solche herumtrollende Seelen, von ihren Wallfahrten mehr Schaden als Nutzen sammlen, und gibet es auch die tägliche Erfahrnuß, daß in solchen Seelen auch vor den aller-wunder-thätigsten Gnaden-Bilderen dannoch niemals jenes Miracul und Wunder sich zutrage, daß sie auch nur um einen einzigen Grad besser, oder tugendsamer nach Hauß kommen... Man will fast in jeder Kirchen eine Wallfahrt haben, und demnach einen großen Zulauff des Lands-Volcks hinlocken, und die Wirtshäuser allein die größte Ehr... bekommen, wie besonders die nachmittägige Andachten solches genugsam erweisen, als bey welchen gar offt der unkeusche Venus-Bub mehrers geehrt wird, als der wahre Gott selbsten.«

Der »große Zulauff des Lands-Volcks« hatte natürlich auch seine Bedeutung für den Handel.

Schon 1392 in München, bei der großen, mit einem Generalablaß verbundenen Andechs-Reliquien-Ausstellung, hatten zahlreiche fahrende Händler während der Festwochen ihre Verkaufsstände vor der Stadt aufgebaut, eine Einrichtung, die heute noch als »Dult« lebendig ist (lat. indultum = Ablaß).

Manche Städte verdankten ihr Aufblühen im 17./18. Jahrhundert weitgehend dem Handel mit Wallfahrern, wie Dorfen, Vilsbiburg, Pfarrkirchen u. a. Maria Dorfen zählte im Jahr 1716 etwa 45 000 Pilger, 1724 über 100 000, nach Altötting zogen im selben Jahr 200 000. Und am Beispiel Altötting läßt sich auch gut dokumentieren, mit welch reißender Schnelligkeit sich eine Wallfahrt oft ausbreitete, und welche wirtschaftliche Bedeutung sie dank der Opferfreudigkeit des gläubigen Volkes gewinnen konnte.

1489 war die Wallfahrt zur heiligen Kapelle entstanden. Schon 1492 wurden 30 000 zinnerne Pilgerzeichen verkauft, also müssen wenigstens ebenso viele Wallfahrer gekommen sein. Ihre Opfer füllten nicht nur die Schatzkammer, deren Aufsicht sich der Staat wohlweislich vorbehalten hatte, sondern auch ein reichhaltiges Warenlager mit Kleidern, Stoffen, Waffen (von Soldaten geopfert), Flachs, Wachs, Getreide, Eiern, Schmalz und einem ganzen Stall voller Tiere, darunter 64 Stück Großvieh allein in diesem einen Jahr 1492 und 3700 Hühnern. Die Kapellenverwaltung mußte eigens einen Hühnerstall errichten.

Die Einnahmen waren so gewaltig, daß schon 1497 die Kapelle erweitert und zwei Jahre später der Neubau der benachbarten Stiftskirche in Angriff genommen werden konnte, ohne daß dadurch der Kapellenschatz wesentlich verringert worden wäre. Er verkraftete sogar den Geldhunger des Landshuter Bayernherzogs Georg des Reichen, der sich bis 1501 80 000 Gulden und sieben Zentner ungemünztes Gold »auslieh«. An dieser ungeheuren Summe läßt sich die Opferfreudigkeit der Wallfahrer erst richtig abschätzen: Der Stall eines reichen Bauern mit vier Pferden und zehn Kühen war nach damaligem Geld 40 Gulden wert.

Die Wallfahrtsbewegung hielt sich nicht immer auf dieser Höhe. Reformation und Dreißigjähriger Krieg brachten sie zweimal fast ganz zum Erliegen, und nach ihrer größten Blütezeit im Zeitalter des Absolutismus, versuchte schließlich die staatliche Obrigkeit um die Wende vom 18. zum 19. Jahrhundert, sie im Zeichen der Aufklärung gänzlich abzuwürgen, indem sie alle Wallfahrten, Bittgänge und Prozessionen – von wenigen Ausnahmen abgesehen – mit Polizeigewalt verbot.

Tatsächlich haben die meisten der kleineren Gnadenstätten diese Verbote und die anderen Auswirkungen der Aufklärung nicht überstanden. Nur die großen Gnadenorte erlebten danach wieder einen Aufschwung, hinter dem dann allerdings eine gewandelte Frömmigkeit stand, die mehr auf eine geistige Einkehr gerichtet war, als auf die Lösung handfester irdischer Nöte.

Noch heute kommen allein nach Altötting jedes Jahr rund eine Dreiviertelmillion Pilger.

»H(err) Bartholomäus Statier, Graf Senshaimischer Jäger zu Heinschpach, schose ohnweit gaiselhöring eine bey 4 Centner schwere wild schwein weydtwundt, wo sodan diss unthier alsogleich auf dem Schus ihren gegener angefahlen, ihme die kleyder von dem leib gerissen, auch die 2 bey sich habende hundt zuschanden geschlagen. mithin ware in disen umbständen wo nicht der Tod selbsten doch wenigstens ein prest und kripelhaffte beschädigung gewis zu vermuetten: da aber dem Verunglückhten die Schmerzhaffte Muetter von Murnau im sinn kame, und er selbe: weill er mit dem mundt nicht könte: in dem Herzen mit wahrhafften Vertrauen angerueffen, so wurde er völlig frey und schadenlos erhalten, dan die aus wuett der empfangenen wunden ganz rasende Bestia last auf einmahl: und nicht anders, als wan sie gleichsam von einem heimblichen gewalt abgehalten wurd: von ihrem schlagen und würgen ab, ja nimbt die Flucht: der zu boden ligende bekombt also luft und sein geweher, wo er sodan nach dem anderen (nach einem zweiten) aber glicklicheren schus dis ihn zuvor zu boden druckende lastthier gefohlt (gefällt): und durch den fang (Hirschfänger) den lezten truck versetzet hatt.«

Über 2000 Marianische Gnadenorte gab es um die Mitte des 18. Jahrhunderts in Deutschland, als der Jäger Bartholomäus Statier seinen Jagdunfall hatte. Dazu kamen noch zahlreiche Gnadenstätten, die den verschiedensten Heiligen geweiht waren. Der fromme Mann, der in irgendeiner Notlage Schutz und Hilfe suchte, hatte also eine große Auswahl an himmlischen Nothelfern, die er anrufen konnte. Nur wenige Gnadenbilder erreichten allerdings eine solche Berühmtheit und Anziehungskraft wie die schwarze Madonna von Altötting oder die Vierzehn Heiligen in Oberfranken, deren Einzugsbereich sich über mehrere hundert Kilometer im Umkreis erstreckte. Die meisten hatten nur lokale Bedeutung. Auch die Muttergottes von Murnau wurde nur in der unmittelbaren Nachbarschaft verehrt. Die Votivtafeln jedoch, die ihr gestiftet wurden, zählen zu den schönsten, die sich erhalten haben. Sie sind Meisterwerke naiver Volkskunst, deren Rang schon um die Jahrhundertwende von den Malern Franz Marc und Kandinski anerkannt wurde. (Weitere Tafeln aus Murnau sind auf den Seiten 38 / 75/ 118 und 138 abgebildet.)

Komplikationen bei der Geburt und Sorgen um die Kinder gaben besonders häufig Anlaß, die himmlischen Nothelfer um Beistand anzurufen. Die Votivtafeln auf den Seiten 36 bis 38 sind Beispiele dafür. Die ersten beiden stammen aus Altötting. Eine Hebamme bemüht sich mit zwei Helferinnen um eine Kreißende, die 17 Stunden im Gebärstuhl zugebracht und vom Priester schon die letzte Ölung empfangen hatte, bevor endlich das Kind zur Welt kam (1640).

Das zweite Bild aus Altötting schildert den Unfall eines fünfjährigen Jungen, der in einen Teich gefallen war. Es dokumentiert, daß sich das fromme Volk bei aller Mirakelgläubigkeit keineswegs fatalistisch allein auf die Hilfe der Heiligen und der Muttergottes verließ. Der Vater des Jungen hatte selbst sein möglichstes getan, um das Leben des Kindes zu retten und es an den Füßen hochgehalten, damit das Wasser herauslaufen konnte. Trotzdem dankte man die Rettung des Jungen der Muttergottes, und aus Stolz über das erfahrene Gnadenerlebnis ließ sich die ganze Familie auf der Votivtafel abbilden (1634).

Die nebenstehende Tafel aus Murnau schildert eine ähnlich alltägliche Kindergeschichte, die genausogut heute spielen könnte. Der Bildtext erzählt sie in aller Ausführlichkeit:

»Wie schädtlich und Gefahrvoll die alzugrosse Vatter oder Mutterlieb denen Kündern insgmein zu sein pflege, hat zu seinen grösten Herzens Leydt erfahren der Ehrengeachte H(err) Michael Bayrlacher, Tafern Würdt in Uffing. Es reichte solcher nemblichen seinem erst 5 Firtel Jahr alten döchterl diesen Sülbernen pittschier Ring (Siegelring) zum stillen und Kurzweillen dar, das guette Kündt aber brachte solchen durch den Mundt in den Hals hinab, und was noch mehrers, so name es noch 2 Zucker oder pischgotten stritzel (Bisquitplätzchen) auf obbemelten Ring zu sich: Kurz darauf, dieweillen sowohl der Ring als darauf hineingeschobe Zuckerbrodt, wie natürlich, alle Luftröhren gänzlich estecket, fangte das unschuldige Tröpflein an förchterlich zu Raslen (röcheln), (und) im ganzen Leibangesicht, hals und Leib blau und schwarz zu werden: nicht nur allein die liebe Elttern, sondern auch der herbey gerufene Bader, wusten ihnen in disen Umbständen weder zu helfen noch zu raten: und da sie also keine menschliche Hilf mehr wusten: ruften sie Sammentliche (alle zusammen) umb hilff zu Maria der Schmerzhafften Muetter, so auch augenblicklich erfolget. Immasen (indem nämlich) der Ring, da der Vatter dem auf dem disch ligenden Kindt mit zächer (Tränen) fliessenden augen immerdar in den offen stehenden Mundt hineinsahe, widerumb aus dem hals, nicht anderst als ob er heraufgezogen wurde, durch dem Mundt biß auf die leftzen hervorkommen (ist), und also das schon vor Todt gehaltene Kindt auch disen augenblick Frisch und gesundt ohne mindiste Verletzung hergestellt ware, dahero auch dise so herrliche guettadt gegenwerttigen Votiv Tafel, samt dem Ring um hierdurch Mariae offentlichen danck zu erstatten, hatt abbilden Lasen: den 3ten May 1764.«

Kindsnöte

»Die wohledle Frau Catharina Margaretha von Erusburg, gebohrne Hoffmännin, Herrn Lieutenants Christianus Ludwig von Ehrnspurg Ehe-Consortin, bey 40. Jahr, deponiert eydlich, daß sie 1732 vor dem Fest S. Apost. Simonis & Judae mit ihrem letzteren Kind Constantia in so harte Kinds-Nöthen gerathen, welche 14 Tag lang gedauret, und sie niemahl zur Gebährung, und Entbündung gelangen können, ob schon ein geschworne Hebamm gantze 14 Tag hindurch alle zur Geburt dienliche Mittel mit Rath des Hoch-Fürstlichen Stifft Kemptischen Herrn Doctor Kefferle möglichsten Fleiß und beständiger Abwartung gebrauchet hätte. Sie habe auch die letste drey Tag ihr eygne Leibs-Frucht nit mehr empfunden, und die Hebamm habe gleichfalls kein lebendiges Zeichen vom Kind können prüffen. Mithin habe die Hebamm sich bey Herrn Doktor Kefferle widerum Raths erhollet, welcher durch seine Ehefrau die Deponentin zu disponieren gesucht, daß sie wolle die todte Leibs-Frucht durch chirurgische Operation von sich treiben lassen, damit nit auch sie in augenscheinliche Todtsgefahr gesetzet möchte werden. Da aber die Deponentin zu disponieren gesucht, daß sie wolte die todte dahin wollen bereden lassen, habe ihro ihr Ehe-Herr gerathen, eine Wallfahrt zu der schmerzhafften Mutter GOttes in Steinbach zu verloben, umb durch Vorbitt Mariä ein glückliche Entbündung zu erhalten; welches Gelübd, so bald es einhellig von beyden geschehen, habe sie sich gleich besser befunden, und in derselben Nacht gegen 4. Uhr dises letste und vierte Kind (welches der Hoch-Bischöfflichen Commission ganz gesund vorgestellt wurde) glücklich zur Welt gebohren; Herr Doctor Kefferle, welcher unmöglich geglaubt, und glauben können, daß die Leibsfrucht lebendig, habe vor Verwunderung sich nit zu fassen gewußt, biß er der Wahrheit überwisen, selbst bekennt, daß das Leben, und Geburt dises Kinds ein übernatürliches Wunder. Welches auch sie beede Wohl-Adeliche Ehe-Consorten, allein GOtt, und seiner allerheiligsten Mutter, die zu Steinbach wunderthätig, zugeschrieben haben.«

Solche Berichte finden sich zu Hunderten in allen Mirakelbüchern und wer den damaligen Stand der Geburtshilfe und des Hebammenwesens kennt, den kann es kaum verwundern, daß eine glückliche Geburt in vielen Fällen schon für sich allein als Mirakel angesehen wurde.

Im Falle der Leutnantsfrau Catharina Margaretha hatte tatsächlich nur Gott helfen können, nachdem die Hebamme am Ende ihres Lateins angelangt war und die Frau aus übergroßem Schamgefühl, was damals sehr häufig vorkam, keinen Arzt an ihr Wochenbett wollte kommen lassen, und nur mit der Ehefrau des Chirurgen verhandelte.

Ihre Angst vor der »chirurgischen Operation«, mit der der genannte Dr. Kefferle »die todte Leibs-Frucht« von ihr »treiben« wollte, wird allerdings verständlich, wenn man die Beschreibung einer solchen Operation, wie sie auf Seite 43 wiedergegeben ist, gelesen hat.

Ein Kaiserschnitt wäre sowieso nicht in Frage gekommen. Diese Operation wurde damals auch in äußersten Notfällen praktisch nie ausgeführt, da die Überlebenschancen minimal waren. Noch um die Mitte des 19. Jahrhunderts mußte »die Prognose des Kaiserschnitts für die Mutter im allgemeinen ungünstig genannt werden, da weit mehr Mütter danach sterben, als glücklich mit dem Leben davonkommen«. (Meyer's Lexikon 1859)

Der Tod im Kindbett war eine alltägliche Erscheinung. Eine gewisse Anna Scheyrlin hat ihre Todesangst in folgendem Gedicht wiedergegeben:

> Alß schon der härbe tot
> den Pfeil wolt loßtruckhen
> und durch geburtsnotth
> haißhungerig mich verschluckhen,
> dreyer tagen war die zeit,
> doch mutter nit kunt werden,
> daß grab war mir schon breitt,
> kein hilff alhier auf erden.

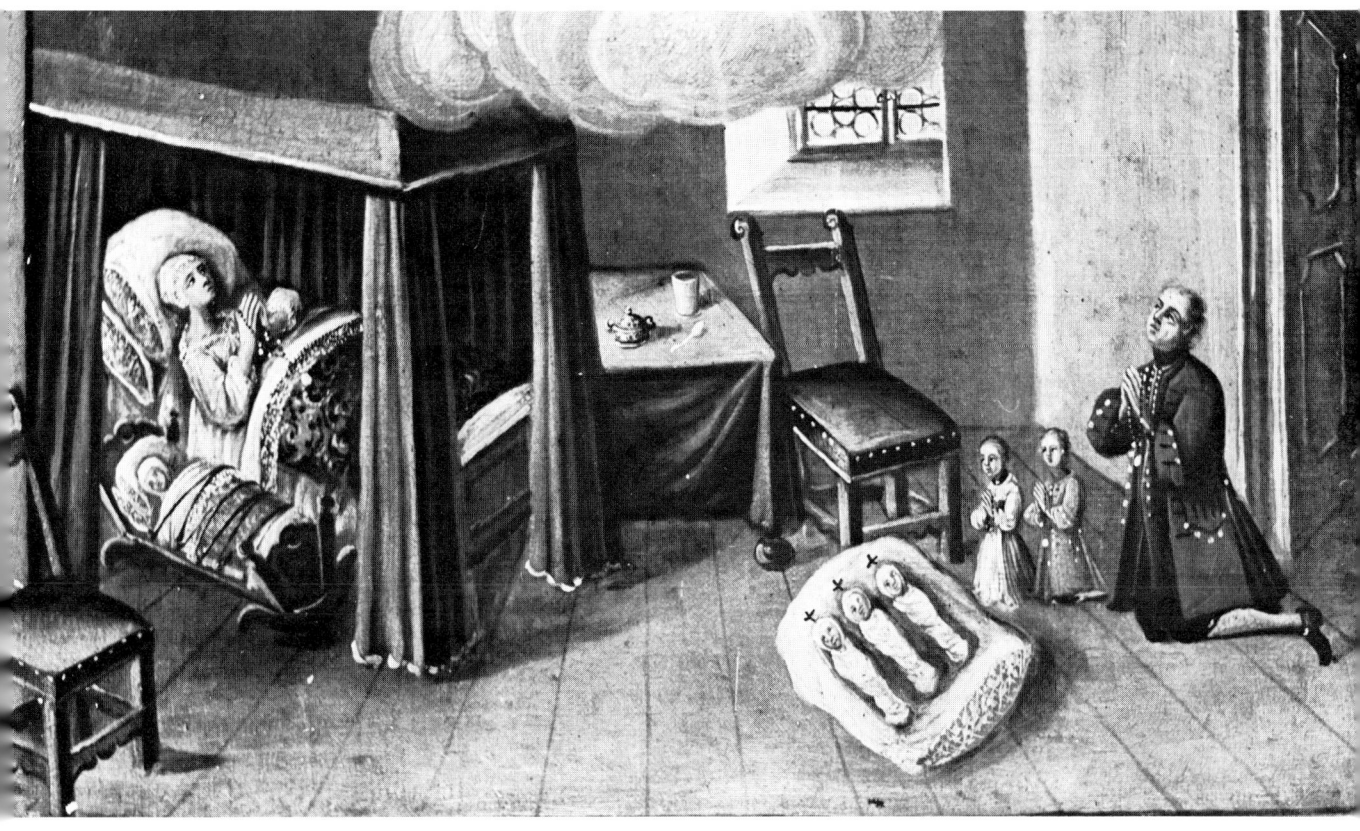

»Frau Maria Schmidin von Uffingen wurde, da sie in den 6 Wochen lag, gechling (jählings) mit einem solchen Schwermuett und Sröckhen (Schrecken) iberfallen, das sie ganz von verstandt kommen, auch nicht fehig warr, das H. Sacramenta zu empfangen. nachdem Ihr Ehemann die selbe mit einem Lobambt, Votivtafel und Opfer in stock verlobt, so hatt obernannte alsogleich ihren Verstandt in Kurzer Zeit, darauf aber die völlige Gesundheit erhalten. 1763.«

Eine schwere Depression, wie sie die Wöchnerin Maria Schmid auf dieser Votivtafel beschreibt, war eine besonders unerklärliche Erscheinung in einer Zeit, als die Ärzte psychischen Erkrankungen noch völlig hilflos gegenüberstanden. Frauen im Wochenbett leiden nicht selten unter Depressionen. In diesem Fall mag wohl eine Rolle gespielt haben, daß der Frau schon vorher drei Kinder kurz nach der Geburt gestorben waren. Sie litt jedenfalls so stark, daß man den Pfarrer holen mußte, um ihr die Sterbesakramente erteilen zu lassen.

Da endlich, in höchster Not, wurde sie durch die Fürbitte der Muttergottes von Altötting gerettet – so berichtet es das Mirakelbuch von 1740.

Etwa jede 20. Geburt ist ganz allgemein mit Komplikationen verbunden, sei es, daß das Kind falsch liegt oder daß das Becken zu eng ist, o. ä. In diesen Fällen hatte das Kind früher von vorneherein fast keine Chance, und was die Mutter auszuhalten hatte, läßt sich anhand der Mirakelberichte ungefähr ermessen:

»Maria Liboldin von Beuren gibt am 12. April 1737 zu Protokoll: Als sie 1735 hochschwanger wurde, gaben ihr die Hebammen aus verschiedenen erkennbaren Zeichen die Erkenntnis, daß ihre Leibesfrucht bereits tot sein müsse und sie ein totes Kind gebären werde. Nach dieser traurigen Vorhersagung verschlich noch ein Vierteljahr und sie kam wenigstens ein Vierteljahr zu früh in die Kindelbeth. Es ging alles so schwer her, daß die Hebamme zur Rettung der Mutter das ja schon tote Kind in zwei Teile zerteilen wollte. Als sie bereits Hand anlegen wollte, sagten anwesende Frauen, man solle sie zuerst mit den Sterbesakramenten versehen lassen. Weil sich das aber ziemlich hinauszog, ging inzwischen die Geburt auf das härteste vorbei. Aber man verspürte kein Lebenszeichen am Kinde, es wurde für tot auf die Seite gelegt und man gab auf das Kind nicht acht, da die Mutter vor Schmerzen nicht wußte, was sie tun solle. Andere lamentierten und schrien umsonst, denn gegen den Tod ist kein Kräutlein gewachsen. Die Großmutter erwählte das Beste. Sie nahm ihre Zuflucht zur schmerzhaften Muttergottes von Steinbach, legte das desperierte Kind auf ihren Schoß, schrie und seufzte unter vielen Zähren: Maria, Du Mutter des Lebens, wolle doch dem elenden Kind so lange das Leben wieder erwerben, bis es den heiligen Tauff empfangen, damit es der ewigen Seligkeit nicht verlustig gehe. Kaum hatte sie dergleichen Worte ausgesprochen, da rührte sich das Kind, kam dermaßen zu lebendigen Zeichen, daß die Gewißheit des Lebens unzweifelhaft zu Tage trat (das war die Voraussetzung für die Erteilung der Taufe, weshalb die Eltern schon das geringste – oft auch eingebildete – Lebenszeichen als besonderen Gnadenerweis empfanden). Das Kind wurde durch einen zugegen seienden Mann getauft und nach einer halben Stunde, durch welche es noch gelebt, den himmlischen Freuden zugeschickt.«

Mit welchem Unverstand und mit welcher Grobheit Ärzte und Hebammen häufig vorgingen, zeigt auch der nächste Bericht aus dem Jahre 1704:

»Maria Gandterin von Höchstett kunte nicht Kinds-Mutter werden, und wurde dem Kind von einer unverständigen Hebamm der Kopf in Mutter-Leib mit Hinterlassung des übrigen Leibs abgerissen. Sie die Mutter befande sich also in der augenscheinlichen Todts-Gefahr, liesse sich mit denen Heil. Sacramenten versehen, erschwingte jedoch ihr Herz zu Maria naher Weichenlinden mit einen Gelübd, und wurde sodann glückseelig ohne ihren Schaden von der Todten oder vilmehr getödteten Frucht befreyet.«

Was dieser Hebamme aus Ungeschicklichkeit widerfahren war, wurde von den damaligen Ärzten häufig mit Absicht praktiziert. Wenn das Kind nicht auf natürlichem Wege zur Welt zu bringen war, wurde es im Mutterleib buchstäblich zerkleinert, eine Praxis, die in Deutschland noch bis zum Ende des 18. Jahrhunderts geläufig war.

Der sächsische Feldscherer und Barbierermeister Johann Dietz berichtet in seiner Lebensbeschreibung, wie er solch eine Operation um 1700 an seiner eigenen Frau vornehmen mußte:

». . . Die harte Geburt währete bis in'n dritten Tag. Da fragete ich die Weiber, die ich hatte lassen dazu holen, als die seelige Frau Doktor Knauten und Rathsmeistern Zeisingen: warum es so lang würde, es stünde gewiß nicht recht? – Da sagten die Weiber: ›Herr Dietz, wir können es ihm nicht verhalten, das Kind ist tot; und will er seine Frau beim Leben erhalten, so muß er Herrn Dorn, der die Frucht rausnimbt, lassen holen.‹

Ich ward sehr erschrocken und wußte nicht, was zu thun? Doch resolvierte ich mich und sagte: ›Wann es denn nicht anders sein soll und kann, was Dorn kann, kann ich auch.‹ Die Weiber fielen mir umb den Hals und baten sehr: ich sollte bald machen, es wäre fast umb die Frau geschehen.

Ich legte die Hand an und versuchte, wie die Frucht stünde. So stund es mit der linken Achsel und Arm verkehrt in. Und war wegen der Dunst, welche allzeit bei toten Kindern ist, weder zu wenden noch zu regen. Sie hatten ihm bereitest fast den Arm abgerissen. Ich fassete ein dazu geschicktes, spitziges Messerlein in meine rechte Hand, unter den Zeiger (Zeigefinger), so vorhero mit warmen Ölen und Bier glatt gemacht, zwang mich damit zwischen die Frucht ein und eröffnete dem Kinde Brust und Leib. Da gingen die Winde (der Dunst) weg; und war die Frucht zusammengefallen, leicht herauszubringen.

Da lag nun mein erster Sohn, im Mutterleib geopfert, und ich hatte meine Hände in seinem Blut gewaschen. – O, großer GOtt, Du weißt es, wie mir zu Gemüth war!«

1690, zehn Jahre vor Meister Dietzens Operation, war in Deutschland das erste wirklich brauchbare Lehrbuch über Geburtshilfe herausgegeben worden: Die »Churbrandenburgische Hoff-Wehmutter« der Hebamme Justine Siegemund, einer außergewöhnlich geschickten und gescheiten Frau, die nicht nur ihre eigenen Erfahrungen aus 30jähriger Tätigkeit weitergab, sondern auch die Erkenntnisse französischer Kolleginnen und Ärzte. (In Frankreich war man damals in der Geburtshilfe weit voraus, weil es am französischen Königshof einige komplizierte Geburten gegeben hatte, die den erfolgreichen Geburtshelfern jeweils große Ehrungen und Belohnungen eingebracht und so das ganze Fach attraktiver gemacht hatten.)

Auch Justine Siegemunds Ruhm war erst durch eine königliche Geburt ganz gefestigt worden: Am 4. 8. 1688 hatte sie den preußischen Prinzen Friedrich Wilhelm, den späteren Soldatenkönig, entbunden.

Bis die Kenntnisse und Fertigkeiten, die Justine Siegemund in ihrem Buch vermittelte, auch dem einfachen Volk zugutekamen, vergingen allerdings einige Jahrzehnte, denn die erfahrenen und besser ausgebildeten Hebammen wurden zunächst von den wohlhabenden Bürgern und vom Adel in Beschlag genommen.

Um eine allgemeine Ausbildung aller Hebammen in Deutschland begann man sich erst ab der Mitte des 18. Jahrhunderts zu bemühen. In Hessen-Darmstadt wurde 1765 die erste Ausbilderin gegen ungewöhnlich hohes Salär angeworben: Es war eine Hebamme namens Kugler, die die damals als vorbildlich geltende Hebammenschule in Straßburg absolviert hatte und jetzt auf fürstlichen Befehl verpflichtet wurde, alle Hebammen im Land umsonst zu unterrichten: »Hierdurch werden dem Publico (d. h. dem Staat) viele Menschen erhalten, die durch die einfältigen Bauernammen zugrunde gehen.«

Der Hinweis auf die »einfältigen Bauernammen« bestätigt, wie notwendig eine bessere Ausbildung der Hebammen war. Besonders auf dem Land und in den kleineren Orten waren die Zustände miserabel. Bei den hessischen Bauern ging der Spruch:

»Kühverrecke großer Schrecke
Weibersterbe kein Verderbe!«

In Bayern hieß es nur wenig freundlicher:

»Weibersterb'n is koa Verderb'n
aber Roßverrecka des is a Schrecka!«

In solchen Sprüchen äußerte sich nicht nur eine geringe Wertschätzung der Frau, es läßt sich daraus auch ablesen, wie weitgehend man an den Tod im Kindbett gewöhnt war.

Solange die Hebammen keine geregelte Ausbildung

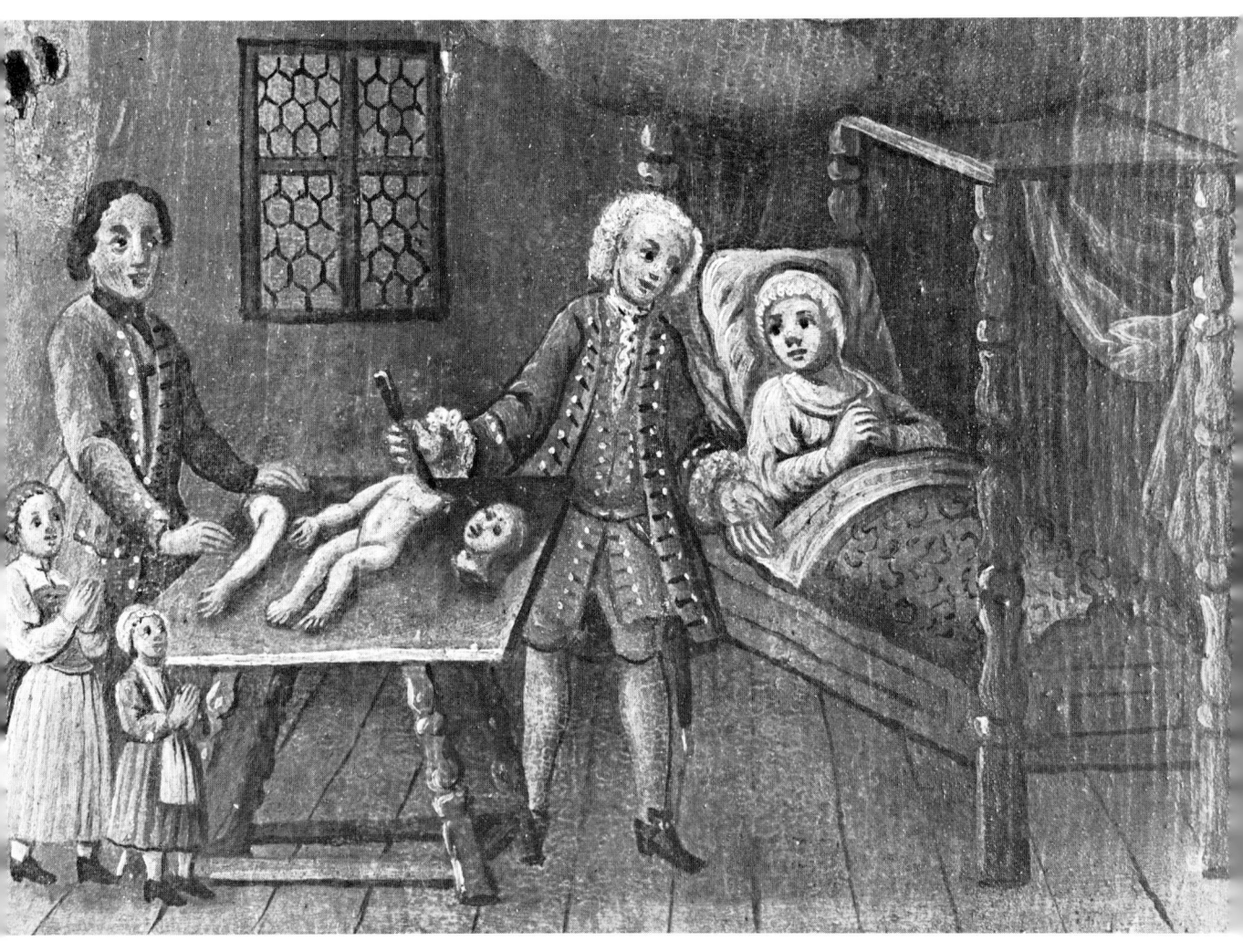

»Anno 1759 den 24. Februari, ist es mit meinen Weib geschechen, sie kham in Khints nöt, ja man hät den Kind den notdauf Geben, aber nicht entbunten, o nod, o Gott, das Khind gab auf sein Leben. Zu 3 stükh in muetterLeib von dockhtor deischo (Namen des Arztes) wurd Zerdeilt, also ists Geschechen ... Ich und mein Weib, ganz frisch und gsundt zu unseres hern Rueh her get, Gott Lob und danckh zu sagen.«

Bis in die zweite Hälfte des 19. Jahrhunderts hinein waren die Überlebenschancen der Mutter bei einem Kaiserschnitt so minimal, daß dieser Eingriff nur in den seltensten Fällen praktiziert wurde. Man führte ihn gewöhnlich nur dann aus, wenn die Mutter bereits tot war, aber noch Aussicht bestand, das Kind zu retten. Wenn das Kind also nicht auf normale Weise entbunden werden konnte, blieb den Ärzten früher nichts anderes übrig, als es im Mutterleib buchstäblich zu zerkleinern. Man kann davon ausgehen, daß etwa jede 20. Geburt ganz allgemein mit Komplikationen verbunden ist, sei es, daß das Kind falsch liegt oder daß das Becken zu eng ist oder ähnliches. Bei jeder 60. Geburt im Durchschnitt ist heute ein Kaiserschnitt unumgänglich. Dementsprechend häufig mußten früher solche Operationen ausgeführt werden, wobei aber nicht immer ein Chirurg zur Verfügung stand. Oft genug wurden solche gewaltsamen Entbindungen auch von den Hebammen praktiziert, wie der auf Seite 42 wiedergegebene Mirakelbericht beweist.

Der Stifter dieser Votivtafel, ein gewisser Georg Draxel aus Lindahoff, hatte sich einen Arzt leisten können. Er posiert hier nach der gelungenen Operation in der Bildmitte, hält in der einen Hand sein Skalpell hoch, und deutet mit einigem Stolz auf seine Patientin, die den lebensgefährlichen Eingriff dank seiner Geschicklichkeit und mit Gottes Hilfe glücklich überstanden hat.

Die Tafel stammt aus der Wallfahrtskirche Herrgottsruh in Friedberg/Schwaben und befindet sich heute im Bayerischen Nationalmuseum in München.

erfuhren, mußten sie aus der Praxis lernen, und das hieß in vielen Fällen nichts anderes, als daß sie aus ihren Fehlern lernen mußten. Man kann sich vorstellen, was das bedeutete.

Dabei war auch für die Hebammen die Ausübung ihres Berufes nicht ganz ungefährlich, denn die bis ins 18. Jahrhundert hinein allgemein verbreitete Hexenangst ließ eine weniger erfolgreiche Hebamme leicht in Verdacht geraten.

Am 20. September 1587 wurde eine gewisse Walpurga Hausmännin, die 19 Jahre lang »verpflichtete und beschworene Hebamm« im schwäbischen Dillingen gewesen war, wegen Hexerei verbrannt (ein Schicksal, das sie mit vielen ihrer damaligen Kolleginnen teilte). Man hatte ihr neben der üblichen »Buhlschaft mit dem Teufel« zahllose Kindermorde vorgeworfen, die in der Urteilsbegründung genau aufgezählt sind:

»Er [der Teufel] hat sie auch gezwungen, die jungen Kinder bei der Geburt, und noch ehe sie zur heiligen Taufe gekommen sind, umzubringen und zu töten. Dies hat sie auch, so viel es ihr möglich gewesen, ausgeführt. Dies hat sie wie folgt bekannt:

1) und 2) Vor ungefähr zehn Jahren hat sie die Anna Hämännin bei ihrer ersten Geburt mit ihrer Salbe und auch sonst verdorben, so daß Mutter und Kind beieinander geblieben und gestorben sind . . .

3) Des Christian Wachters Stieftochter Dorothea hat vor zehn Jahren ihr erstes Kind geboren, diesem hat sie bei der Geburt ein Grifflein auf das Hirnlein gegeben, daß es gestorben ist. Der Teufel hatte ihr ganz besonders geboten, die erstgeborenen Kinder umzubringen . . .

8) Vor drei Jahren ist sie in eine Mühle zu der Müllerin geholt worden, dort hat sie das Kind in das Bad fallen und ertrinken lassen . . .

11) Als sie vor sechs Jahren mit der Magdalena Seilerin gegessen, hat sie ihr eine Salbe in den Trunk getan, wodurch diese ein unzeitiges Kind zur Welt brachte. Dieses Kind hat sie, die Walpurga, heimlich unter der

Türschwelle der Seilerin vergraben unter dem Vorwand, daß diese dann keine Fehlgeburt mehr machen werde. Dieses hat sie auch bei vielen anderen getan . . .

25) Dem Herrn Statthalter allhier, Wilhelm Schenk von Stauffenberg, hat sie ein Kind, Werner, mit der Salbe versehrt, daß es innerhalb drei Tagen gestorben ist . . .

30) Dem Kunz-Wirt hat sie vor drei Jahren ein Kind, einen Zwilling, ausgesaugt, so daß es gestorben ist . . .«

Und so geht die Liste weiter bis Punkt 43, wobei man bedenken muß, daß sie keineswegs vollständig ist, sondern lediglich jene Fälle aufzählt, die von den Kindseltern denunziert und von der unglücklichen Hebamme durch erpreßte Geständnisse bestätigt worden sind.

Natürlich hat die Walpurga Hausmännin die genannten Kinder nicht vorsätzlich umgebracht. Man könnte ihr allenfalls hie und da Fahrlässigkeit vorwerfen. In der überwiegenden Mehrzahl der Fälle aber ist sie ganz einfach in ihren Fähigkeiten überfordert gewesen. Und so zeigt uns die Liste heute nur, wie häufig eine Hebamme in der damaligen Zeit versagte und aus Mangel an Kenntnissen versagen mußte, selbst eine derart erfahrene Frau wie die Dillinger Stadt-Hebamme, deren Geschicklichkeit ja immerhin so groß gewesen war, daß sie sogar an das Schloß der Statthalterfamilie Stauffenberg gerufen wurde.

Auch von den Ärzten und Chirurgen jener Zeit konnte man nur wenig Hilfe erwarten. Sie gaben den Hebammen allenfalls gute Ratschläge und griffen nur dann wirklich ein, wenn eine chirurgische Operation unumgänglich schien: Wenn also das Kind schon tot war, oder die Mutter im Sterben lag, wie es bei der Frau des Meister Dietz der Fall gewesen war.

Erst im Lauf des 18. Jahrhunderts (in den Städten früher, auf dem Land später) eröffnete sich für die geplagten Mütter und die überforderten Hebammen die Möglichkeit, in komplizierten Fällen Ärzte zuzuziehen, die in Geburtshilfe ausgebildet waren, und selbst die Behandlung übernehmen konnten.

Das war gewiß ein Fortschritt, aber man darf ihn nicht überbewerten, denn auch die Kunst eines ausgebildeten Arztes war damals sehr beschränkt.

Der Darmstädter Stadtarchivar Adolf Müller hat den Briefwechsel zweier Ärzte und Geburtshelfer ausgegraben, die sich 1755/56 gegenseitig in aller Öffentlichkeit ihre Kunstfehler vorgeworfen hatten. Dieser Ärztestreit gibt ein gutes Bild vom Stand der Geburtshilfe um die Mitte des 18. Jahrhunderts in einer deutschen Residenzstadt (außerhalb der Städte lagen die Verhältnisse noch um einiges schlimmer):

Die Kontrahenten waren ein Dr. Johann Wilhelm Hesse, Landoperateur, Hofchirurg und Accoucheur sowie Dr. Johann Nikolaus Held, ein jüngerer Kollege und Konkurrent auf dem Gebiet der Geburtshilfe, beide in Darmstadt praktizierend. Der Streit entzündete sich an einer mißlungenen Entbindung Dr. Helds, die Dr. Hesse als Landphysikus hatte untersuchen müssen, wobei er zu einem für den Kollegen ungünstigen Ergebnis gekommen war. Der junge Arzt verteidigte sich mit einem offenen Brief, in dem er sich nicht damit begnügte, den inkriminierten Fall aus seiner Sicht darzustellen, sondern die Gelegenheit nutzte, seinerseits den Dr. Hesse heftig anzugreifen.

»Ich bin im Monat April des 1754ten Jahrs nach Langen gerufen worden, um einer Gebärenden (Schmiedsfrau Wernerin) meine Hilfe in Kindesnöten zu erweisen . . .

Weilen aber meine Prognosis eingetroffen, und mir die Frau unter der Hand gestorben, mir aber ohnmöglich war, den Kopf [des Kindes] wegen seiner außerordentlichen Größe zum Vorschein zu bringen, so wollte [ich] keine Instrumente gebrauchen, weilen mir die Natur, gottlob, solche Hände gegeben, daß ich mit denselben beikommen und solche [Instrumente] nicht wie andere bei denen geringsten Umständen wegen Grobheit derer Hände zu gebrauchen nötig habe . . . Noch viel weniger aber wollte ich an dem Leib des Kindes stark ziehen, um dem Kopf noch vollends den Ausgang zu verschaffen; dann da kurz zuvor der Dr. Hesse zu Allerheiligen accouchieret und ihm bei diesem Accouchement ebenso ergangen, wie es ihm bei des Kammersekretarii Bingen seiner verstorbenen Ehefrau begegnet, daß er nämlich an dem Kind so stark gerissen und gezogen, daß er den Leib an des Kindes Kopf abgerissen, den Kopf aber in der Gebärmutter zurückgelassen und selbigen nicht zum Vorschein bringen konnte, bis daß ihn erst etliche Tage hernach die hiesige Hebamme Rittern noch von der Gebärenden gebracht, worauf aber nachmals dieselbe verstorben, so hat mir dieses eine gute Erinnerung gegeben, dergleichen nach der Hebammenkunst verbotenes und ungebührliches starkes Ziehen unterwegens zu lassen . . .

Und damit man einsehen kann, wer von uns beiden wohl am glücklichsten gewesen, so darf man nur die Umstehenden befragen, welche dabeigewesen, als der Dr. Hesse des Kammersekretarii Bingen Ehefrau, des Kaufmann Netzen, des Schnupftobakhändlers Hecken und des hiesigen Stadtpflästerers Ehefrau accouchieret, ohne an die anderen zu Allerheiligen, Groß-Rohrheim, Zwingenberg, Wixhausen usw. zu gedenken; denn weil alle diese Weiber bald nach der Geburt verstorben, so kann man bei ihnen nicht selbst mehr eine Examination anstellen.«

Dr. Hesse konnte diese Anschuldigungen nicht eindeutig widerlegen. Auch er hat offensichtlich in vielen Fällen unglücklich operiert, wobei der »Fall Bingen«, bei dem er den abgerissenen Kopf des Kindes mehrere Tage lang im Mutterleib beließ, besonders unbegreiflich ist. Trotzdem kann man mit gutem Gewissen sagen, daß Dr. Hesse für damalige Verhältnisse geradezu eine Koryphäe in seinem Fach war: Er hatte acht Jahre lang in Jena, Halle, Paris und Straßburg Medizin studiert mit dem Schwerpunkt auf Geburtshilfe und Chirurgie, und er hatte mit Auszeichnung abgeschlossen. Auch bei der Promotion in Straßburg war er der beste seines Fachs gewesen, weshalb er schon ein Jahr später zum Land-Physicus von Hessen-Darmstadt, also zum obersten Chirurgen und Geburtshelfer des Landes ernannt worden war.

Diesen Posten hatte die Regierung eigens dazu geschaffen, um die vielen Kurpfuscher und Knochenbrecher, die sich als Chirurgen ausgaben, besser unter Kontrolle halten zu können. Und diese Kontrollfunktion hatte ja auch den Streit ausgelöst.

Dr. Held war nämlich keineswegs der erfahrene Arzt mit den gottbegnadeten Händen, als den er sich ausgab, sondern einer jener damals überaus zahlreichen halbgaren Physici, die sich ihre akademischen Grade nur erschlichen oder erkauft hatten. Und deshalb konnte Dr. Hesse auf den offenen Brief des Dr. Held denn auch entsprechend zurückgeben. Als erstes warf er dem Kollegen vor, daß er seine Doktorarbeit gekauft habe:

»Weil nunmehro der Professor Hilchen tot ist, so getrauet Dr. Held zu versichern, daß er seine Dissertationem selbst verfertigt habe, da doch ganz Gießen (Gießen war Sitz der Landesuniversität) jenen für den Verfasser hält.«

Außerdem konnte er nachweisen, daß Dr. Held auch in der praktischen Ausbildung keineswegs die Norm erfüllt hatte. In dem Gutachten des Straßburger Dozenten, bei dem Dr. Held angeblich seine Kenntnisse in Geburtshilfe erlernt haben wollte, wird jedenfalls ein vernichtendes Urteil gefällt:

»Auf die Anfrage, ob ich Dr. Held für genugsam tüchtig halte, denenselben als Accoucheur adjungiert zu werden, kann (ich) keine andere als nur diese Antwort erteilen, daß er, Herr Dr. Held, zwar mit Eingang des Novembris 1749 ein Kollegium über die Hebammenkunst bei mir zu halten angefangen, aber als er sehr viele Schulden allhier gemacht und deswegen mit Anfang des Februarii 1750 von seinen Gläubigern in das Gefängnis geworfen worden, auch darinnen bis in den folgenden April verblieben und nach seiner Befreiung sogleich nach Haus verreisen müssen, er in so kurzer Zeit nicht genugsam gründliche Wissenschaft in der Hebammenkunst sich habe zulegen können.«

Der Briefwechsel zwischen den Doctores läßt zwei Schlüsse zu: Erstens, daß Ärzte wie Dr. Held, deren Ausbildung äußerst mangelhaft war, damals mehr oder weniger unbehelligt praktizieren konnten, und zweitens, daß auch den bestausgebildeten Ärzten jener Zeit, wie Dr. Hesse, zahlreiche Mißgriffe und Fehler unterliefen.

Eine besonders heimtückische Krankheit, der die Ärzte und Hebammen damals machtlos gegenüberstanden, war das Kindbettfieber. Bis weit in die zweite Hälfte des 19. Jahrhunderts hinein fielen dieser Infektionskrankheit zahllose Mütter zum Opfer und erst als die Zahl der Todesfälle in einer bestimmten Klinik ein unerträgliches Maß angenommen hatte, fand man ein Rezept dagegen.

1846 kam der junge Budapester Arzt Ignaz Philipp Semmelweis an die Wiener Gebärklinik. Es gab dort zwei Entbindungsstationen: Die eine war Ausbildungsstätte für angehende Hebammen, an der anderen wurden Medizinstudenten mit der Geburtshilfe-Praxis vertraut gemacht. In dieser zweiten Station grassierte das Kindbettfieber mehr als doppelt so stark wie in der ersten, und die Todesrate überstieg zeitweise sogar die 10-Prozent-Marke, so daß sich die Mütter schließlich mit Händen und Füßen gegen die Aufnahme in diese Abteilung wehrten. Bis Semmelweis endlich 1847 den entscheidenden Schluß zog und eine Verbindung herstellte zwischen dem geradezu epidemisch auftretenden Kindbettfieber und der Tatsache, daß seine Studenten häufig direkt aus dem Anatomielehrsaal und von den Seziertischen her in den Kreißsaal kamen, wie es eben der Stundenplan vorschrieb. Als Semmelweis eine gründliche Desinfektion vor jeder gynäkologischen Behandlung vorschrieb, war das Kindbettfieber weitgehend besiegt.

Es dauerte allerdings noch lange Zeit, bis seine Entdeckung überall anerkannt war. Semmelweis selbst erlebte es nicht mehr, er starb 1865 als verbitterter Mann.

Das alles zeichnet ein düsteres Bild von den Zuständen in der Geburtshilfe bis in die jüngste Vergangenheit.

Das Bild wird noch schwärzer, wenn man nicht nur die Sterberate unter den Müttern und den Neugeborenen betrachtet, sondern die Kindersterblichkeit allgemein.

Die Votivtafel auf Seite 49 gibt einen Eindruck davon. Es gibt viele Tafeln dieser Art. Auf einer österreichischen findet sich der erschütternde Satz:

»Lieber Gott, acht Kinder sind bei Dir, so schenk das neunte mir!«

Und die bayerischen Bauern trösteten sich über die hohe Kindersterblichkeit hinweg mit dem Spruch:

»Wenn einer Mutter drei Kinder gestorben sind, so haben diese im Himmel solch eine Macht, daß Vater und Mutter selig werden müssen.«

In normalen Zeiten lag die Kindersterblichkeit im Durchschnitt bei 50 bis 60 Prozent, in Jahren der Hungersnot wie 1770/73 stieg sie auf die fast unglaubliche Höhe von 80 Prozent, das heißt, daß jeweils nur eines von fünf Kindern bis zum 10. Lebensjahr überlebte. Von den 740 Findelkindern, die zwischen 1763 und 1781 im Findelhaus der Stadt Kassel aufgenommen wurden, erreichten nur zehn das 14. Lebensjahr.

Wir sind gewohnt, die hohe Kindersterblichkeit früherer Zeiten in erster Linie auf mangelnde oder mangelhafte medizinische Versorgung zurückzuführen. Aber wie schon die oben genannten Zahlen andeuten, stimmt das nur zum Teil. Der Hauptgrund lag in der Armut der Bevölkerung. Unzureichende Ernährung und harte Lebensbedingungen machten die Kinder erst anfällig für die Krankheiten, denen sie dann zum Opfer fielen.

Die Familien der niederen Klassen konnten tatsächlich nur eine kleine Anzahl von Kindern ernähren. Die Überzähligen starben in der Regel weg.

Dieser Familie, die sich gegen Ende des 18. Jahrhunderts zur Muttergottes von Steinbach verlobte, sind neun Kinder gestorben, wie die Kreuze über den Köpfen andeuten. Nur ein Sohn und eine schwachsinnige Tochter blieben am Leben.

Die zahlreichen Seuchen und die schlechten hygienischen Verhältnisse jener Zeit, unzureichende Ernährung, mangelhafte ärztliche Versorgung und bei den niederen Ständen oft auch eine aus der Armut geborene Abneigung gegen allzu viel Nachwuchs, den man nicht ernähren konnte, hielten die Kindersterblichkeit auf einer erschreckenden Höhe. Im Durchschnitt erreichten nicht einmal die Hälfte aller Kinder das zehnte Lebensjahr.

»Der Bauer freuet sich, wenn sein Weib ihm das erste Pfand der Liebe bringt, er freut sich auch noch beim zweiten und dritten, aber nicht auch so beim vierten. Da treten schon Sorgen an die Stelle der Freude. Er bedauert es, ein Vater vieler Kinder zu seyn, er hat für so viele keine gute Aussicht mehr, sein Vermögen ist zu klein. Er sieht alle nachkommenden Kinder für feindliche Geschöpfe an, die ihm und seiner vorhandenen Familie das Brod vor dem Munde wegnehmen. Sogar das zärtliche Mutterherz wird schon für das fünfte Kind gleichgültig, und dem sechsten wünscht sie schon laut den Tod, daß das Kind (wie man sich hier ausdrückt) himmeln sollte ...«

Dieses Zitat stammt von Joseph Hazzi, einem aufgeklärten Zeitgenossen und Kenner der bäuerlichen Verhältnisse, der 1801 ein vierbändiges Werk mit »statistischen Aufschlüssen über das Herzogtum Bayern« herausgab. Es zeigt, daß die Angehörigen der bäuerlichen Unterschicht, der Kleinbauern und Tagelöhner, schon in normalen Zeiten Mühe hatten, mehr als drei Kinder zu ernähren. Wie es in Notzeiten aussah, nach Mißernten, die durch schlechte Witterungsverhältnisse, durch Hagelschlag oder Schädlingsbefall hervorgerufen wurden, und mit bedrückender Regelmäßigkeit über das Land hereinbrachen, davon gibt das folgende Zitat einen Eindruck:

»Vor einem großen Walde wohnte ein armer Holzhakker mit seiner Frau und seinen zwei Kindern. Er hatte wenig zu beißen und zu brechen, und einmal, als große Teuerung ins Land kam, konnte er auch das tägliche Brot nicht mehr schaffen. Wie er sich nun abends im Bette Gedanken machte und sich vor Sorgen herumwälzte, seufzte er und sprach zu seiner Frau: ›Was soll aus uns werden? Wie können wir unsere armen Kinder ernähren, da wir für uns selbst nichts mehr haben?‹ – ›Weißt du was, Mann‹, antwortete die Frau, ›wir wollen morgen in aller Frühe die Kinder hinaus in den Wald führen, wo er am dicksten ist – da machen wir ihnen ein Feuer an und geben jedem noch ein Stückchen Brot, dann gehen wir an unsere Arbeit und lassen sie allein. Sie finden den Weg nicht wieder nach Haus, und wir sind sie los.‹ – ›Nein Frau‹, sagte der Mann, ›das tue ich nicht; wie sollt ichs übers Herz bringen, meine Kinder im Wald allein zu lassen; die wilden Tiere würden bald kommen und sie zerreißen.‹ – ›Oh du Narr‹, sagte sie, ›dann müssen wir alle viere Hungers sterben, du kannst nur die Bretter für die Särge hobeln‹, und ließ ihm keine Ruhe, bis er einwilligte.«

Diese Geschichte erzählten hessische Bauern zu Beginn des 19. Jahrhunderts den Gebrüdern Grimm, die auf der Suche nach Volkmärchen auf dem Land herumzogen. Es ist der Anfang der Geschichte von Hänsel und Gretel, aber in diesem Anfangsteil wird kein Märchen erzählt, sondern von einer realen Notsituation berichtet, die den armen Bauern jener Zeit durchaus vertraut war.

Ein Drittel bis die Hälfte der bäuerlichen Bevölkerung (die Dienstboten zählen in diesem Zusammenhang nicht mit, da für sie ein Heiratsverbot bestand), gehörte der Unterschicht an. Es waren sogenannte Häusler oder Leersöldner, die nur ein kleines Haus oder eine Hütte besaßen und an Grund und Boden nur den 16. oder 32. Teil eines Hofes, bzw. noch kleinere Parzellen. (Ein ganzer Hof umfaßte in Bayern 20 Hektar.) Aus derart kleinen Höfen konnten sie keine Familie selbständig ernähren, sie waren darauf angewiesen, ihren Unterhalt als Taglöhner bei den größeren Bauern oder auf den Gütern der Kirche, der Klöster und des Adels zu verdienen. Nach Mißernten waren sie jeweils die ersten, die Arbeit und Brot verloren und bei steigenden Nahrungsmittelpreisen ihre Familien nicht mehr ausreichend ernähren konnten, wie es auch bei dem armen Holzhakker aus dem Märchen von Hänsel und Gretel der Fall war. Daß die Kinder unter dem Nahrungsmangel am ehesten zu leiden hatten, war eine zwangsläufige Folge.

Der Historiker Fintan M. Phayer hat anhand der Pfarr-Register einer bayerischen Gemeinde den Zusammenhang zwischen Armut und Kindersterblichkeit statistisch belegt. Nach seinen Untersuchungen hatten die Familien der Unterschicht mit Abstand die höchste Geburtenrate, trotzdem hatten sie im Durchschnitt sehr viel weniger Kinder, als die Familien der größeren Bauern. Und er kam zu der Schlußfolgerung: »Es bleibt nur eine Lösung des Rätsels: ihre Kinder hatten eine höhere Sterbeziffer, als die der anderen Klassen. Die Kinder der Familien der niederen Klasse starben aus dem einfachen Grund, weil ihre Eltern sie nicht erhalten konnten.« (Das blieb so bis in unsere Zeit hinein, wie eine Statistik aus Erfurt beweisen mag: dort starben noch gegen Ende des 19. Jahrhunderts 60 von 100 Arbeiterkindern, bevor sie das 10. Lebensjahr erreichten, während bei den »höheren Ständen« nur 15 ihren 10. Geburtstag nicht erlebten.)

Krankheit, schlechte Lebensverhältnisse, Nahrungsmangel und bei den niederen Ständen auch eine gewisse, aus der Armut geborene Nachlässigkeit gegenüber den überzähligen Kindern, die man nicht ernähren konnte, waren also die Hauptgründe für die hohe Kindersterblichkeit.

Vor diesem traurigen Hintergrund wird verständlich, warum die Sorge der Eltern um jene Kinder, die man trotz Krankheit und Not glücklich durchgebracht hatte, doppelt groß war. Zahllose Votivtafeln und Mirakelberichte erzählen von diesen täglichen Sorgen um die Kinder, von der Aufregung und der Angst der Eltern, wenn ihrem Kind etwas zugestoßen war, und von ihrer übergroßen Dankbarkeit, wenn es die himmlischen Nothelfer vor Schaden bewahrt hatten.

»Maria Muschin deß Jacob Hagenbauren zu Eindürnen eheliche Haußfrau, ihres Alters 38 Jahr, hatte 1730 in dem Heumonath [Juli] ihr damals 15 Monath altes Kind, mit Namen Joseph, ungefähr verlohren, als welches unvermerckter bey der Hauß-Thür hinaus geschlichen und immer weiter fort gereiset. Da nun die Mutter das Kind gemanglet, schickte sie einen Knaben von 12 Jahren auß, um selbes zu suchen. Welcher es aber in Zeit einer viertel Stundt nit ersehen können. Worauf sie selbst das Kind zu suchen fast beflissen, und bei der Tunglege [dem Misthaufen] in der beynah vier Schuh hohen Wasser-Gruben gefunden; das Kind lage auf dem Kopff in der Gruben, nit weniger der Kopff, Brust, und übrige Leib, biß auf den Nabel vollkommen in dem Wasser, die Füßlein aber streckte es in die Höhe. Die Mutter in lauter Schröcken ziehete das Kind heraus, und verspührte kein Zeichen des Lebens an ihme, fangte an zu schreyen, und jammeren, also daß vile zugeloffen, und ziehten andere Weiber beyläuffig ein viertel Stund das Kind herum, verspührten aber kein einziges Zeichen deß Lebens. Ja, was noch mehr, sie vermerckten, daß das Kind würcklich erkaltet. In dieser Noth sagten die umstehenden Weiber, die Mutter solle eine Wallfahrt nacher Steinbach, oder Maria Einsidlen versprechen. Wobey die Mutter, gedencket, Einsidlen seye gar weit entlegen, und erfordere grosse Kösten, bey sich beschlossen, lieber nacher Steinbach zu wallfahrten. Kaum hatte sie das Versprechen gethan, hatte sich selben Augenblick das todte Kind wider gerühret, und sambt dem Wasser die Kerschen, so es zu Mittag gegessen, von sich gestossen. Auf welches die Weibsbilder ein Wein warm gemacht, und das Kind darmit gewaschen und anbey vermerckt, daß es ganz zu sich selbsten kommen. . . . Das Kind entzwischen wurde biß den andern Tag völlig gesund.«

In ihrer Hilflosigkeit und ihrem Schmerz wandten sich die geplagten Eltern mit Vorliebe an Maria, die Mutter Christi, von der sie besonders viel Verständnis für ihre Sorgen mit den Kindern erwarteten. Und es ist oft rührend, nachzulesen, mit welch grenzenlosem Vertrauen sie auf die Hilfe der »Gnadenreichen Jungfrawen Mutter GOttes Mariae« bauten. Wenn dabei die »erschröckliche Gefahr«, der das Kind ausgesetzt gewesen war, manchmal ein wenig übertrieben dargestellt wurde, dann ist das nur zu verständlich. Das Ausmaß der Freude über die glückliche Rettung des Kindes war eben auch entsprechend übergroß.

»Anno 1726. Eine Ehe-Frau brachte ein Kind zur Welt, welches aber so gar nichts von der Gestalt eines Menschen an sich hatte, daß es vielmehr einem zottichten Bären gleichte; also fast warde diese Geburt verstaltet. Ob diesem entsetzlichen Aussehen und Spectacul eratterten alle im Hauß, wußten nicht, was sie sagen oder gedencken, vielweniger was sie thun sollten. Der Vater des Kinds nahm seine Zuflucht zu der wunderthätigen Marianischen Bildnuß im Weggenthal, wirfft sich sammt allen Gegenwärtigen auf die Knye, bittet Mariam inständig um Hülff, und verlobt sich sammt dem Kind mit einer Wallfahrt hiehero, und gleich darauf wird das zuvor abscheuliche Angesicht verändert, und sihet jederman vor sich ein schönes holdseeliges Knäblein.«

»Catharina Remboldin von Busen, hatte ein Töchterlein Catharina Donnerin mit Nahmen, welche einen Toll-Fuß, der ihr im 8.ten Jahr-Alters so hoch aufgeschwollen, als ein gemeiner Rührkübel, aus dieser Geschwulst flüßte eine ganzes Jahr hindurch ein scharpffes Wasser, so wegen der Schärpffe den übrigen Fuß zu einem lauteren Braten gemacht. Man konnte das Kind vor Geschmack kaum mehr gedulten, und giengen auch die Mittel ab, zulängliche Arzneyen zu erkauffen. Weßwegen Deponentin ihre besondere Zuflucht gesetzt zu der miraculosen Mutter GOttes in Steinbach einen Wallfahrts-Gang mit dem elenden Kind dahin verlobende. Und es verlohre sich die Geschwulst, das scharpffe Wasser, auch alle Scheuzlichkeit, worneben das Mägdlein bestens zu gehen erlehrnet.« (1736)

»Martin Gschwendtner am Poln Westenhauer Schlierseer Pfarr, hat angezaigt, sein zwey Jähriges Söhnlein Namens Wolfgang, hätt im verwichenen 1648. Jahr mit einem Zirckel Kindischer Weiß Kurzweil getriben, und als er underdessen darmit gefallen, seye ihm der Zirckl in das lincke Aug gerathen, und darin steckend verbliben, ob schon beede Eltern auff so erbärmliches Schreyen des Kinds geloffen, seynd sie doch ganz zaghafft gewest, und haben ihnen nicht getrauet dem Kind den Zirckl auß dem Aug herauß zuzuziehen, weilen aber eben damahls ein Weibspersohn das heilige Almusen eingesamblet, hat sie das Herz gefaßt, dem Kind den Zirckl, welcher sich stechender Tieffe halber weder hin noch her hat bewögen lassen, auß dem Aug heraus zuzuziehen, darauff das Aug dem Knäblein einer Manns-Faust groß auffgeschwollen, unnd ganz blau angeloffen, in welchem Laid, weilen die Eltern nicht gewust, was sie zu deß Kinds Hail und Besserwerdung für Mittl anwenden sollen, haben sie allhero zu unser lieben Frauen [von Weihenlinden] ein Wallfahrt sambt einer heiligen Meß versprochen ...«

Worauf das Kind tatsächlich geheilt, und sogar das Auge wieder sehend wurde.

Die Beispiele dieser Art ließen sich beliebig fortsetzen. Votivtafeln und Mirakelbücher sind voll solcher Geschichten von Kindern, die ins Wasser fielen oder aus dem Fenster auf die Straße stürzten, von anderen, die Löffel und Nadeln verschluckten, oder sich beim Spielen ein Auge ausstießen, von wieder anderen, die sich verlaufen hatten oder die unter die Räder eines Wagens geraten waren. Es waren über die Jahrhunderte hinweg immer die gleichen Sorgen, die die Eltern mit ihren Kindern hatten, und es ist nur beruhigend, daß die Mirakelgeschichten, die davon berichten, immer mit dem tröstlichen Satz enden, daß durch Gottes Hilfe alles Unglück einen guten Ausgang genommen hat.

»Maria Widemännin, ledigen Standts, 54 Jahr, von Schelangen, attestirt, den 6. Junii 1736, daß Herr Schaffner von Rohramos, Wolffeggischer Herrschafft ein vierjähriges Töchterlein gehabt, so anderthalb Jahr, nichts dann Staub, und Schuhleder gegessen, von welcher ungewöhnlicher Nahrung das liebe Kind nicht abzutreiben ware; in disem verlobte Herr Schaffner ein Wallfahrt nacher Maria-Steinbach, so trostreich, daß ehender das Gelübd vollzogen worden, das Kind schon menschliche rohe und kochte Speisen anfangen zu geniessen.«

»Sebastian Ränhaltens Haußfraw zu Hochendilching, mit Namen Maria, zaigt an, daß sie zu einem säugenden Kind dermassen geschwollne Brüst gehabt, daß das Kind vier ganze Wochen nit einzigen Tropffen Milch von ihr geniessen können, sondern nur mit Wasser getränkt worden, die Mutter verlobt sich mit einer wächsenen Brust [einem Wachsopfer] nacher Weichenlinden, nach gethanem Gelübd halt sie das Kind an die Brust, hat alsobald Milch gefunden, nach welchem das Kindlein (deme dergleichen zuvor ungewohlich) einen lauten Lacher getan, unnd hat neben Darstellung des Kinds ihr Gelübd vollzogen den 17. Maij Anno 1653.«

Gnadenbild der Muttergottes von einer Andechser Votivtafel.

»Gott und der allerseligsten Jungfrau Mutter gottes Maria Hilf sey ewig Dank gesagt vor die glückliche Operation des grauen Star. Josepha Binder aus Simbach. 1844«

Der graue Star ist eine Augenkrankheit, bei der durch Eintrübung der Linse die Sehfähigkeit immer mehr schwindet bis zur völligen Erblindung. Um sie zu heilen, muß die getrübte Linse entfernt werden. Das kann entweder durch Extraktion geschehen, oder dadurch, daß man die Linse mit Hilfe einer Nadel nach unten in den Augapfel hineindrückt. Nach dieser zweiten Methode operierten die berühmten Starstecher und Okulisten, die als Wanderärzte von Stadt zu Stadt zogen und ihre Praxis auf Marktplätzen und in Gasthöfen ausübten, wie beispielsweise Johannes Andreas Eisenbart. Eisenbart selbst galt als ungemein geschickter Operateur. Die meisten seiner Kollegen aber waren unausgebildete Pfuscher, die bei dem diffizilen Eingriff häufig den Augapfel verletzten, was die Blindheit endgültig machte. In der Regel verschwanden sie nach jeder Operationsrunde schleunigst wieder aus der jeweiligen Stadt, um dem Zorn ihrer malträtierten Patienten zu entgehen. Die bemerkten die Folgen einer mißlungenen Operation nämlich erst drei Tage später, wenn sie die Verbände abnahmen. Die Kranken hatten andererseits keine Wahl. Sie waren auf die Starstecher angewiesen, denn bis zum 18. Jahrhundert hielten es die studierten Ärzte für unter ihrer Würde, die Operation selbst vorzunehmen. Erst dann wurde die Extraktionsmethode, die schon von römischen und arabischen Ärzten praktiziert worden war, wiederentdeckt und von verantwortungsbewußten Operateuren, wie dem Goethefreund Jung-Stilling, mit relativ großem Erfolg ausgeführt (nur jeder siebte Eingriff mißlang).

Zu der Zeit, als die Simbacher Bürgersfrau ihre Votivtafel stiftete, war die Augenheilkunde längst ein anerkannter Fachbereich der Medizin. Seit 1812 gab es in Wien eine Augenklinik mit eigenem Lehrstuhl. Trotzdem wurde die Frau offenbar noch von einem Bader behandelt, der nach der alten Methode mit der Nadel operierte. Ein Beispiel dafür, wie lange Zeit es dauerte, bis sich die großen Entdeckungen der Medizin auch in der Praxis allgemein durchsetzten.

»Zuer Danckhsagung der alerseligiste Jungfrau M(aria) M(utter) gottes ist deß opfer gemacht worden, weil ich ein groses Gewex geschnitten u. kurirt. 1741.«

Stifter der auf Seite 56 abgebildeten Votivtafel aus Maria Steinbach war nicht der Patient, sondern der Arzt, der sich damit für den glücklichen Ausgang der von ihm ausgeführten Operation bedankte. In schwierigen Fällen weigerten sich die alten Ärzte häufig, die Behandlung zu übernehmen, um ihren Ruf nicht zu gefährden. Auch dieser hatte sich erst dann an den Eingriff gewagt, nachdem er sich des Beistands der Muttergottes versichert hatte.

Unter einem Gewächs verstand die damalige Medizin eine »widernatürliche Auswachsung über der Haut«. Wahrscheinlich hatte es sich in diesem Fall um einen Tumor der Ohrspeicheldrüse gehandelt, eine gutartige Geschwulst, die der Chirurg mittels eines Kreuzschnittes öffnete.

»Regina Hörmdingerin, ledige Würthsdochter zu Pimlingstorff, hat sich hieher verlobt zu der Mutter Gottes wegen ihrer wassersichtigen Kranckheit, welche schon seyt 8 Jare lang 65 Mall angezapft worden. 1813.«

So lautet der Bildtext der Altöttinger Tafel auf Seite 57. Die Frau, die sie gestiftet hat, litt an Bauchwassersucht, einer Krankheit, bei der sich in der Bauchhöhle Gewebsflüssigkeit ansammelt, die regelmäßig abgelassen werden muß. Zu diesem Zweck wurde der Patientin einfach ein Rohr durch die Bauchwand gestoßen. Heute ist eine solche Punktierung relativ unproblematisch, aber damals konnte man es durchaus als Wunder ansehen, daß die Frau bei der ständig wiederholten Prozedur keine Verletzungen innerer Organe davontrug.

Die nebenstehende Abbildung stammt von einem Votivschrank aus der Wallfahrtskirche Tuntenhausen, der in mehreren Bildern die Krankengeschichte des herzoglich bayerischen Kämmerers Andreas von Ettling erzählt. Der Ritter hatte am 9. Februar 1584 im Kölnischen Krieg einen »unversechenen straich in dem haupt und hirn schal« erhalten, der ihm den Schädelknochen eindrückte. Anhand der Bilder läßt sich einigermaßen genau rekonstruieren, wie solche Verletzungen damals behandelt wurden. (Abb. S. 60 bis 63)

Krankheit

»Joseph Butscher, etlich zwanzig Jahr alt, zeiget bey seinem Eyd an, daß er vor beiläufig 12 Jahren einen solchen Zustand an dem linken Fuß [gemeint ist das Bein] bekommen, daß er ziemliche Zeit müssen hinken. Sein Vater, ersehend, daß es nit besser von sich selbsten wolle werden, hatte ihn dem Bader in Seybranz zu curieren anvertraut, welcher von S. Catharina-Tag [30. April] an bis gegen Ostern seine Mittel ihm appliciert. Aber ohne Effect. Endlich bey genauer Visitierung und tentierter [versuchter] Einrichtung des Fuß, habe, er ihm selbsten an den Hüften verletzt, und durch gewalttätiges Trucken aus dem Schüsselein ausgerissen; wie der Arzt von Kieselegg nachmahlen es gefunden hat, obwohl der Seybranzer Bader ausgegeben, er habe einen unheilbaren Schaden, und glaube er, daß ihm etwas von bösen Leuten begegnet sey.«

So beginnt eine Krankengeschichte aus einem Mirakelbuch vom Anfang des 18. Jahrhunderts, an der man ganz gut erkennen kann, wie es um die medizinische Versorgung der Bevölkerung zu jener Zeit bestellt war.

Der Bauernsohn Joseph Butscher hatte demnach unter einem Hüftgelenksschaden zu leiden, dessen Ursache äußerlich nicht erkennbar war, den Jungen aber sehr stark beim Gehen behinderte. Der Vater scheute zunächst die Arztkosten und wartete erst einmal ab, ob es von selber besser würde, bevor er den Jungen in den nächsten größeren Ort zum Bader brachte. Der behandelte die Hüfte einige Tage lang wahrscheinlich mit Umschlägen, ohne daß eine Besserung eintrat, dann versuchte er es mit Gewalt und renkte dabei den Oberschenkel aus. Und weil er um seinen ärztlichen Ruf fürchtete, behauptete er nach der mißlungenen Operation schlichtweg, daß das Leiden durch »böse Leute«, das heißt durch eine Verwünschung oder den bösen Blick verursacht worden wäre, und also durch ärztliche Kunst allein überhaupt nicht geheilt werden könnte.

Der Vater des unglücklichen Jungen konsultierte daraufhin einen zweiten Arzt, der zwar die Behandlungsfehler des Kollegen erkannte, seinerseits aber auch nicht helfen konnte:

»Der Kieseleggische Arzt habe gleich zu verstehen gegeben, daß sich der Fuß nit mehr einrichten lasse, weil in dem Schüsselein schon eine Sulz, mithin der Fuß nit darinn verbleiben, sondern gleich wieder ausweichen würde. Dessentwegen verordnete er nur Linderungsmittel, welche doch den Schmerzen dermaßen gestillet, daß er stark hinkend nach Einsiedel wallfahrten können.«

Der Arzt stellte also fest, daß die Hüftgelenkspfanne das Bein nicht mehr halten konnte und damit war er am Ende seiner Wissenschaft. Dem Jungen blieb nur noch die Hoffnung auf die Hilfe Gottes, weshalb er eine Wallfahrt nach Maria Einsiedel in die Schweiz unternahm. Aber auch dort trat keine Besserung ein:

»Nach diesem habe ihm der Bürgermeister der Stadt Wurzach angeraten, sich zu dem weit-berühmten Chyrurgo Ferdinandt Schneider in Wurzach in die Kur zu begeben; welcher dann vorne an der Hüfte, in Meinung, es sei ein starker Fluß, ihm den Fuß abzuzapfen, einen sehr großen Beutzel aufgezogen, und ehe daß er gezeitiget worden, mit dem Lanzett und dem Scheermesser eröffnet, worauf Blut und etwas Materi [Eiter] geflossen. Danach habe er frötzende [ätzende] Sachen gebrauchet, welche bei 12 und noch mehr Wunden um den Schaden verursacht. Worauf gemeldter Wurzachischer Bader ihn wiederum aufgegeben, mit Vorgeben, er habe einen Leib-Fluß und es sei ihm nicht zu helfen. Wenn der Tag zum kürzesten werde werden [im Winter], werde er auch müssen sterben.«

Nach der Wallfahrt kam der Junge also zu einem dritten Arzt, einem weitberühmten Spezialisten, der sofort eine ganz neue Diagnose stellte. Nach seiner Meinung war der Hüftgelenksschaden auf einen sogenannten »Fluß« im Bein zurückzuführen.

Die Behandlung der Schädelverletzung des Kämmerers Andreas von Ettling, der auf Seite 58 vorgestellt wurde, begann mit dem Reinigen der Wunde, einem Vorgang, der auf dem linken Bild dargestellt ist. Der Ritter hatte einen Schlag mit dem Schwert oder einer anderen Hiebwaffe auf den Kopf erhalten. Der Helm seiner Rüstung hatte die Wirkung dieses Schlages zwar abgeschwächt, aber trotzdem war der Schädelknochen eingedrückt worden. Nach dem 1528 erschienenen »Feldbuch der Wundarznei« des Feldschers Hans von Gersdorff, mußte der Chirurg in solch einem Fall zunächst über dem verletzten Knochen alles entfernen, »was von gerunnem blut do ist, biß du uff de grundt kummest, das (daß) du zu der schala gesehen mögest«. Wenn der Schädelknochen freigelegt war, wurde in der Regel eine Trepanation vorgenommen, damit das Wundsekret ablaufen konnte. Diesen Teil der Behandlung zeigt wohl die Tafel, die auf Seite 58 abgebildet ist. Der Maler hat dem Chirurgen dazu eine Knochensäge in die Hand gegeben, obwohl ein solches Instrument bei diesem Eingriff nicht gebraucht wurde. Wahrscheinlich wollte er die Situation nur möglichst gefährlich erscheinen lassen.

Die nächsten beiden Tafeln (S. 61 rechts und S. 62 links) zeigen die weitere Behandlung der Impressionsfraktur, bei der die Chirurgen sogenannte Knochenzangen verwenden. Sie dienten dazu, Knochensplitter zu entfernen und die eingedrückten Partien des Schädelknochens wieder anzuheben. Auf dem vorletzten Bild schließlich (unten rechts) ist zu sehen, wie ein Arzt die Wunde vernäht.

Auf dem Gebiet der Chirurgie waren im 16. Jahrhundert besonders große Fortschritte erzielt worden, was seinen Grund nicht zuletzt in der Entwicklung der Kriegstechnik hatte. Während nämlich die Ärzte des Mittelalters beinahe sklavisch an den Erkenntnissen ihrer antiken Vorbilder, vor allem des römischen Arztes Galen festgehalten hatten, konnten sich die Feldscherer und Wundärzte der Renaissancezeit bei der Behandlung von Schußwunden nicht mehr auf die alten Autoritäten stützen. Sie mußten eigene Untersuchungen anstellen und

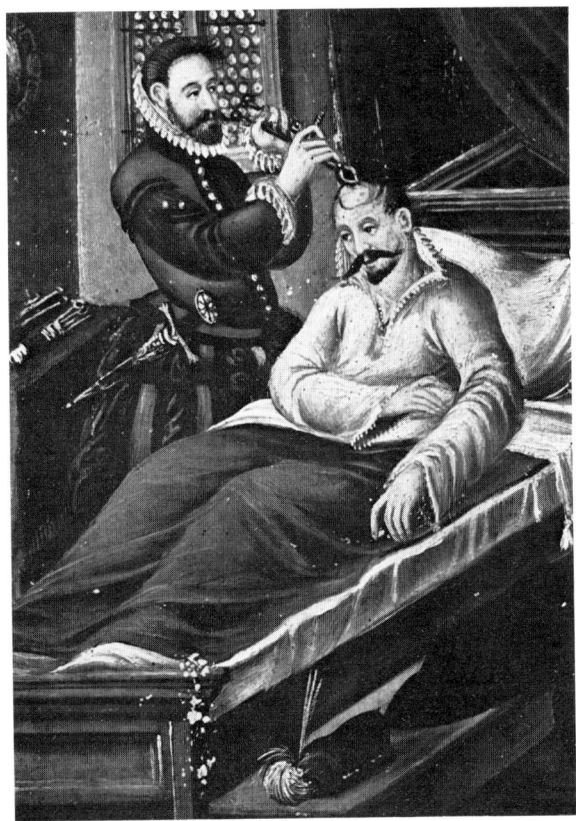

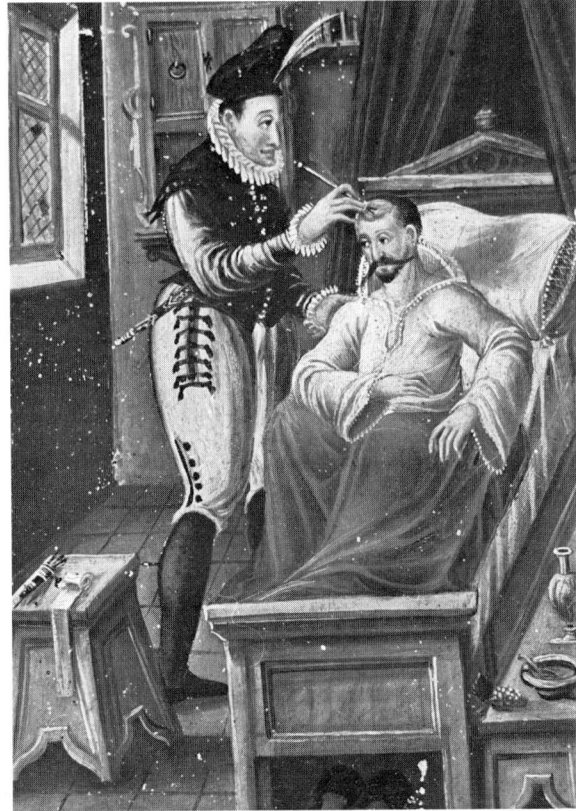

neue Behandlungsmethoden finden und eröffneten der medizinischen Wissenschaft und Praxis so ganz neue Wege, indem sie sie von starrem Dogmatismus befreiten.

Der Kämmerer Andreas von Ettling, der sich natürlich die besten Spezialisten seiner Zeit leisten konnte, profitierte von dieser Entwicklung. Nach halbjähriger Behandlung hatten ihn die Ärzte wiederhergestellt. Auf dem letzten Bild betrachtet er sich wohlgefällig im Spiegel. Die Kopfwunde ist verheilt.

Mit dem Begriff »Fluß« verband die damalige Medizin einen ganzen Katalog von Krankheiten von Durchfall und Grippe bis zu Gelenkserkrankungen wie Gicht und Rheumatismus, Krankheiten, bei denen allemal der Überfluß irgendwelcher Körpersäfte eine Rolle spielte. Der Hüftgelenksschaden wurde also nach Meinung des Arztes durch eine Ansammlung von Flüssigkeit hervorgerufen, die das Gelenk unbrauchbar machte.

Die Therapie bestand danach logischerweise darin, die Flüssigkeit abzuleiten. Zu diesem Zweck wurde der Patient durch ätzende Mittel an der Hüfte infiziert, so daß sich eine Geschwulst bildete. Diese Geschwulst in der Nähe des Krankheitsherdes sollte die schädliche Flüssigkeit aus dem Körper herausziehen.

Solche »ableitenden Eiterungen« wurden damals »in einem Umfang verordnet, daß dem modernen Mediziner die Haare zu Berge stehen«, schreibt der Medizinhistoriker Paul Diepgen. Sie waren noch bis ins 19. Jahrhundert hinein gang und gäbe, und selbst Napoleon, der gewiß die besten Ärzte konsultieren konnte, hatte darunter zu leiden: Als er nach dem ägyptischen Feldzug Magenbeschwerden bekam, mußte er auf ärztlichen Rat hin das Hemd eines Krätzekranken anziehen. Dadurch sollte ein Ausschlag hervorgerufen werden, der die Magenbeschwerden auf die Haut ableitete.

Im Fall des jungen Joseph Butscher hatte die Ableitung keinerlei Erfolg: Nachdem die künstlich hervorgerufene Geschwulst aufgeschnitten und die Wunde verätzt worden war, bildeten sich weitere Geschwüre, die sich derartig ausbreiteten, daß der Arzt den Patienten schließlich ganz aufgab und kurzerhand einen unheilbaren »Leib-Fluß« diagnostizierte, der in wenigen Monaten unweigerlich zum Tod führen würde. Glücklicherweise war diese Diagnose des »Fluß«-Spezialisten falsch.

»Joseph Butscher habe aber noch 8 Jahr müssen leiden und zu Bett liegen. Indessen haben seine Eltern viele geistliche und zeitliche Mittel gebraucht. Denn es gaben die konsultierten Ärzte aus, daß der Wurzbachische

Bader vergiftete Frötz-Arznei zur Aufziehung des Beutzels gebraucht, und ihm das Gift selbst in den Leib getrieben, so die Inner-Teil und Nerven angegriffen; sei mithin dem Übel nit mehr abzuhelfen. Da nun alle menschliche Hilf desperirt, habe er ... eine Wallfahrt versprochen. Auf dies habe er sich bemühet, durch Beihilfe seiner Eltern aus dem Bett heraus zu kommen und sei es dermaßen besser worden, daß er an den Bänken herum, an dem Stecken gehen können. Die Schmerzen haben sich gleichfalls verzogen, daß er (im 1732. Jahr) persönlich nach Steinbach wallfharten können, doch sei er anfangs geritten, den übrigen Weg aber zu Fuß gemacht. Dermahlen könne er ohne besonderen Schmerzen mit dem Stecken gehen, wo er wolle; doch seien die abgefretzten Nerven ein Ursach, daß er stets müsse hinken.«

Die Eltern hatten also nach den schlechten Erfahrungen mit dem Wurzachischen Bader noch einmal mehrere Ärzte bemüht, ohne daß es etwas genützt hätte, und sie hatten außerdem während der achtjährigen Leidenszeit verschiedene zeitliche und geistliche Mittel angewendet, bis der Junge endlich nach seinem Bittgang zum neuentstandenen Wallfahrtsort Maria Steinbach wenigstens einigermaßen wiederhergestellt war.

Unter »zeitlichen Mitteln« verstand man alle Heilmittel der Ärzte, der Apotheker und der Volksmedizin. Die »geistlichen Mittel« dienten dazu, die Hilfe der Himmlischen auf den Kranken herabzuflehen oder böse Geister zu vertreiben. Dazu gehörten Waschungen und Einreibungen mit geweihten Wassern und Ölen, das Schlucken von Heiligenbildchen und das Auflegen von Gebetszettelchen auf die erkrankten Körperteile, Räucherungen, Gebete und eine Vielzahl ähnlicher Praktiken bis hin zu Beschwörungen und Riten, die in magischen Vorstellungen wurzelten.

Die Menschen der damaligen Zeit sahen in der Krankheit ja nicht nur eine Störung der Körperfunktionen, sondern ebensosehr eine Strafe Gottes oder das Wirken böser Geister. Und ein erfolgloser Arzt konnte sich ohne weiteres darauf hinausreden, daß zwar die von ihm gebrauchten zeitlichen Mittel erfolgversprechend gewesen seien, daß aber Gott den Kranken wegen seiner Sünden nicht hätte überleben lassen wollen.

Die geistlichen Mittel, zu denen natürlich vor allem auch die Wallfahrt zählte, waren also genauso wichtig für den Heilungsprozeß, wie die Rezepte des Arztes. Und für einen großen Teil der Bevölkerung war die Hilfe Gottes sowieso das einzige, worauf sie im Krankheitsfalle hoffen konnte, wenn man von den Mitteln der Volksmedizin und der Kräuterweiber einmal absieht.

Die Eltern des jungen Joseph Butscher waren ziemlich wohlhabende Bauern gewesen, das läßt sich schon daraus ablesen, daß sie dem Jungen ein Pferd auf die Wallfahrt mitgeben konnten. Nur wohlhabende Leute wie sie waren in der Lage, sich eine aufwendige Kur bei einem »weitberühmten Arzt« zu leisten. Für die Armen war so etwas von vornherein unerschwinglich.

Nach der Berliner Gesindeordnung von 1718 verdiente beispielsweise ein Lakai im Jahr 10 bis 12 Taler, eine Hausmagd 4 Taler. Demgegenüber kostete ein Arztbesuch nach der Medizinalordnung von 1725 mindestens einen Taler.

Auch in den Mirakelbüchern der verschiedenen Wallfahrtskirchen finden sich viele Hinweise darauf, daß eine ärztliche Behandlung für weite Teile der Bevölkerung einfach zu kostspielig war:

»Anno 1735 bezeugt Leonardus Ritz von Deisenhausen, daß er Morbum Gallicum [Syphilis] von ohngefähr ererbet, wegen Armut aber von keinem Barbierer in die Kur wollen genommen werden. Verspricht und verricht daher eine Wallfahrt nach Maria Steinbach [und] ist ohne alle zeitliche Mittel gesund worden.«

»Maria Barbara Mengerin aus dem Hochfürstlichen Stift Kempten, ledigen Stands, hat vor zwei und ein halb Jahr ein Astholz abgerissen und die rechte Hand also verletzt, daß das Knöchlein am Bug der Hand ausgewichen und verruckt worden, wodurch sie bei anderthalb Jahr solche Schmerzen erlitten, daß die Hand unbrauchbar worden und sie sogar dem Spinnen [wohl ihrer einzigen Verdienstquelle] nit mehr recht obzuliegen vermöcht. Weil sie nun arm, und Arzneimittel nit im vermögen waren, hat sie einstens Anno 1732, da die Schmerzen sehr groß waren, ihre Zuflucht zu der Schmerzhaften Mutter Gottes in Steinbach genommen und eine Wallfahrt dahin versprochen, worauf augenblicklich der Schmerz nachgelassen, das verruckte Knöchlein von selbst an seinen Ort gekommen und die Hand wie eine andere frisch und gesund worden.«

Es spielt in diesem Zusammenhang keine Rolle, ob man an die Möglichkeit solcher Spontanheilungen glaubt oder die Krankenwallfahrten grundsätzlich ablehnt, wie es die Aufklärer taten, denn die Tatsache bleibt bestehen, daß zumindest bis zum Ende des 18. Jahrhunderts zahllose Kranke nirgendwo anders Rettung suchen konnten, als im Gebet und in den Kirchen. Und zwar waren das nicht nur die Armen, sondern auch die Schamhaften, die keinen Arzt an sich heranlassen wollten, und die Schwerkranken, bei denen die Ärzte eine Behandlung ablehnten, um ihren ärztlichen Ruf nicht zu gefährden, und die Ängstlichen, die kein Vertrauen in die Fähigkeiten der damaligen Ärzte hatten:

»Elisabetha Stolzerin von Hochdorf, ledigen Standes à 30. Jahr, fiel 1735 von einem gelandenen Heuwagen herunter, und zwar den rechten Fuß auseinander (sie kugelte sich das Bein an der Hüfte aus). Sie war schamhaftig und bittete darum Mariam, sie solle ihr doch zur Gesundheit helfen, daß sie nur keinem Mannsbild unter die Händ komme. Eine besonders große Bitt!«

»Maria Müllerin von Waltenhausen zeigt 1735 an, daß, als sie drei große Beutzel (Geschwüre) wie Faust bekommen, habe sie zur Kurierung derselben sich des Barbierers von Grumbach gebrauchen wollen, der sich aber ohne Beiziehung anderer Barbierer nit wollte unterstehen. Weil sie nun große Kosten beforchten, hat sie eine Wallfahrt nach Maria Steinbach festgestellt. Auf welches die Beutzel sogleich ohne Schnitt und Medizin sich verloren.«

»Maria Kirchenhoferin von Egmating hat ein Kind mit einem großen, das Angesicht übel gestaltenden und im Essen verhinderlichen Gewächs am Mund geboren. Jedermann und auch die Ärzte urteilten, dieses Gewächs müsse geschnitten werden. Die betrübte Mutter aber nahm ihre Zuflucht nach Weihenlinden und wurde alsobald erhöret.« (1702)

Die Geistlichen in den Wallfahrtsorten leisteten dazu in vielen Fällen auch praktische Hilfe und beließen es keineswegs nur bei den geistlichen Mitteln. Viele Mönche und Nonnen waren medizinisch gebildet, viele Klöster unterhielten wohlassortierte Apotheken. In Andechs beispielsweise befand sich die Apotheke direkt neben der Wallfahrtskirche. Das stattliche Gebäude steht noch heute. Die für damalige Verhältnisse vorbildliche Einrichtung ist im Deutschen Museum in München ausgestellt.

Viele Wallfahrtsorte verfügten außerdem über heilkräftige Quellen. Das Oberlauterbacher Mirakelbuch von 1659 gab den hilfesuchenden Kranken genaue Auskünfte über den Badebetrieb beim dortigen Wenzelsbrunnen und Anweisungen über die richtige Anwendung des Wassers. Die kranken Wallfahrer konnten sich regelrechten Badekuren unterziehen, wie der folgende Mirakelbericht aus Weihenlinden zeigt:

»Hanns Ulrich Mayr ein Soldat, seiner Gage ein Feldwaibl von Feldkirch, ist den 26. Juni Anno 1651 an beiden Schenkeln ganz erlahmt allhero kommen, mit Vermelden, der vielberühmte Churfürstl. Medicus Herr Doctor Geiger zu München hätte gesagt, das Mark in den

Hilf Maria hilf und steh mir bey,
Mutter Gottes von Geischberg und Sammerey!
26 Wochen bin ich in meinem Arm verwundt,
mein Arm ist aus und ab,
zum lezten ist der Korierer,
der Bader von Beitlspach,
o Mutter der Barmherzigkeit,
ich danke dir mit großer Freud,
steh mir bey in aller Angst und Noth
sonderbarr beim bittern Todt.
O Mutter der Barmherzigkeit,
verlaß mich nicht in Ewigkeit.

Der Deggendorfer Maurer Joseph Hirsch, der 1816 diese Votivtafel in der Wallfahrtskapelle Geiersberg aufhängen ließ, war also sechs Monate lang mit ausgekugeltem Arm herumgelaufen, bevor er endlich einen Arzt aufsuchte. Wahrscheinlich hatte ihn die damals allgemein verbreitete Angst vor den Ärzten von einer Behandlung abgehalten. Sie war in diesem Fall allerdings unbegründet, denn die alten Bader waren gerade beim Einrichten von Knochenbrüchen und verrenkten Gliedern aufgrund langer Erfahrung oft außergewöhnlich geschickt. (Die Kreuze wurden nach dem Tod der beteiligten Personen eingezeichnet.)

Beinen wäre ihm durch Kälte ganz verbrennet, also daß nit allein selbiger, sondern auch andere Herren Medici an aller menschlicher Hilf gleichsam verzagt. Als er aber sein Zuflucht allhie gesucht, und vier lange Sommer-Tag auf zwei Krücken allhero gangen, sich auch des allda vorhandenen heilsamen Brunnenwassers acht Tage lang bedient und darin gebadet, hat er von Tag zu Tag Besserung und endlich gar sein verlangte Gesundheit, als wann ihm nie nichts gewesen wäre, empfangen.«

Die medizinische Versorgung der Bevölkerung war in den Städten meist ungenügend, auf dem Land durchweg miserabel. Die Medizingeschichte gibt da oft ein schiefes Bild, weil sie sich vorwiegend mit den großen Pionieren der Medizin beschäftigt, während die Masse der Patienten doch auf mehr oder weniger gut ausgebildete ärztliche Handwerker und auf illegal praktizierende »Heilkünstler« angewiesen war.

Die Fortschritte in Anatomie und Physiologie hatten bis zum Ende des 18. Jahrhunderts nur wenige Auswirkungen auf die ärztliche Praxis. Die Chirurgie beispielsweise wurde erst zu diesem Zeitpunkt allgemein als vollgültiges Teilgebiet der Medizin von den Universitäten anerkannt.

Bis dahin gab es innerhalb der Ärzteschaft eine strenge Hierarchie: An der Spitze standen die Medici, die eine Universitätsausbildung hatten. Ihr Fachgebiet war die Innere Medizin. Sie stellten Diagnosen und verordneten Rezepte und Kuren. Als Leib- und Hofmedici an den Fürstenhöfen oder als Stadt-Physici behandelten sie vorwiegend den Adel und die reichen Bürger.

Auf der nächsten Stufe standen die Chirurgen, die für alle Operationen und für die Wundbehandlung zuständig waren, aber trotzdem nur zur Handwerkerschaft gehörten und darin eine eigene Zunft bildeten.

Die Chirurgie wurde von den gelehrten Ärzten als eine niedere Tätigkeit angesehen. Für den studierten Medicus, der aus dem äußeren Zustand des Kranken und aus Farbe und Beschaffenheit des Urins und der Exkremente seine kühnen Schlüsse auf das Wesen der Krankheit zog, war es unter seiner Würde, den kranken Körper anzurühren oder ärztliche Handreichungen selbst vorzunehmen. Die Chirurgen stellten also das Gros der praktischen Ärzte.

Es war allerdings eine sehr gemischte Gesellschaft, die sich auf dem Gebiet der sogenannten Wundarznei betätigte. Sie reichte vom akademisch gebildeten Chirurgus über den Bader oder Barbierer und den Feldscherer der Soldaten bis hin zum Bruch- und Steinschneider und zum Okulisten, der sich auf das Starstechen spezialisiert hatte.

Neben diesen approbierten Ärzten, die zumindest eine Meisterprüfung hinter sich haben mußten, gab es noch eine Unzahl von Scharlatanen und Quacksalbern, heilkundigen Eremiten und weisen Frauen, die im Volk zum Teil hohes Ansehen genossen und wegen des akuten Ärztemangels oft auch von der Obrigkeit stillschweigend geduldet wurden.

Eine Sonderstellung unter ihnen nahmen die Scharfrichter und ihre Frauen ein, zu deren Aufgaben es zählte, die Opfer der Folter wieder zusammenzuflicken. Auf Grund ihrer täglichen Erfahrung entwickelten sie sich zu Spezialisten im Einrenken ausgekugelter Gliedmaßen und in der Bahandlung von Knochenbrüchen und offenen Wunden und erweiterten ihre Praxis dann meist auch auf andere Gebiete der Heilkunst.

So wurde etwa in der Universitätsstadt Gießen 1772 die Scharfrichterswitwe Norden, die offene Brustschäden und schlecht kurierte Beinbrüche zu heilen verstand, von der Barbiererzunft wegen unerlaubter ärztlicher Betätigung angezeigt, von der Obrigkeit aber ohne Strafe belassen, weil sie

»... niemand [mit Zauberformeln] beredet, keine Schmieralien oder abergläubige Dinge, sondern gute Kräuter und unschädliche Mixta gebrauchet und denen Armen unentgeltlich aushilft.«

Dem Scharfrichter Volmar von Bessungen gestattete

der hessische Landgraf Ludwig IX. um die gleiche Zeit sogar persönlich die Weiterführung seiner »Praxis medica« bei armen Leuten und aufgegebenen Fällen, obwohl man auf eine Anzeige hin in seinem Haus ein ganzes Warenlager an Arzneien gefunden hatte, darunter Medikamente, die selbst Chirurgen und Apotheker nicht ohne Verordnung eines Medicus herausgeben durften. Und in der Kaufbeurer Stadtbibliothek befindet sich ein handgeschriebenes »Buch der Medicie« mit über 500 Rezepten gegen alle möglichen Krankheiten, das vom reichsstädtischen Scharfrichter Johannes Seitz 1715 verfaßt worden ist und das seine Nachfolger in der wohleingeführten Praxis bis gegen Ende des Jahrhunderts weiterbenutzten und vervollständigten.

Neben den niedergelassenen Ärzten praktizierten zahlreiche wandernde Spezialisten, die mit großem Werbeaufwand herumreisten und ihre Praxis auf Marktplätzen ausübten. 1724 zog ein solcher Marktschreier in Memmingen ein mit einer Zwergin, zwei Läufern, zwei Heiducken, Musikanten, 18 Pferden und zwei Kamelen.

Der berühmte Johann Andreas Eisenbarth führte in seiner Glanzzeit um 1700 ein Gefolge von 120 Menschen mit sich, darunter Feuerspeier, Schlangenbeschwörer, Schwertschlucker, Hanswurste und mehrere Trommler und Pfeifer, die die Schmerzensschreie der Patienten übertönen sollten. Dabei war Eisenbarth im Gegensatz zu vielen seiner Kollegen ein ungewöhnlich geschickter Operateur. Friedrich Wilhelm I. von Preußen, der 1716 per Dekret den Marktschreiern ihre Zirkusvorführungen und »Narreteidingen« streng verboten hatte, ließ ihn im gleichen Jahr eigens nach Stargard holen, um die Augenverletzung eines seiner Offiziere zu kurieren.

Ein Nebenerwerb der Wanderärzte war das Zahnreißen, das meist ein Gehilfe erledigte. Dabei hatten sie allerdings starke Konkurrenz, denn jeder Laie konnte sich damals ungestraft als Zahnarzt betätigen: Johann Ferdinand Beck, der Prinzipal einer Schauspielertruppe, pries seine diesbezüglichen Fähigkeiten 1703 mit folgendem Spruch an:

»Ein Künstler, der ich bin, wer dies nicht glauben will, setz sich auf einen Stuhl und halte mir nur still. Ich nehm die Zähne aus, subtile und behende, so hat der Schmerz, die Qual, auf einmal gleich ein Ende.«

Erst ab 1825 mußten sich die »Zahnkünstler« in Deutschland einer Prüfung unterziehen, bevor sie praktizieren durften. Und in einer Stadt wie Ingolstadt beispielsweise wurde die Zahnheilkunde bis 1862 immer noch von den approbierten Badern ausgeübt.

Wer sich verletzte oder krank wurde, den erwarteten oft unvorstellbare Leiden, und zwar weniger durch die Krankheit selbst, als durch die Behandlung der Ärzte. Der hochgebildete Bologneser Arzt Gian Lodovico Bianconi, der 1744 als fürstbischöflicher Leibarzt nach Augsburg berufen wurde und dort zuerst einmal die überquellende Hausapotheke seines hochgestellten Patienten ausräumte, gab ein sehr vornehm formuliertes aber genauso eindeutiges Urteil über seine 16 Kollegen ab, die in der Stadt praktizierten:

»Ohne ihnen im geringsten unrecht zu tun, sind es in Wahrheit eher 16 Diener der Gerechtigkeit Gottes, als seiner Güte und Barmherzigkeit.«

Die Angst vor den Doctores schaffte sich Luft in zahllosen Spottgedichten und Satiren. In der italienischen Commedia dell'Arte war der komische Dottore eine stehende Figur, und Molière, der als kränklicher Mann selbst viel unter den Ärzten zu leiden gehabt hatte, parodierte in seiner Komödie vom »eingebildeten Kranken« 1673 mit grimmigem Spott eine Promotions-Zeremonie, bei der unter anderem acht Klistierspritzen-Träger und acht tanzende und zwei singende Chirurgen auftraten und der angehende Doktor der Medizin zum Entzücken der Professoren für jede Krankheit die richtige Therapie wußte: Nämlich allemal »klistieren, purgieren und zu Ader lassen!«

Ludwig XIII., den Molière noch gekannt hatte, war in

einem einzigen Jahr auf ärztlichen Rat hin 47mal zur Ader gelassen worden, hatte 212 Reinigungseinläufe (Klistiere) bekommen und 215 Abführmittel (zum Purgieren) schlucken müssen.

Noch furchtbarer war das Arsenal der Medikamente, mit denen die Ärzte ihre Patienten traktierten. Alle denkbaren Ingredienzien waren in den Rezepturen vertreten: Gold und Edelstein und menschlicher Kot, Kräuter und Öle und Chemikalien, tierisches Fett und Fliegendreck, und das alles gemischt und verrührt und gekocht und vergoren in unzähligen Varianten.

Besonders merkwürdig mag uns heute die sogenannte Dreckapotheke erscheinen, die auf uralte Überlieferungen der Volksmedizin zurückgeht und ihre Rezepte aus dem Kot und Urin von Mensch und Tier zusammenstellte; dazu aus Schweiß und Speichel und Ohrenschmalz, aus Blut, Knochen, Haaren und Horn. 1696 erschien eine solche Rezepte-Sammlung, verfaßt von einem gewissen Christian Franz Pollini unter dem Titel »Heilsame Dreckapotheke«. In der Unterzeile heißt es erläuternd: »Wie nemlich mit Koth und Urin fast alle, ja auch die schwerste giftige Kranckheiten und bezauberte Schaden vom Haupt biß zum Füssen inn- und äusserlich glücklich curirt werden.«

Das Buch erlebte zahlreiche Auflagen. Die letzte noch im Jahr 1847.

In den Rezepturen mischten sich auf krude Weise die Erkenntnisse der Pharmazie und Alchimie mit Überlieferungen der Volksmedizin und magischen Vorstellungen. Das zeigt sich beispielsweise in der Behandlung einer Kopfwunde, die der Feldscherer Johann Dietz in seinen Lebenserinnerungen beschreibt:

»Ich schor [dem Patienten] das Haupt ganz kahl, verband die Wunde, und mußten sie mir lebendige Hühner bringen, denen that ich einen langen Schnitt und reiß sie vollends voneinander, legt es ihm also, mit Blut und allem, warm übern Kopf, und das geschahe so oft, als die Hühner kalt geworden. Gab ihm auch etliche Mal

»Allhier hat sich verlobt Kaspar Miller. Ist glücklich erhöret worden. Amen.«

Eine Zahnbehandlung um das Jahr 1835 zeigt dieses Votivbild aus Hohenburg bei Lenggries. Bis ins 19. Jahrhundert gab es spezialisierte Zahnärzte nur an den Fürstenhöfen und in den großen Städten. Das Volk war auf seine ortsansässigen Bader angewiesen oder auf herumreisende Quacksalber, die zwar oft eine große Fertigkeit im Zähneausreißen hatten, aber sonst so gut wie nichts von der Zahnheilkunde verstanden. Der Stoßseufzer, den der Isartaler Bauer Kaspar Miller nach überstandener Behandlung auf sein Bild notieren ließ, ist also durchaus verständlich.

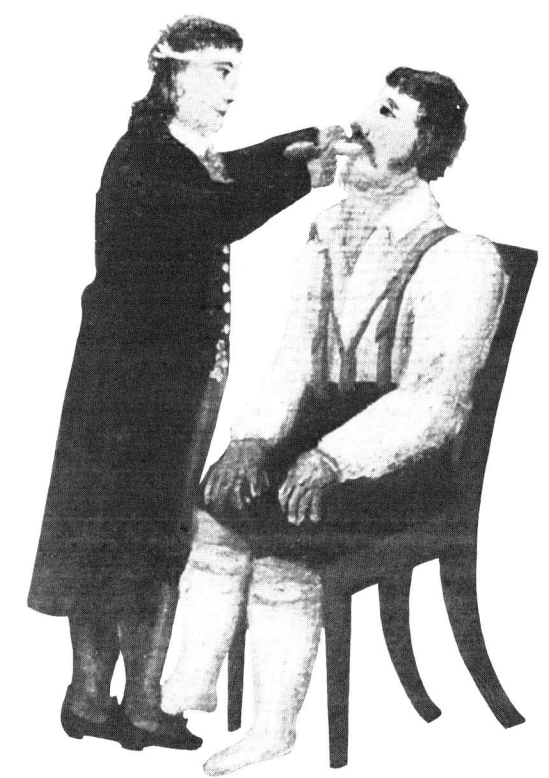

spiritum salis armoniaci anisatum und pulverem antispasmaticum [krampflösende Pulver]. Endlich legte ich Kräutersäcke, in Wein gekocht, oft warm über.«

Eine große Rolle bei der Rezeptur spielte auch die Signatar-Lehre des berühmten Paracelsus (1493–1541), die von den äußeren Merkmalen der Pflanzen auf deren Heilkraft schloß. Danach sollte etwa der gelbe Saft des Schöllkrauts gegen Gelbsucht helfen, die Stacheln der Disteln gegen stechende Schmerzen, die Haut der Walnuß gegen Hirnhautentzündung usw.

Neben diesen vergleichsweise einfachen und harmlosen Mitteln gab es komplizierteste Mixturen mit teilweise hochgiftigen Bestandteilen und abenteuerliche Essenzen, wie z. B. »Agricolas sympathetische Salbe« zur Behandlung von Schnittwunden. Sie setzte sich zusammen aus:

»$1/2$ Pfund Bärenfett vom Männchen, $1 1/2$ Unzen Regenwürmer, Moos vom Schädel eines Verurtheilten 2 Unzen, Bimsstein 3 Unzen, roth Sandelholz, Schwarzwurz pulverisiert von jedem 3 Quentchen und etwas Wein.«

Hinter dem Wust von Arzneien, der Geheimniskrämerei um die Rezepturen, den ständig verordneten Aderlässen und Schwitzkuren und dem übermäßigen Gebrauch der Klistiere verbarg sich nichts anderes, als das Unvermögen und die Hilflosigkeit der damaligen Ärzte, die den meisten Krankheiten beinahe genauso ohnmächtig gegenüberstanden, wie ihre Patienten. Diese Ohnmacht vor den Leiden der Kranken äußert sich auch in vielen Mirakelberichten:

»Barbara Lechnerin von Itzling zeigt an, daß ihr vor drei Jahren ein Käfer (so die Schwaben gennenet werden) im Schlaf in das rechte Ohr kommen, und dritthalb Jahr darinnen mit großen Schmerzen sie geplagt habe, es war ein immerwährendes Sausen und Brausen in dem Ohr, Tag und Nacht hätte sie keine Ruhe, der Käfer wendete sich hin und her, konnte doch weder hinter noch vor sich, das elende Mensch suchte sowohl zu München als zu Freising bei Doctorn Barbierern und Badern Hilf, aber man hielte es für unmöglich ihr zu helfen...« (1657)

»Christianus Raumer von Burgrieden deponiert eidlich, daß seine leibliche Mutter Anna Rumin, nunmehr selig, mit dem langwierig abscheulichen, und das ganze Maul, Zahnfleisch und Wangen umfressenden Scharbock [Skorbut] behaftet gewesen, also entsetzlich, daß die ganze Pfarrgemeind bei 14 Tag lang alle Tag unter der heiligen Meß ein allgemeines Gebet verrichtet, Gott wolle diese armselige Person entweder durch einen seeligen Tod auflösen oder ihr diese entsetzliche Krankheit benehmen.« (1733)

»Johannes Henken, à 60 Jahr, hatte 30 Jahr hindurch die Gicht so stark und heftig, daß er während dieser Zeit mehr denn hundert Mal an Händ und Füßen verkrümmt, sich selbst zu helfen ohntüchtig, vom Bett herab gefallen, und in der Stuben nit anders als ein Kegel-Kugel herum gewallet...« (1735)

»Johann Michel Spettel à 25 Jahr von Obersdorf hatte ein Jahr lang einen solchen Zustand, der ihn neben entsetzlichen Schmerzen ganz taubisch gemacht und verursacht, daß er wegen Heftigkeit der Qual bei einem halben Tag auf dem Kopf gestanden...« (1736)

Geradezu unvorstellbare Schmerzen hatten diejenigen zu erdulden, die sich einem chirurgischen Eingriff unterziehen mußten.

Die Äther-Narkose, 1846 von dem Bostoner Arzt John Warren entwickelt, wurde in Deutschland ein Jahr später zum ersten Mal angewendet. Bis dahin hatten die Chirurgen keine Mittel gehabt, die Schmerzen ihrer Patienten zu lindern und viele waren überhaupt der

Überzeugung, daß jeder Eingriff mit dem Messer von Natur aus untrennbar mit Schmerz verbunden sei, und eine Narkose also eher schade, genau so, wie in unserer Zeit viele Ärzte noch lange gegen die schmerzlose Geburt opponierten. (Die mit Opium, Mandragora, Schierling und ähnlich giftigen Substanzen getränkten »Schlafschwämme«, die die mittelalterliche Medizin zur Betäubung vor Operationen gebraucht hatte, waren später außer Gebrauch gekommen, weil es dabei zu viele Todesfälle gegeben hatte.)

Der einzige Ausweg lag in der Schnelligkeit, mit der der chirurgische Eingriff ausgeführt wurde. Es gab Spezialisten, die eine Beinamputation in weniger als einer Minute hinter sich brachten. Den Operateuren halfen dabei die Erfahrungen, die sie in den endlosen Kriegen des 17. und 18. und des beginnenden 19. Jahrhunderts machen konnten.

Trotz aller Geschicklichkeit der Chirurgen überlebten nur kräftige Naturen einen Eingriff mit dem Messer. Die meisten starben auch nach erfolgreicher Operation hinterher an Wundbrand und Blutvergiftung, denn die Notwendigkeit von Desinfektion und aseptischer Wundbehandlung wurde erst in der zweiten Hälfte des 19. Jahrhunderts erkannt.

Noch erschreckender war die Hilflosigkeit der Ärzte gegenüber den furchtbaren Seuchen, die das Land in regelmäßigen Abständen heimsuchten, sich mit tödlicher Geschwindigkeit über Dörfer und Städte ausbreiten und ganze Landstriche entvölkerten. Hauptursachen für die Seuchenanfälligkeit waren einmal die schlechte physische Konstitution eines Großteils der Bevölkerung vor allem in Kriegs- und Hungerzeiten, und zum zweiten die miserablen hygienischen Verhältnisse.

In den Städten lebten die Bürger eng zusammen, eingezwängt zwischen die Mauern der Stadtbefestigung. Die Gassen waren schmal und verwinkelt, die Häuser möglichst hoch und in den oberen Stockwerken vorgebaut, so daß wenig Licht hindurchkam. Die meisten Anwesen, auch im Zentrum der Städte, hatten noch einen Stall im Erdgeschoß mit Rindern und Pferden und dem dazugehörigen Misthaufen. In fast allen Häusern wurden dazu noch Schweine und Hühner und anderes Kleinvieh gehalten. Die Straßen starrten vor Schmutz. Es war bis ins 18. Jahrhundert üblich, daß man am Morgen die »Kammerlauge«, also den Inhalt des Nachtgeschirrs, auf die Gasse entleerte. Verendete Tiere lagen oft wochenlang herum, weil kein ehrbarer Bürger Aas berühren durfte (das war Aufgabe des Schinders), und das Ungeziefer fand derart ideale Lebensbedingungen, daß ständig Kammerjäger und Rattenfänger beschäftigt werden mußten.

In Kriegszeiten verschlimmerten sich die Verhältnisse noch beträchtlich dadurch, daß die Bauern der Umgebung aus ihren ungeschützten Dörfern hinter die Mauern der Städte flüchteten, und regimentsweise Soldaten einquartiert wurden, die die Bürgerhäuser bis unters Dach belegten. Wie schnell sich unter solchen Verhältnissen eine Seuche ausbreiten konnte, beschreibt der Darmstädter Stadtarchivar Adolf Müller anhand zweier Beispiele aus seiner Heimatstadt:

»Betrachten wir die Seuche von 1596 genauer. Bis zum August ist die Sterblichkeit nicht ungewöhnlich. Es sterben durchschnittlich 4 Menschen im Monat. Da kommt im August ein welscher [italienischer] Maurerjunge aus Chur im Schweizerland in die Stadt, der den Keim der Krankheit in sich trägt. Der Unglückliche arbeitet bei dem welschen Maurermeister Peter a Colonia. Peter hauste mit einer Dienstmagd und 19 Knechten zusammen. Besonders reinlich ging es in diesem Haushalt nachweislich nicht zu, obwohl der Meister in guten Verhältnissen lebte und sich zuweilen durch sein lockeres Leben sehr mißliebig machte, ja sogar einmal mit zwei Dirnen im Darmstädter Schnellkorb das Sumpfwasser des kleinen Woogs zu kosten bekam. In dieses mit Menschen angefüllte Haus wurde die Pest geschleppt. Am 28. August erlag der Junge der Krankheit. Im September fielen 68 Menschen der Seuche zum Opfer, unter ihnen alle Einwohner des Maurerhauses. Im

Oktober erreichte die Krankheit ihren Höhepunkt. Das Kirchenbuch verzeichnet 93 Todesfälle. Im November wurden 48 und im Dezember 18 Menschen begraben.

1635 ist das Bild noch grausiger. Am 9. März z. B. fanden 68 Beerdigungen statt. Es waren so viele Todesfälle, daß der Pfarrer gar nicht alle verzeichnen konnte. Darmstadt zählte damals etwa 1000 Einwohner. Dazu kamen die Bauern der Umgegend, die sich in die Stadt geflüchtet hatten, und die einquartierten Soldaten. Nur so ist die hohe Sterblichkeitsziffer zu erklären: Es starben 1635 mehr als doppelt so viele Menschen, wie Darmstadt Einwohner besaß.«

Erst nach 1720 konnte die Pest in Europa eingedämmt werden. Sie war zweifellos die furchtbarste aller Seuchen, aber sie war keineswegs die einzige. Vom Ende des 15. Jahrhunderts an begann sich die Syphilis mit unglaublicher Schnelligkeit in ganz Europa auszubreiten. Es folgten Skorbut und »Englischer Schweiß« und im 17. Jahrhundert das Fleckfieber, das vor allem unter den Soldaten grassierte und bei Einquartierungen auch die Zivilbevölkerung dezimierte.

Im 18. Jahrhundert kamen dazu Diphterie und Blattern und Tuberkulose, und ab 1830 wurden die europäischen Länder noch einmal von schweren Epidemien heimgesucht, als die Cholera ausbrach. Aus dem Jahr 1849 berichtet der berühmte Arzt Rudolf Virchow:

»Innerhalb desselben Jahres hat die Cholera zum zweiten Mal ihren Umgang durch die Städte begonnen. Halle ist in einer Weise decimiert, die an die schlimmsten Epidemien des Mittelalters erinnert. Breslau liefert aus allen Ständen reiche Opfer. In Berlin durchseucht die Krankheit einzelne Familien und Häuser in einer Art, welche für die Wiederkehr heißer Tage eine ungeheure Niederlage anzuzeigen scheint. Wien leidet, ganz England ist befallen . . .«

Die alten Ärzte wußten zwar noch nichts von Viren und Bakterien, aber es war ihnen durchaus klar, daß sich diese Krankheiten durch Ansteckung ausbreiteten und daß daran oft die mangelnde Hygiene schuld war. Als Vorsorgemaßnahmen empfahlen sie deshalb regelmäßig in den sogenannten Pestmandaten: größere Sauberkeit, Vermeidung von Menschenansammlungen und vor allem die strenge Isolierung der infizierten Personen und die Absperrung der Städte. Die Torwachen wurden in Pestzeiten verstärkt und Fremde, die Einlaß begehrten, mußten einen »gelehrten Eyd« schwören, daß sie

»innerhalb vier Wochen [sich] an keinem Orth, da der Lufft inficirt ist und die Pestilenz oder andere abscheuliche Kranckheit regirt, aufgehalten, über Nacht gelegen, gezert [gegessen], noch mit ainichen Menschen an den gleichen inficirten Orthen geredt oder ainiche Gemeinschaft gehabt [hatten].« (Kaufbeuren 1627)

War die Seuche aber erst einmal eingeschleppt, was selbst durch strengste Absperrungsmaßnahmen meist nicht zu verhindern war, dann konnten auch die Ärzte trotz aller Aufopferung nicht mehr helfen. Der als Wundarzt praktizierende Kaufbeurer Scharfrichter Seitz beispielsweise empfahl 1715 als Heilmittel gegen die Pest:

»Eine im März gefangene Kröte wird aufgehängt und getrocknet. Wenn die Pest den Menschen anfällt, nimm die Kröte, lege sie in Essig eine Stunde, darnach binde sie auf die Beulen, lasse sie eine Stunde oder zwei liegen, darnach nimm sie ab und wirf sie in ein fließendes Wasser. Du mußt sie aber vor dem Aufbinden aufschneiden.«

Viel wirkungsvoller waren auch die Arzneien der studierten Ärzte nicht. Meist wurden die Kranken in ihren Häusern eingesperrt, wo sie im günstigen Fall dann von vermummten Badern und Doctores behandelt und von Krankenpflegern versorgt wurden. Oft genug aber überließ man sie einfach ihrem Schicksal.

»Georg Waitenegger, Bauer von Adratshofen, sagt aus, daß sein Eheweib in dem 1730. Jahr, als er und sein Tochter Catharina und noch neben ihnen fünf andere Kinder an der ansteckenden hitzigen Krankheit so elendiglich gelegen, und die Nachbarn also erschröckt, daß niemand mehr zu ihnen in das Haus wollen eingehen, die ganze Bürd auf sich gehabt und so vielen inficierten Kranken allein müssen auf- und abwarten. In welcher Not, daß sie nit etwann auch angesteckt würde und alle zu Grund gehen müssen, habe sie sich nach Steinbach versprochen und deßhalber zum Trost des ganzen verlassenen Hauses stets frisch und gesund verblieben, obwohl sie 12 Wochen lang alle müssen lupfen, und tragen, bedienen und säubern, auch weder bey Tag und bey Nacht Rast oder Ruhe gehabt.«

Das erste Krankenhaus im heutigen Sinne wurde in Deutschland erst 1715 eingerichtet. Es war die Berliner Charité, die anfangs nichts anderes als eine Art Lazarett für Zivilpersonen darstellte. Sie blieb bis zum Ende des Jahrhunderts die einzige Anstalt dieser Art in Deutschland.

Die Kranken mußten sich also zuhause gesundpflegen lassen, waren in der Mehrzahl auf Hausmittel und Heilkräuter angewiesen und auf die oft fragwürdigen Behandlungsmethoden von Badermeistern und heilkundigen Frauen. Unter diesen Umständen ist es verständlich, warum sich gerade die Kranken besonders häufig und mit besonderer Inbrunst an die himmlischen Nothelfer wandten.

Dabei entwickelten sich diese Nothelfer im Laufe der Zeit zu regelrechten Kapazitäten auf jeweils bestimmten Gebieten der Heilkunst, und es ist nicht uninteressant, festzustellen, daß sie wesentlich mehr spezialisiert waren, als die Ärzte.

So war beispielsweise die heilige Apollonia zuständig bei Zahnweh, weil ihr Martyrium darin bestanden hatte, daß ihr alle Zähne ausgerissen wurden. Die heilige Ottilie wurde bei Augenleiden zu Hilfe gerufen, weil sie nach der Legende blind geboren war und erst durch die Taufe sehend wurde. Von Sankt Erasmus, dem Spezialisten für Unterleibserkrankungen, war schon im ersten Kapitel die Rede.

Die Heiligen Sebastian und Rochus wurden bei Pestepidemien angerufen, der heilige Blasius bei Halsleiden. Wer Kopfschmerzen hatte, wallfahrtete zur Quirins-Kapelle an den Tegernsee und trank aus dem Brunnen das sogenannte Quirins-Öl. Wer an den Folgen eines Schlaganfalls litt, kroch durch eine Felsenritze neben dem St.-Wolfgangs-Heiligtum im Salzburger Land. Und bei Bruch und Steinleiden wandte sich der Kranke am besten an den heiligen Rasso in Grafrath am Ammersee.

Die Aufklärung und das wissenschaftsgläubige 19. Jahrhundert haben diesen naiven Glauben an die Fähigkeiten der auf Medizin spezialisierten Heiligen als puren Aberglauben deklariert, und die in den Mirakelbüchern verzeichneten Heilerfolge als Schwindel abgetan. In unserer Zeit ist man mit solchen Pauschalurteilen vorsichtiger geworden. Heute steht außer Frage, daß der Glaube bei vielen Erkrankungen einen durchaus entscheidenden Einfluß auf den Heilungsprozeß haben kann, wobei es keinen Unterschied macht, ob dieser Glaube einem berühmten Arzt entgegengebracht wird, oder einem Gnadenbild. Selbst die vielgeschmähten Schluckbildchen (briefmarkengroße Heiligenbildchen, die bei Erkrankung eingenommen wurden), werden von den heutigen Medizinern durchaus ernstgenommen, seitdem durch zahlreiche Versuchsreihen nachgewiesen werden konnte, daß man mit Placebos oft die gleiche Heilwirkung erzielen kann, wie mit echten Medikamenten, wenn nur der Glaube an ihre Wirksamkeit stark genug ist.

Und am Glauben hat es den Wallfahrern, die in Krankheit und Schmerz zu ihren Gnadenbildern pilgerten, wahrhaftig nicht gefehlt.

»Anno 1746 rasierte (grassierte) in einem alhiesigen Markht ein ser yble und anstekende hitzige Kranckheit, also zwar, das vom 23 Feb. bis auf dem 9. Mai nebst P: T: Herrn Sebastian Lot H: Pfarrer, und H: Stephan schwäller Cooperator: 37 Bersonen von der leydtigen sucht aufgeriben, wie auch vatter und Muetter auf einem tag beide in ein grab seint beygesetzt worden. Ein wohlweiser Magisteratt wie auch seine samentliche löbliche bürgerschaft sodan in disen iblen zustandt: da auch sogar von denen aus anderen orthen herberueffnen Medicis kein hinlengliches mittel kunte erfunden werden: suechte ihr hilff und Zuflucht bey ihrer schmerzhaften gnaden Muetter, mit dem gelibt, den tag der ho(ch)heiligisten Schmerzen alljärlich mit einer Procession, 12-stündigen gebett, und anderen andachtsübungen auf ewig zu feyren, wo sodan das übel auf einmahl und also nachgelassen, das nach gethaner verlöbnis nicht nur allein niemandt mehr zu selber Zeit in dieser sucht gestorben, sondern auch noch bey 20 gefärlich Kranckligende ihre vorige gesundtheit erhalten haben.«

Wie eine Naturkatastrophe war die Seuche über den kleinen Ort Murnau hereingebrochen. »Es stirbt«, sagten die Menschen damals in solchen Fällen, und darin äußerte sich die gleiche Unabänderlichkeit, wie wenn man sagt, »es regnet«. Die Murnauer kannten weder den Namen der Krankheit, die in zweieinhalb Monaten 39 Mitbürger hinwegraffte, noch wußten sie ein Heilmittel dagegen, und auch die herbeigerufenen Ärzte waren ratlos. (Aus dem Text geht lediglich hervor, daß die Krankheit ansteckend und mit hohem Fieber verbunden war.) In dieser verzweifelten Situation konnten die Bürger nur noch bei der Muttergottes um Hilfe bitten. An der Schwere der Buße, die sie sich auferlegten, einer Prozession mit anschließendem zwölfstündigem Gebet »auf ewig«, läßt sich das Ausmaß ihrer Furcht vor der unheimlichen Seuche abschätzen. Auf der Votivtafel ist die gelobte Bußprozession dargestellt.

Die Votivtafeln auf den Seiten 76 bis 78 berichten von drei Brandkatastrophen aus der Zeit zwischen 1681 und 1855, also aus der Zeit vor Einführung der Feuerwehren. An der ersten, die aus Andechs stammt (1681), läßt sich ganz gut erkennen, warum das Feuer früher eine sehr viel größere Gefahr darstellte als heute: Die meisten Häuser des Ortes sind aus Holz gebaut und mit Holzschindeln gedeckt. Nur zwei Gebäude, die Kirche und das Haus daneben haben ein Ziegeldach, das gegen Funkenflug unempfindlich ist. Bei trockenem Wetter und bei starkem Wind konnte schon der kleinste Zimmerbrand den ganzen Ort in Flammen setzen, und tatsächlich gibt es kaum eine Stadt, die in ihrer Chronik vor 1850 nicht mehrere große Stadtbrände verzeichnet.

Die zweite Tafel stammt aus Weihenlinden. Stifter dieses Bildes ist der Bauer, der links auf dem Dach seines Heustadels sitzt und die durch Funkenflug entzündeten Schindeln löscht. Sein Besitz konnte gerettet werden. Bei dem Bauernhof rechts dagegen hatte auch die Muttergottes nicht mehr helfen können. Die Bewohner versuchen lediglich, einige Habseligkeiten in Sicherheit zu bringen und das Vieh herauszutreiben. Rechts unten bemühen sich zwei Männer mit einer Hakenstange, die brennende Wand niederzureißen, um das Feuer zu dämpfen, und dadurch die Gefahr für die umliegenden Häuser zu mindern. Mehr konnten sie beim damaligen Stand der Löschtechnik nicht tun.

Das nebenstehende Bild zeigt einen Großbrand in Gars am Inn, bei dem in der Nacht vom 18. zum 19. Januar 1779 sechs Häuser eingeäschert wurden. Es dokumentiert anschaulich, mit welch unzureichenden Mitteln die Bürger damals einer solchen Feuersbrunst gegenüberstanden. Das Löschwasser wird auf Kufenschlitten zum Fuß der Eimerkette gebracht, wo große Schaffe aufgestellt sind, aus denen die Eimer gefüllt werden. Die Löscharbeiten waren in diesem Fall noch zusätzlich dadurch erschwert worden, daß der Löschteich am Marktbrunnen zugefroren war und erst aufgehackt werden mußte. Die Eimerkette führt über eine Leiter durch die Speichertür auf das Dach jenes Hauses, das man als einziges noch retten zu können glaubt und auf das sich alle Löschversuche konzentrieren. Einige Männer versuchen, den brennenden Dachstuhl des Nachbarhauses einzureißen, um zu verhindern, daß die Flammen übergreifen. Auch die Feuerspritze richtet ihren dünnen Wasserstrahl auf diese Stelle. Das Haus konnte gerettet werden. Es gehörte dem Stifter der Votivtafel. Die weißgewandeten Männer, die sich hier bei der Brandbekämpfung besonders hervortun, sind Augustiner aus dem benachbarten Chorherrenstift, die wie alle Männer des Ortes nach den damaligen Brandschutzbestimmungen zur Mithilfe bei den Löscharbeiten verpflichtet waren (siehe Abb. S. 86/87).

Feuersnot

»Den 15. März 1703 frühe umb zwei Uhr entstund in Fischers Scheune und Stall eine erschröckliche Feuersbrunst. Denn Fischers hatten früh nach Eilenburg fahren wollen und mochten mit dem Licht dem Stroh oder Futter zu nahe kommen sein und es nicht löschen können; weil sie bereits alles herausgeräumet, als sie auf der Gasse vor meinem Kammerfenster anklopften und schrieen: ›Herr Dietz, Herr Dietz, es ist Feuer in seinem Hof!‹

Ich im Hemde raus. Als ich die Hofthür aufmachte, konnte ich vor Glut nicht stehen. Ich gleich so auf die Gasse und schrei umb Hülfe. Denn es wußt es noch niemand, weil der Thürmer das Feuer vor den Häusern nicht sehen gekonnt, bis es oben über brannte. Ich weckte meine Leute und nahm mein bißchen Geld untern Arm und eine lebendige Ziege an'n Strick, geh zu meinem Vater und schrei immer: ›Feuer, Feuer!‹ – Denn die Leut wollten nicht wach werden.

Unterdessen nahm die Glut überhand. Ging alles auf mein Haus los und brannten meine beiden Hinterhäuser lichterlohe, auch das Stroh in'n Betten. Meine beiden großen Jungen schleppten alles in'n Keller, welcher eine eiserne Tür hatte.

Endlich kam das Volk bei mir an. Die kletterten auf die Dächer mit nassen Säcken, Gießen und Spritzen. Ich zündete viel Licht an und ließ Wasser tragen. Als ich aber auf den Gang kam und das erschröckliche Feuer sahe, und sahe, daß alles würde drauf gehen, sagete ich laut: ›Nun, Herr, Du hast es mir gegeben, willtu es wieder nehmen, so geschehe Dein Wille.‹ Den Augenblick war es, als ob die Feuersflammen in'n Arm genommen und hinter sich, von meinem Haus geschmissen wurden.

Und, gleichwie Gott nichts ohne ordentliche Mittel und Wege thut, so geschahe es hier auch, daß beide Tore zur rechten und zur linken Hand im ›Güldenen Rade‹ aufgemacht, dadurch die Flammen vom durchreißenden Wind hinterwärts, nach dem Garten, getrieben, und dadurch meine Gebäude gerettet wurden.

Als es bei mir keine Not mehr hatte, eilete ich meinen Nachbarn zu Hülfe, deren Hintergebäude zu beiden Seiten bereits in voller Flamme stunden. Ich ließ große Haken anlegen und trachtete zum meisten, die Giebel und Wände ins Feuer zu zerren und zu stoßen; welches auch vortrefflich das Feuer dämpfte. Ingleichen, daß wer da konnte, mußte Erde und Sand ins Feuer schütten. Dies hilft besser, als Wasser, wie die Erfahrung hie lehrete, daß durch die Gnade Gottes das Feuer gedämpft wurde.

Allein dem Fuhrmann Fischern brannte alles weg und einigen Nachbarn die Hintergebäu.

Dabei war ein gottloser Mann, eines Gerichtsdieners Sohn, der trat des Morgens auf seine Brandstätte und schreit: ›Daß doch der Teufel nicht alles geholet etc.‹ – Aber er nahm bettelarm ein Ende mit Schrecken.

Über das Feuer mußten viel schwören. Ich auch: wo es zum ersten gesehen? – Aber Fischer und seine Leute schworen sich los. – Aber sie sind alle verdorben und bald darauf gestorben.«

Wenn man diesen eher nüchternen Bericht des Badermeisters Johann Dietz ergänzt durch Schillers dramatische Schilderung einer Brandkatastrophe im Lied von der Glocke, und als Illustration dazu die auf den Seiten 76 bis 78 abgebildeten Votivtafeln nimmt, dann erhält man schon ein ziemlich genaues Bild vom Ausmaß der Panik, die jedes Feuer in früheren Zeiten auslöste, als es noch keine Feuermelder gab, keine Hydranten und Motorspritzen und keine ausgebildete Feuerwehr.

Im Mittelalter hatten die Bürger ihre Städte mit Mauern umgeben. Der Befestigungsring schützte zwar vor äußeren Feinden, engte die Stadt aber auch sehr stark ein. Als die Bevölkerung wuchs, wurde der Platz knapp. Jede Erweiterung des Mauerrings jedoch war mit riesigen Kosten verbunden. Deshalb rückte man die Häuser lieber so dicht wie möglich zusammen und baute in die Höhe. Jeder freie Fleck wurde genutzt. An die Häuser schlossen sich rückwärts Scheunen, Schuppen und Ställe an. Die meisten Nebengebäude waren aus Holz, die Dächer mit Schindeln gedeckt, auch die Wohnhäuser mit Fachwerk und hohen Speichern boten dem Feuer im Brandfall genügend Nahrung. Herde und Öfen wurden ausschließlich mit Holz befeuert, das in den Hinterhöfen gelagert war. Dazu kamen Heu und Stroh für das Stallvieh, das in den meisten Anwesen auch innerhalb der Stadtmauern noch gehalten wurde, insgesamt eine Ansammlung von brennbarem Material, die jedem Branddirektor heute kalte Schauer über den Rücken jagen würde.

In dieser brandgefährlichen Umgebung hantierten die Bürger an offenen Herden und mit offenem Licht, flogen bei Sturm die Funken aus den Kaminen, brannten zahllose Feuerstellen in Trockendarren und Schmiedeessen. In heißen Sommern saßen die Bürger buchstäblich mit vielen Lunten auf einem Pulverfaß, das jederzeit in die Luft gehen konnte. Das österreichische Villach beispielsweise brannte zwischen 1428 und 1791 zwölfmal nieder.

Natürlich waren sich die Bürger der ständigen Gefahr bewußt. Und da beim Ausbruch eines Brandes eben oft die Existenz der ganzen Stadt bedroht war, standen die Bewohner auch meist in seltener Solidarität zusammen, wenn es galt, den Brand einzudämmen.

Spätestens seit dem 16. Jahrhundert gab es in allen Städten sogenannte Feuerordnungen, die manchmal geradezu modern anmuten, wie die von Zwickau aus dem Jahre 1549. Sie enthält eine lange Reihe von Brandschutzbestimmungen und regelt genau die Aufgaben der einzelnen Handwerkerzünfte und der anderen Bürger bei den Löscharbeiten. Sogar eine regelmäßige Feuerschutz-Inspektion ist vorgesehen:

»so sollen alle Jahr ungefähr an Bartholomä, in jeglichem Viertel der Stadt zwei Herren des Rats [zusammen mit mehreren Beamten der Polizei und der Stadtwache] von Hause zu Hause umgehen, und allda in jeglichem Hause die Feuer-Essen, Herdstätten, Darren, auch die Krücken [Hakenstecken zum Abstoßen der Dachschindeln], Eimer und Feuerhaken [also das private Feuerlöschgerät] besichtigen. Würde es sich nun befinden, daß von einer Feuerstelle Gefahr zu besorgen, oder aber daß die Krücken, Haken und Eimer, so ein jeder halten soll, nicht vorhanden oder brecherhaftig [schadhaft] sein würden, so sollen sie die Macht haben, denselbigen zu gebieten, bei Straf eines silbern Schocks [Geldstrafe] die gefährlichen Feuerstellen abzutun oder zu verbessern, desgleichen auch das Feuergerät anzuschaffen oder auszubessern.«

Ein weiterer Abschnitt der Feuerordnung behandelte die »Buße oder Straff derjenigen, bey deme ein Feuer auskömmt«. Und das war nun ein besonders heikles Kapitel. Einerseits mußte der Magistrat mit möglichst harten Strafandrohungen dafür sorgen, daß die Bürger der Stadt nicht unvorsichtig mit Feuer und offenem Licht umgingen, andererseits bestand die Gefahr, daß derjenige, bei dem ein Brand ausbrach, aus Angst vor eben dieser Strafe erst dann um Hilfe rief, wenn es schon zu spät war.

Genau das läßt sich auch aus dem eingangs zitierten Bericht des Johann Dietz herauslesen: Der Fuhrunternehmer Fischer, bei dem das Feuer ausgebrochen war, hatte seinen Nachbarn Dietz erst dann aufgeweckt, als er selbst den Brand nicht mehr löschen konnte und die Flammen schon dessen beide Hinterhäuser ergriffen hatten, zu einem Zeitpunkt also, da man nicht mehr genau ausmachen konnte, wo das Feuer wirklich entstanden war. Auch hinterher, bei der Untersuchung des Brandes, als alle Verdächtigen unter Eid aussagen mußten, stritt der Fuhrunternehmer jede Schuld ab. Er »schwor sich los« und entging damit einer Bestrafung durch den Magistrat.

Wenn Meister Dietz daraufhin mit einiger Genugtuung vermerkt, daß sein Nachbar bald danach mit seiner ganzen Familie »verdorben und gestorben« sei, dann mag das für uns heute ziemlich hartherzig klingen. Er selbst sah darin nur die gerechte Strafe Gottes für den Meineid, den jener nach seiner Überzeugung geschworen hatte.

Tatsächlich war das Schicksal des Fuhrunternehmers

nicht ungewöhnlich: Wer seinen Besitz durch Brand verlor, dem blieb in vielen Fällen wirklich nur der Bettelstab, denn eine Feuerversicherung gab es nicht.

Bei der Schnelligkeit, mit der sich ein Feuer in den engen Gassen und den verwinkelten Hinterhöfen gewöhnlich ausbreitete, war es lebenswichtig, daß der Brand möglichst bald entdeckt wurde, damit rechtzeitig genügend Helfer für die Löscharbeiten herbeigerufen werden konnten. Das war Aufgabe der Feuerwächter, die von einem hohen Turm, in der Regel vom Kirchturm aus, die Stadt Tag und Nacht im Auge behalten mußten.

»Wenn nun ein Feuer auskäme, so soll der Thürmer, der hierzu bestallt ist, dasselbige mit der Feuerglocken beläuten, und wo es des nachts wäre mit der Laternen, oder am Tage mit der Feuerfahne anzeigen, wo das Feuer ist, damit sich die Leute danach zu richten haben.«

Bis zur Erfindung des Telegrafen waren Feuerglocke und Feuerfahne, Laternenzeichen und Hornsignale vom Turm die einzigen Hilfsmittel zur Alarmierung der Bürger und zur Dirigierung der Löschmannschaften. Fahnen und Laternen wurden am Turm so ausgesteckt, daß sie in die Richtung der Brandstelle deuteten.

Für den ersten Alarm mußten die Bürger allerdings selber sorgen, indem sie das Feuer auf der Gasse »beschrien« und die Nachbarn zu Hilfe holten. Konnte der Brand gelöscht werden, ohne daß der Türmer Sturm läuten mußte, dann war die Strafe für denjenigen, bei dem das Feuer ausgebrochen war, wesentlich geringer. Diese Regelung hatte ihren guten Grund: Die Feuerglocke versetzte nämlich jedesmal die ganze Stadt in Angst und Schrecken, was der Gründer der Berliner Feuerwehr 1853, nach Einführung des Telegrafen, in einem Rückblick folgendermaßen beschrieb:

»Man muß Zeuge gewesen sein, wie in den Nachtstunden die ganze Stadt von einem Ende bis zum andern um eines unbedeutenden Brandes willen aufgeschreckt wurde, ohne daß über den Ort und die Beschaffenheit desselben eine gewisse [genaue] Kunde zu erlangen war und wie in dem Tumulte auf den Straßen und bei der Aufregung in den Häusern Gesindel aller Art Gelegenheit zu Excessen fand, um Befriedigung darüber zu empfinden, daß jetzt der nutzlose nächtliche Lärm beseitigt ist.«

Wer das Heulen der Luftschutzsirenen in den Bombennächten des Zweiten Weltkriegs noch im Ohr hat, kann sich die Wirkung der Feuerglocke ungefähr ausmalen. Das Sturmgeläut riß buchstäblich alle Bürger aus den Betten, und in Zeiten anhaltender Trockenheit, wenn Schindeln und Dachsparren wie Zunder brannten und bei starkem Wind, wenn die Funken über die ganze Stadt flogen, dann war es auch durchaus notwendig, daß die gesamte Bürgerschaft bei der Brandbekämpfung zusammenhalf.

Vom Löschdienst befreit waren lediglich die Bewohner der Häuser unmittelbar an der Brandstelle, damit sie ihre bewegliche Habe in Sicherheit bringen konnten. Außerdem Frauen und Kinder. Die hatten die Aufgabe, jeweils in ihren Häusern

»auf das Flugfeuer gute Achtung [zu] geben und demselbigen zuvorkommen, Wasser auf die Böden [Speicher] und andere Ort, da es vonnöten, tragen, auch sonst in die ledigen Gefäße aus dem Brunnen Wasser schöpfen sollen . . .«

Alle anderen Bürger mußten sich auf schnellstem Wege mit ihrem Löschgerät zur Brandstelle begeben oder hatten andere festumrissene Aufgaben.

In der Nacht mußte dabei zunächst einmal für Licht gesorgt werden, denn in den Straßen und Gassen war es stockfinster: eine ständige Straßenbeleuchtung gab es im 18. Jahrhundert erst in den Großstädten, und auch dort nur in den belebtesten Hauptstraßen.

Die Besitzer der Eckhäuser waren deshalb laut Feuer-

Bei einem Brand in dem Dorf Högling in unmittelbarer Nähe der Wallfahrtskirche Weihenlinden kamen 1855 die Bauern aus den Nachbarorten Beyharting und Aibling mit ihren Feuerspritzen zu Hilfe. Die Löschmannschaft aus Aibling fährt gerade vierspännig ein, die Männer aus Beyharting haben ihre Spritze schon in Gang gesetzt. Je vier bewegen die langen Hebelarme der Pumpe, zwei andere richten das Wenderohr, das einen dünnen Wasserstrahl abgibt, nicht viel stärker, als das, was heute aus einem guten Gartenschlauch kommt.

Mit derartigen Spritzen konnte man nicht viel mehr ausrichten, als die Dächer der in der Nähe der Brandstelle stehenden Häuser vor dem Funkenflug zu schützen, wie es auch hier versucht wird. Das Wenderohr saß fest auf der Pumpe und man kam deshalb mit dem Wasserstrahl nicht näher an das Feuer heran, als es mit dem Wagen möglich war. Schläuche kamen um diese Zeit erst allmählich in Gebrauch. Auch die Wasserzufuhr zu den Spritzenwagen mußte über eine Eimerkette laufen. Der Ausschnitt ist der Votivtafel aus Weihenlinden entnommen, die auf Seite 78 abgebildet ist.

ordnung verpflichtet, bei Alarm Fackeln auszustecken oder Pechpfannen zu entzünden. In den anderen Häusern wurden Lichter in die Fenster gestellt, wie auch Meister Dietz berichtet.

Trommeln und Pfeifen des Militärs und Hornrufe der Torwächter weckten die letzten Schläfer. Die Schildwachen feuerten ihre Gewehre ab, die Bürgerwehr besetzte die Stadtmauer und bei Tag wurden sofort die Tore geschlossen (bei Nacht waren sie ohnehin versperrt). Bestimmte Gruppen der Bürgerschaft versammelten sich in den öffentlichen Gebäuden, um sie vor Funkenflug und vor Plünderung zu schützen: Die Bäcker im Kornhaus, die Lehrer in der Schule, die Geistlichkeit in den Kirchen.

An der Brandstelle übernahmen inzwischen die Bürgermeister und Stadträte das Kommando. Nach der Zwickauer Brandordnung fiel dabei dem jüngsten Ratsherrn eine besonders anstrengende Aufgabe zu: Er mußte auf schnellstem Wege zum Feuerwächter auf den Turm steigen und den Brand von oben beobachten, damit er die Löschmannschaften umdirigieren konnte, wenn der Wind plötzlich drehte, oder wenn fliegende Funken ein zweites Feuer entfachten.

Die Bürger, die zur Brandbekämpfung eingeteilt waren, hatten je nach ihren beruflichen Fertigkeiten gesonderte Aufgaben zu erfüllen: Küfer und Kesselmacher mußten sich um die Fässer und Bottiche kümmern, in denen Wasser herangeschafft wurde. Wagenbauer und Fuhrleute handhabten die schweren Kufenschlitten, auf denen man sie transportierte. Die Müller hatten die Aufgabe, das Wasser der Stadtbäche zur Brandstelle zu leiten, die Schuster und Gerber waren für die ledernen Feuereimer verantwortlich und bildeten mit anderen zusammen die Eimerkette. Die eigentliche Feuerwehr rekrutierte sich vor allem aus den Zünften der Maurer und Zimmerleute, deren Handwerkszeug: Hacken, Schaufeln, Äxte, Sägen und Leitern, die besonders dringend gebraucht wurden zum Einreißen von Mauern und Dachstühlen. Schlosser und Klempner bedienten die Pumpen und Feuerspritzen, und die Kaminkehrer – an die Arbeit auf den steilen Dächern gewöhnt – standen am Kopf der Eimerketten.

Obwohl die städtischen Feuerordnungen auf diese Weise über eine ziemlich rationale Aufgabenteilung verfügten, gab es in der Praxis meistens ein katastrophales Durcheinander.

Von allen Seiten stürzten die Bürger herbei mit Leitern und Stangen, zahlreiche Pferdegespanne drängten sich in den engen Gassen, mittendurch hasteten die Bewohner der vom Feuer bedrohten Häuser, die ihren Hausrat und ihr Stallvieh wegschafften. Jeder stand jedem im Weg, Befehle gingen im allgemeinen Lärm unter und zwischen den übereifrigen Helfern kam es nicht selten zu handgreiflichen Auseinandersetzungen über die richtige Art der Brandbekämpfung, so daß beispielsweise die Prager Löschordnung von 1677 jedem, der an der Brandstelle »Streit und Händel« anfing, mit der Todesstrafe drohte.

Das Durcheinander war auch gar nicht zu vermeiden, denn der niedrige Stand der Löschtechnik, die mangelnde Ausbildung der Helfer und die geringe Wirksamkeit der Löschgeräte machten den Einsatz möglichst vieler Menschen nötig, die sich dann wiederum gegenseitig behinderten. Es dauerte jedesmal geraume Zeit, bis die Löschmannschaften einigermaßen sinnvoll zusammenarbeiteten, bis die ankommenden Wassertransporte nicht mehr durch die abfahrenden Gespanne behindert wurden, bis die Spritze aufgebaut war und die Eimerketten sich formiert hatten. Und selbst dann waren die Aussichten, das Feuer unter Kontrolle zu bekommen, nur dann einigermaßen günstig, wenn die Umstände nicht dagegen standen, das heißt, wenn es nicht zu trocken war und wenn kein Wind wehte.

Das Arsenal der Feuerlöschgeräte umfaßte in der Hauptsache die sogenannten Feuereimer, dazu kamen Handspritzen, die nach Art eines Blasebalgs oder eines großen Klistiers funktionierten, und kleinere und größere Feuerspritzen, deren Pumpen durch Hebelkraft bewegt wurden.

Die erste wirklich brauchbare derartige Feuerspritze konstruierte 1655 der Nürnberger Zirkelschmied Hans Hautsch. Sie besaß eine Pumpe mit zwei Kolben und als Neuerung einen Windkessel zum Druckausgleich. Dank dieser Vorrichtung konnte sie einen gleichmäßigen Wasserstrahl abgeben, was damals als Sensation empfunden und auf Flugblättern weit verbreitet wurde, denn aus den bis dahin üblichen Spritzen (die allerdings auch nachher noch bis zum Ende des 18. Jahrhunderts in Gebrauch waren), kam das Wasser nur stoßweise heraus, also jeweils nur dann, wenn die Kolben in Bewegung waren.

Die Hautsch'schen Spritzen gab es in verschiedenen Ausführungen. Die größten hatten bis zu 20 Mann Bedienungspersonal am Hebelwerk und konnten einen drei Zentimeter starken Wasserstrahl 20 Meter hoch spritzen. Sie hatten jedoch allesamt den Nachteil, daß sie zur Wasserabgabe nur über ein kurzes schwenkbares Rohr verfügten, das direkt über der Pumpe saß, so daß man nur vom Boden aus in die Flammen spritzen konnte. Die Wirkung war entsprechend gering.

Lederschläuche und gewebte Schläuche kamen in Deutschland erst im Lauf des 18. Jahrhunderts in Gebrauch, aber sie waren technisch so unvollkommen, daß sie bis zum 19. Jahrhundert in der Praxis kaum benutzt werden konnten. Auch die auf den Votivtafeln von Gars (1779) und Högling (1855) abgebildeten Feuerspritzen haben noch keinen Schlauchansatz, sondern nur ein Wenderohr (Abb. S. 78 und 83).

Unter diesen Umständen blieb der Feuereimer, das älteste und primitivste Löschgerät, tatsächlich bis ins 19. Jahrhundert hinein eines der wichtigsten Hilfsmittel zur Brandbekämpfung. Die Nürnberger Feuerordnung zählte 1624 in einem Geräteverzeichnis allein in den städtischen Depots über 3000 solcher Eimer. Weitere Depots wurden von den Zünften verwaltet, und auch jeder private Haushalt mußte eine bestimmte Anzahl ständig bereit halten.

Im Brandfall wurden die Eimer aus großen Bottichen, die in der Nähe des Brandherds aufgestellt waren, oder an Brunnen und Stadtbächen gefüllt und über eine Eimerkette auf die Dächer der umliegenden Häuser transportiert. Von dort aus wurde das Wasser direkt in die Flammen geschüttet, oder, wenn die Löschmannschaften nicht nahe genug herankommen konnten, mit Hilfe der Handspritzen ins Feuer gespritzt.

Bis sich die Eimerkette, in der eine ganze Mannschaft exakt zusammenarbeiten mußte, richtig eingespielt hatte, verging jedoch meist sehr viel Zeit, in der sich das Feuer ungehindert ausbreiten konnte. Und wenn eines der alten, vorwiegend aus Holz gebauten Häuser erst einmal in Flammen stand, war nichts mehr zu retten. In der Regel mußten sich die Löschmannschaften darauf beschränken, die Nachbarhäuser vor einem Übergreifen der Flammen zu schützen.

Auf den Votivtafeln von Gars ist das sehr gut zu erkennen: Die Eimerkette führt auf jenes Haus, das als einziges noch nicht von den Flammen ergriffen wurde. Die anderen vier hat man längst aufgegeben. Auch auf dem Bild von Högling ist der Wasserstrahl der Feuerspritze nicht auf das brennende Bauernhaus gerichtet, sondern auf das Schindeldach des Nachbarhauses, das man noch retten zu können glaubt.

Bei den Häusern, die bereits in Flammen standen, versuchte man lediglich, mit Hilfe langer Hakenstangen die Dachstühle einzureißen und die Mauern niederzulegen, um so das Feuer wenigstens zu dämpfen.

Eine entscheidende Rolle bei der Brandbekämpfung spielte der Wind. Schon der eingangs zitierte Meister Dietz berichtet, daß sein Haus nur deswegen gerettet worden sei, weil der Wind umschlug. Als gläubiger Christ sah er darin ganz natürlich das Wirken Gottes, aber weil er ein protestantischer Christ war, der nicht an ein Wunder glauben mochte, fand er dafür auch gleich eine passende Erklärung: Die zur Brandstelle eilenden Löschmannschaften hatten die Hoftore der rückwärts an den Dietz'schen Hinterhof anschließenden Gastwirtschaft geöffnet und dadurch einen Durchzug verursacht, der die Flammen von seinem Haus abwendete.

Das Bild oben zeigt dieselbe Brandkatastrophe, wie die Votivtafel auf Seite 77, jedoch aus einem größeren Blickwinkel, der nicht nur den Ort Gars mit der brennenden Häuserzeile umfaßt, sondern auch das benachbarte Chorherrenstift. Die nächtliche Landschaft ist in ein gespenstisches Licht getaucht. Der Widerschein des Feuers läßt die weiße Stiftskirche hell aufleuchten.

Das Feuer hatte sich mit rasender Schnelligkeit über die schindelgedeckten Dächer hin ausgebreitet. Die Bürger des Ortes und die Augustiner-Chorherren aus

dem Stift eilen zu Hilfe, ein Fuhrwerk mit einem Wasserfaß ist bereits am Ortseingang angekommen, ein zweites ist auf dem Weg. Auch die Eimerkette auf das Dach des am meisten bedrohten Hauses links außen ist schon in Gang. Die Bewohner der in Windrichtung gelegenen Häuser am rechten Bildrand dagegen müssen das Wasser mit ihren Löscheimern einzeln vom Brunnen herbeischleppen. Es war tatsächlich ein Wunder, daß diese Häuser im Funkenregen nicht ebenfalls in Flammen aufgingen.

Auch das Haus in Gars konnte nur deshalb gerettet werden, weil die Löschmannschaften den Wind im Rücken hatten, wie man auf Seite 86/87 deutlich erkennen kann. Das Feuer war im Nachbarhaus ausgebrochen und hatte in Windrichtung alle Gebäude bis zum Ende der Häuserzeile ergriffen.

Wenn am Stadtrand ein Brand ausbrach und ein starker Wind stadteinwärts wehte, der das Feuer anfachte und wie eine lodernde Riesenfackel vor sich her trieb, mußte der Bürgermeister oder der »befehlhabende Feuerherr« nicht selten zum äußersten Mittel greifen und ganze Häuserzeilen sprengen und niederlegen lassen, um eine genügend breite Bresche zu schaffen, die die Flammen nicht überspringen konnten. Kein Hausbesitzer durfte sich einer solchen Anordnung widersetzen, der Feuerherr hatte unumschränkte Befehlsgewalt, denn es gab zahllose Fälle, in denen buchstäblich eine ganze Stadt von einem Ende bis zum anderen niedergebrannt war.

Als ein Beispiel von vielen mag hier das niederbayrische Vilshofen stehen, ein Ort mit damals 1500 Einwohnern, am Zusammenfluß von Donau und Vils gelegen und von einer Stadtmauer umgeben. Fast alle Gebäude innerhalb dieses Mauerrings wurden 1794 durch eine Feuersbrunst eingeäschert.

Der Vilshofener Pfarrvikar Franz Anton Kurz hat als Augenzeuge darüber einen Bericht verfaßt, der genauere Auskunft gibt:

»Der 12. Mai im 1794sten Jahre, der vielen als ein Freudentag auf-, aber auch vielen als ein Jammertag niederging, war jener so schreckensvolle Tag, an dem die im blühendsten Wohlstande sich befindliche Stadt Vilshofen durch eine Feuersbrunst in den erbarmungswürdigsten Zustand versetzt wurde. Um zwei Uhr nachmittags schlug jene unglückliche Stunde, wo in Mitte der Stadt in der Sternwirts-Behausung Feuer ausbrach; man weiß aber nicht wie, obgleich alle möglichen Erfahrungen eingeholt wurden.«

Der Vilshofener Stadtchronist Franz Scharrer ist da jedoch anderer Meinung. Aufgrund seiner Nachforschungen erscheint die Annahme berechtigt, daß die Sternwirtin den Brand durch Fahrlässigkeit verschuldet hatte. Fünf Monate nach dem Brand ließ der Magistrat nämlich ihren Mann vorrufen und drohte ihm an, »man werde ihn in der Stadt nicht mehr gedulden und zum Verkaufe seines Anwesens zwingen«, wenn er auf sein »mit dem Feuer schlauderisch umgehendes Weib, durch welches so viele verunglückt und gegen welches wieder neue Klagen vorgekommen sind, nicht besser Obsicht habe«.

Fahrlässigkeit im Umgang mit Feuer und offenem Licht war ohne Zweifel die häufigste Brandursache. Daß sie in diesem Fall derart verheerende Folgen hatte, lag an den extremen Witterungsverhältnissen.

»Leider erhob sich ehevor von Westen her ein gewaltiger Sturmwind und eine durch mehrere Wochen anhaltende, in dieser Jahreszeit sonst ungewöhnliche Hitze hatte die Schindeln und Balken der hohen holzreichen Dachstühle zu sehr ausgedörrt. Die verzehrende Flamme verbreitete sich binnen 4 bis 5 Minuten auf beiden Seiten der Hauptgasse fürchterlich über mehrere Häuser aus, und in einer Stunde, nämlich um drei Uhr, standen schon sowohl die Wohnungen des Kollegiatsstifts, als der Bürgerschaft auf beiden Seiten der untern Stadt in lichterlohen Flammen. Um halb vier Uhr blieb auch der Uhrzeiger auf dem Pfarrturme stehen. Die Gewalt des Feuers, das mit rasender Wut sich mehr und mehr verbreitete, hob die kupferne Kuppel des Turmes zweimal in die Höhe und stürzte sie auf den Kirchhof. Von der untern bis zur obern Treppe glich der Turm einem Feuerofen; 6 Glocken zerschmolzen und des andern Tages fand man alles Uhrwerk mit der geschmolzenen Glockenspeise im Läuthaus auf der Erde vermengt.

So grausam und fürchterlich das Feuer alles um sich her verzehrte, so blieben doch die Kirche des heiligen Blasius, wie auch die Wohnhäuser des Bäckers und des

Stiegenwirts fast unverletzt stehen, nicht durch ein Wunder, wie einige fälschlich glaubten, sondern weil die vom Sturmwind zu schnell darüber getriebenen Flammen kein Holz zur Nahrung fanden, indem diese Gebäude gute Ziegeldachung hatten.«

Daß sich das Feuer mit derart unglaublicher Schnelligkeit ausbreiten konnte, hatte also seine Ursache in erster Linie darin, daß fast alle Häuser mit Schindeln gedeckt waren. Die Bürger wußten natürlich, welche Gefahr die Schindeldächer darstellten, aber eine Dachbedeckung aus Holz war eben sehr viel billiger, als eine aus Ziegeln. Nur in den größeren Städten gab es seit Anfang des 18. Jahrhunderts Anordnungen und Gebote, zumindest die Wohnhäuser mit nichtbrennbarem Material zu decken, was die Zahl der Brände dort wesentlich verringerte. In dem kleinen Ort Vilshofen aber hatte sich diese Neuerung bis 1794 noch nicht durchgesetzt, von wenigen Ausnahmen abgesehen.

»In der Stadt herrschte die größte Unordnung und Verwirrung, weil man von Seiten der Vorstädte [außerhalb der Stadtmauer] größtenteils hilflos gelassen werden mußte, indem die Einwohner der Vorstädte selbst in größter Gefahr schwebten [wegen des Funkenregens, der auf ihre schindelgedeckten Häuser niederging]. Die wütenden Flammen flogen über die Donau, zündeten den einige hundert Schritt vom jenseitigen Ufer entfernten Winklhof an und äscherten ihn ein, während sein Besitzer eben der bedrängten Stadt zu Hilfe eilte.

Man kann sich bei so traurigen und gefahrvollen Umständen leicht einbilden, welches Geschrei, welcher Jammer der Eltern mit dem Gewimmer der Kinder vermischt und welche Unordnung in und außer der Stadt geherrscht haben. Da flüchteten Männer und Weiber mit ihren Kindern und mit den wenigen in aller Eile zusammengerafften Habseligkeiten in die Vorstädte, deren Einwohner selbst sich bereit hielten, das Ihrige fortzuschaffen; dort eilte man mit Vieh, mit Wagen, auf welche Hausfahrnisse geladen und die teils mit Pferden, teils mit Menschen bespannt waren, auf allen Straßen, wo jeden Augenblick den flüchtenden Kranken und Presthaften, den wankenden Greisen und schreienden Kindern neue Gefahren drohten.

So erbärmliches Aussehen der untere Teil der Stadt darbot, blieb doch die Hoffnung, daß der obere Teil der [inneren] Stadt gerettet werde. Schon war es 6 Uhr abends und stand dort noch kein Haus in Flammen, weil immer der Wind gegen Nordost wehte. Allein, da die vielen Scheunen und Stallungen und andere Behältnisse teils durch die brennenden Wohnungen der unteren Stadt, teils durch die Dachungen der Stadtmauer angezündet wurden, so ergriff die Flamme auch die Häuser der oberen Stadt. Bis 12 Uhr nachts glich Vilshofen einem Steinhaufen.«

Innerhalb von zehn Stunden war also eine ganze Stadt mit zahlreichen öffentlichen Gebäuden und 100 Wohnhäusern niedergebrannt, obwohl im Laufe des Brandtages Löschmannschaften aus allen umliegenden Orten, ja selbst aus der 25 Kilometer entfernten Stadt Passau zu Hilfe geeilt waren. Die meisten Einwohner, die nur einen geringen Teil ihrer Habe hatten retten können, standen vor dem Ruin und waren allein auf das Mitleid und die Hilfsbereitschaft ihrer Nachbarn und Landsleute angewiesen.

In öffentlichen Bittbriefen wandten sie sich an den Adel, die Geistlichkeit und die Bürger des Landes und baten in einem gesonderten, als Flugblatt gedruckten »Ansuchen« auch die bayerische Bauernschaft um Unterstützung:

»Auf dich, geliebte Bauernschaft unsers Vaterlandes Baiern! Auf dich setzen wir große Hoffnung in unserem gegenwärtigem Elend; du weißt es am Besten, daß es um Armuth, und ein kümmerliches Leben eine harte Sache ist; du hast selbst Haus und Hof, und begreiffst es also, wie wehe es thut, wann uns unser Alles so vor den Augen

»Im Jahre 1840 am 17ten July früh zwischen 2 und 3 Uhr, hat sich ganz unvermuthet in den hiesigen Markte Gars, aus unerforschlichen Urtheile des gerechten Gottes, eine so schaudervolle Feuersbrunst erhebt, daß in wenigen Stunden 3 Häuser mit allen Zu- und Nebengebäuden, nebst vielen Hausgeräth, ein Raub der wüthenden Flammen geworden. In dieser großen Angst, und Schröcken, nahmen viele Einwohner, und Bürger, ihre Zuflucht zu der seel. Gottes-Mutter, und dem großen Pfarspatron, den heil. M. Felix, und das wüthende Feuer wurde von den Gefahrstehenden Markt abgewendet. Diese Tafl verewigt nun die große Gefahr, so wie das große Wunder, und Gnade des unendlich großen Gottes; Ihm sey Ehre, Lob und Preis, und seiner heil. Mutter, und dem heil. Felix, sey ewig Danck gepriesßen!!!«

61 Jahre nach der Brandkatastrophe, die auf den Votivtafeln auf S. 77 und S. 86/87 abgebildet ist, wurde der kleine Ort Gars erneut von einer gefährlichen Feuersbrunst bedroht. Der Maler dieses Bildes hat sich bei der Darstellung der Löscharbeiten nicht so viel Mühe gegeben, wie sein Vorgänger, aber auch so läßt sich ganz gut erkennen, daß die Löschtechnik in der Zwischenzeit keine Fortschritte gemacht hatte. Auch im Jahre 1840 war der lederne Löscheimer noch immer das wichtigste Gerät bei der Brandbekämpfung, und nach wie vor mußte das Wasser in großen Fässern und Schaffen herbeitransportiert werden, wenn der Brunnen auf dem Marktplatz nicht genug hergab. Nur eines fällt auf: Die Augustinerchorherren fehlen bei den Löscharbeiten. Sie waren im Zuge der Säkularisation 1803 aus ihrem Kloster vertrieben worden.

in Flammen aufgehet ... Darum bitten wir euch nur, daß ihr etwas weniges an Geld oder Getraide, so viel halt jeder will, und gar leicht entbehren kann, uns schenken möget.«

Der Spendenaufruf fand unerwartet großen Widerhall. Der Landesherr bewilligte eine größere Summe und gab Bauholz für den Wiederaufbau. Klöster und adelige Herren, viele bayerische Städte, die Nachbargemeinden und die Bauern der Umgebung schickten Geld und Lebensmittel. Sogar der Kaiser, der auf seinem Weg nach Wien fünf Wochen nach dem Brand durch die zerstörte Stadt kam, stiftete spontan 4000 Gulden (1 Gulden = ca. 50 DM). »Da sieht es sehr übel aus!« soll er mehrmals geäußert haben, als er sich während des Pferdewechsels die Verwüstungen ansah.

Durch die zahlreichen Spenden konnte wenigstens ein Teil des Brandschadens, der sich auf genau 673 251 Gulden belief, ersetzt werden.

Den Menschen des Mittelalters erschien das Feuer als eine Strafe des Himmels. Gott ließ den Blitz herniederfahren, der ohne Unterschied das Standes Burgen und Kirchtürme, Bürgerhäuser und Bauernhöfe traf und in Flammen aufgehen ließ. Gott schickte den Wind, der das Feuer anfachte und jeden Löschversuch vereitelte. Folgerichtig empfahlen die Feuerordnungen jener Zeit den Bürgern als wirkungsvollste Mittel zur Verhütung von Bränden: Fleißiges Beten und einen gottgefälligen Lebenswandel. Und auch bei der Bekämpfung des Feuers wurde das Gebet für mindestens ebenso wichtig erachtet, wie der Löscheimer.

In dieser Einstellung äußert sich nichts anderes als die Ohnmacht vor der Gewalt des Feuers. Wo die Löschgeräte nicht ausreichten, suchte man seine Zuflucht bei Gott und seinen himmlischen Helfern. Nicht selten auch in mehr oder weniger abergläubischen Praktiken.

Über jedes neugebaute Haus wurde ein Feuersegen gesprochen. Dreimaliges Umreiten sollte die Brandgefahr bannen. Auf das Dach wurde ein Wagenrad gesetzt, das Störche anlocken sollte, denn Störche galten als Feuerabwender. Durch Heiligenbilder und Wandsprüche suchte man den Schutz der Heiligen auf das Haus zu ziehen, wobei der dafür zuständige St. Florian manchmal auf recht rüde Weise angegangen wurde:

»Dies Haus steht in Sankt Florians Hand.
Verbrennt's, so ist's ihm seine Schand.«

War ein Gewitter im Anzug, wurden die Kirchenglocken geläutet und der Pfarrer zog mit der Monstranz der Wetterwand entgegen. Die Gemeinde folgte ihm singend und betend in einer Art Prozession.

Hatte der Blitz eingeschlagen, wurde das Feuer besprochen in einer Mischung aus Gebet und Beschwörung:

»Feuer stehe still!«
Um Gottes Will!
Feuer stehe still in deiner Glut!
Wie Christus der Herr gestanden in seinem
rosenfarbnen Blut!
Amen! Amen! Amen!«

Dazu läuteten weiter die Kirchenglocken und der Pfarrer streckte die Monstranz dem Feuer entgegen.

1772 schrieb der englische Komponist Charles Burney, der auf einer Floßreise von München nach Wien in Freising von einem Gewitter überrascht wurde:

»Man kann's ihnen nicht ausreden, die Glocken zu läuten, wenn es donnert, und noch weniger sie dahin bringen, daß sie auf ihren öffentlichen Gebäuden Blitzableiter setzen. Dabei sind die Gewitter hier so gefährlich, daß das vergangene Jahr im Kurfürstentum Bayern nicht weniger als dreizehn Kirchen dadurch verheert worden sind. Diese Erinnerungen nun waren eben nicht sehr geschickt, mich zu beruhigen. Die ganze Nacht hindurch bimmelten die Freisinger mit ihren Glocken und erinnerten mich dadurch an ihre Furcht und die wirkliche Gefahr, in der ich schwebte.«

Der erste Blitzableiter in Deutschland war erst drei Jahre vorher installiert worden: Auf dem Turm der Jacobikirche in Hamburg. Aber allgemein setzte er sich erst ab der 2. Hälfte des 19. Jahrhunderts durch, als die neugeschaffenen Feuerversicherungs-Anstalten auf den Einbau drängten.

Bis dahin hatte es jedoch schon zahlreiche andere Neuerungen gegeben, die die Feuersgefahr wesentlich minderten: Die Städte hatten sich von ihren Mauerringen befreit, wodurch die enge Bebauung aufgelockert werden konnte, die Dachschindeln wurden mehr und mehr durch Ziegel ersetzt und in der Löschgerätetechnik gab es viele Verbesserungen, vor allem bei den Spritzen und Schläuchen.

Trotzdem kam es noch einmal zu einem verherrenden Stadtbrand, der alles bisherige weit übertraf: Im Frühjahr 1842 brach in der Hamburger Altstadt ein Feuer aus, das innerhalb von vier Tagen ein Drittel der Stadt mit über 4000 Gebäuden vernichtete und 20 000 Menschen obdachlos machte.

Nicht zuletzt diese Brandkatastrophe sorgte dafür, daß sich einige Stadtväter Gedanken machten über die Notwendigkeit einer ausgebildeten Feuerwehr.

Es hatte Vorläufer schon im 17. Jahrhundert gegeben, beispielsweise in Dresden, wo 1662 eine ständige Brandwache eingerichtet wurde. Jeweils 30 Bürger standen jede Nacht in Bereitschaft, um sofort eingreifen zu können, wenn vom Turm Alarm geblasen wurde. Sie leisteten eine Art Schichtdienst, der täglich wechselte und zu dem jeder einmal im Monat eingeteilt war. Solche Brandwachen wurden nach und nach in allen größeren Städten aufgestellt.

Anfang des 19. Jahrhunderts nahmen dann in einigen Großstädten die Brandversicherungen das Feuerlöschwesen in die Hand. Der Schichtdienst wurde abgeschafft und eine feste Mannschaft aufgestellt. Sie rekrutierte sich zum größten Teil aus städtischen Arbeitern, die alle einen festen Beruf ausübten, aber zusätzlich für ihre Feuerwehrdienste besoldet wurden. Im Brandfall rannten sie von ihren Arbeitsplätzen oder Wohnungen zu den Gerätedepots, und ihr Diensteifer wurde dadurch angespornt, daß diejenigen Spritzenmannschaften, die als erste an der Brandstelle erschienen, eine Belohnung erhielten.

Alle diese Brandwachen hatten jedoch den Nachteil, daß ihr Personal nicht eigens ausgebildet war und deshalb nur schlecht zusammenarbeitete.

Der erste, der in Deutschland diesen Nachteil erkannte und eine aufeinander eingespielte Feuerlöschtruppe zusammenstellte, war ein Baumeister aus dem badischen Durlach, der sich mit einigen Mitbürgern – die meisten von ihnen Mitglieder des örtlichen Turnvereins – zusammentat und nach gründlicher Vorbereitung 1846 zum ersten Mal eine öffentliche Löschübung veranstaltete. Wenige Monate später brach im benachbarten Karlsruhe ein Theaterbrand aus und die Durlacher konnten sich in der Praxis bewähren. Sie taten es mit so viel Erfolg, daß die Karlsruher augenblicklich nachzogen und ebenfalls eine Feuerwehr gründeten. Und von da an folgte eine Stadt nach der anderen dem Durlacher Vorbild.

1851 wurde in Berlin die erste Berufsfeuerwehr aufgestellt. 1869 gab es allein in Bayern schon 300 Wehren mit 30000 Mitgliedern. Zwei Jahre später waren es schon doppelt so viele.

Der heilige Florian konnte sich langsam zur Ruhe setzen.

Ausschnitt der Votivtafel von Gars S. 78

*Der siebend May ein übles Geschrei
Zu Zangenhausen machte,
Da nämlich's Feuer ganz ungeheuer
Uns großen Schrecken brachte.*

*Maria war in dieser Gfahr
Ein Trost der höchst betrübten,
St. Florian und St. Johann
Barmherzigkeit da übten.*

*Denk nun daran oh Weib, oh Mann,
Denkets ihr kleinen Kinder,
Seid nit so blind, meidet die Sünd,
Scharf strafet Gott die Sünder.*

In der Zeit vor der Aufklärung wurde jeder Brand ganz allgemein als Strafe Gottes empfunden, weshalb man die Mahnung »meidet die Sünd!« durchaus als ein Mittel der vorbeugenden Brandbekämpfung ansehen kann. Vor allem für die Landpfarrer war jedes Feuer ein willkommener Anlaß für eine wirkungsvolle Moralpredigt. Das galt nicht nur im Falle eines Blitzschlags, sondern auch dann, wenn die Brandursache eindeutig auf menschliche Fahrlässigkeit zurückzuführen war.

In dem Dorf Zankenhausen nördlich des Ammersees war im Jahre 1706, in der Zeit des Spanischen Erbfolgekrieges, eine österreichische Kavallerieeinheit einquartiert. Es war damals üblich – wenn eine siegreiche Armee das Land des Feindes besetzte – daß die Fußtruppen in den befestigten Städten untergebracht wurden, und die Kavallerie auf den Dörfern. Die schnellen berittenen Einheiten konnten das flache Land besser kontrollieren, und außerdem war dort die Versorgung der Pferde einfacher. Die Bauern allerdings hatten davon einen doppelten Schaden: Sie mußten nicht nur die hohen Ansprüche der Kavalleristen befriedigen, sondern sie hatten auch noch deren Übellaunigkeit auszubaden. Denn es ist verständlich, daß sich die Herren Husaren und Dragoner auf dem Land entsetzlich langweilten.

So entstand auch der Brand in Zankenhausen: Einige Soldaten begannen aus Langeweile auf Tauben zu schießen, ein Schindeldach fing Feuer, durch Funkenflug wurden andere Dächer entzündet und schließlich waren mehrere Höfe und Stadel bedroht. Diesen Augenblick höchster Gefahr für das ganze Dorf hält die Votivtafel fest: Die Bauern versuchen verzweifelt zu löschen, während die Soldaten – kenntlich an den grauen Waffenröcken und den roten Hosen – keine Hand rühren. Sie schauen zu und haben offensichtlich ihren Spaß an dem Schauspiel.

Zu den Abbildungen Seite 96 und 97:
Die Sendlinger Bauernschlacht, bei der am ersten Weihnachtsfeiertag 1705 vor den Toren Münchens über tausend Männer aus dem bayerischen Oberland ihr Leben verloren, war nur ein unbedeutendes Ereignis im weltweiten Kriegsgeschehen des Spanischen Erbfolgekrieges, aber in Oberbayern hinterließ sie einen so gewaltigen Eindruck, daß die Erinnerung daran noch heute lebendig ist. Allerdings wurde die Rolle der Bauern dabei im Lauf der Jahrhunderte immer mehr heroisiert. Die auf den Seiten 96/97 abgebildete Votivtafel, die nach den Angaben von vier Augenzeugen gemalt wurde, vier »unverheirateten Männern« aus dem Isarwinkel, zeigt, was die Schlacht in Wirklichkeit gewesen war: Ein furchtbares Gemetzel.

Das Bild illustriert jene zweite Phase der Schlacht, als einer der Bauernhaufen, der die ganze Nacht auf freiem Feld zwischen der Isar und der Münchner Stadtmauer zugebracht hatte, im ersten Morgengrauen von kaiserlicher Infanterie und Kavallerie in die Zange genommen wurde. Die Bauern leisten keinerlei Widerstand, und wie man an den weggeworfenen Waffen sehen kann, war ihre Ausrüstung auch derart mangelhaft, daß sie gegen die in Linie vorrückende Infanterie sowieso nichts hätten ausrichten können.

Die meisten werden zusammengeschossen, einige – zum Teil mit schweren Verwundungen – gefangen genommen. Wer zu flüchten versucht, wird von der Kavallerie verfolgt und niedergemacht, viele ertrinken im eisigen Wasser der Isar. Nur wenige entkommen (siehe auch Abb. S. 112).

Die nebenstehende Abbildung zeigt einen Ausschnitt aus einer zwei mal eineinhalb Meter großen Votivtafel, die ebenfalls aus der Zeit des Spanischen Erbfolgekrieges stammt und die Kriegserlebnisse des Pfarrers Sebastian Öfele aus Mainburg bei Landshut schildert. Am Format des Bildes läßt sich das Ausmaß der Angst abschätzen, die er ausgestanden hat.

Am 19. Juli 1704 kam ein Trupp österreichischer Husaren auf einem Plünderungszug in den kleinen unbefestigten Ort Mainburg und forderte nach damals üblichem Kriegsbrauch ein sogenanntes Brandschatzungsgeld. Der Pfarrer, der Bürgermeister und ein weiterer Bürger bringen die geforderte Summe am nächsten Tag in das knapp 30 Kilometer entfernte Reichertshofen, wo die Husaren offenbar ihre Operationsbasis hatten. Sie lösen zwei Geiseln aus und reiten am folgenden Morgen zu fünft nach Mainburg zurück. Unterwegs schließen sich einige andere Reisende an und die Gruppe kommt unbehelligt bis kurz vor die Stadt. Dort aber geraten alle zusammen neuerdings einer Husaren-Abteilung in die Hände (untere Bildhälfte – die Buchstaben verweisen auf die entsprechenden Passagen im Bildtext: siehe S. 168/69). Sie werden sofort gefangengenommen und zu Fuß mitgeschleppt in ein Waldgelände, wo die Husaren alle Vorbereitungen zu einer Exekution treffen (obere Bildhälfte). Das Schauspiel dient natürlich nur dem einen Zweck, Lösegeld zu erpressen, und als der Bürgermeister die Zahlung verspricht, werden alle freigelassen bis auf einen: Der Pfarrer muß als Geisel bei den Husaren zurückbleiben. (Die Fortsetzung seiner Geschichte findet sich auf den Seiten 104 ff.)

Kriegsgefahr

»Das 1703. Jahr ist jener empfindliche Zeitlauf, in welchem die väterliche Hand Gottes ein traurige Straf-Ruten gezücket, und unseren Bayern einen sehr schweren Streich versetzt. Eine benachbarte, damals feindliche Macht eroberte mit bewaffneter Hand innerhalb einer kurzen Zeit-Frist das ganze Vaterland; der obsiegende Soldat, obwohl er glaublich das Interdictum oder Verbot, von gewaltsamem Antasten abzustehen, wird gehabt haben, ließe sich dennoch von seinem Oberhaupt in keine gebührende Schranken bringen; wie sich dann um das 1704. Jahr die Husaren von Land-verderblichen Streifereien und nachteiligen Vieh-Rauben keineswegs enthalten. Ein Zeuge dessen ist Conrad Läschinger von Schwarzenstein, dem solches feindliches Plündern nicht wenig Sorg und Schrecken eingejagt, in Betrachtung, daß bald da, bald dort das liebe Vieh, das den größten Reichtum der Einwohner ausmacht, fremdem Raub zur Beute werde. In diesen Troublen dann setzte Conrad Läschinger sein zuversichtiges Vertrauen zu unserer Bogenbergischen Schutz-Mutter, mit dem Gelübd, ein Stücklein Vieh zum beliebigen Diensten Mariae zu widmen, sofern seine Herde nicht sollte in die Gewalt der Feinde geraten. Der verbitterte Kriegsknecht nun trieb in der Schwarzensteinischen Gegend alles Vieh von der Weide hinweg und [es] war sowohl zuhaus; als auf dem Feld wenig Sicherheit; dennoch blieb die Herde Conrad Läschingers ohne mindeste Betastung. Die Soldaten gingen zwar auch rings um das Vieh unseres Marianischen Bauersmannes herum; allein kein Stücklein Vieh berührten sie, nicht anders, als wenn sie ein heimlicher Gewalt von dem Rauben abhielte, oder ihre Augen, das Vieh Conradi Läschingers nit wahrzunehmen, ein dicker Nebel verfinsterte.«

Der Krieg, von dem in diesem Mirakelbericht aus Bogenberg an der Donau die Rede ist, wird in den Geschichtsbüchern unter dem Namen »Spanischer Erbfolgekrieg« geführt. Er dauerte von 1701 bis 1714 und wurde ausgelöst durch den Tod des spanischen Königs Karl II., der im Jahre 1700 starb. Karl II. war ein infantiler Krüppel gewesen, bei dem man hatte voraussehen können, daß er keine Nachkommen hinterlassen würde (eine Folge der habsburgischen Verwandtenehen).

Der König von Frankreich und der Kaiser in Wien hatten sich deshalb nach der damals üblichen Heiratspolitik rechtzeitig mit seinen beiden Schwestern vermählt, und der bayerische Kurfürst Max Emanuel hatte eine Nichte geheiratet. Jetzt gab es drei Anwärter, die Ansprüche auf den Thron des spanischen Weltreichs erhoben.

Max Emanual verbündete sich mit Ludwig XIV. von

Diese beiden Abbildungen setzen die Geschichte des Pfarrers Öfele aus Mainburg von Seite 98/99 fort, der von einer Abteilung Husaren zur Erpressung eines Lösegeldes als Geisel gefangengehalten worden war. Das Lösegeld sollte bis zum nächsten Morgen in das Lager des Husarentrupps gebracht werden. Als es nicht rechtzeitig eintraf, nahmen die Husaren, die sich auf ihrem Beutezug nicht aufhalten lassen wollten, die Geisel kurzerhand mit. Der arme Pfarrer mußte die wilde Jagd von Dorf zu Dorf mitmachen und dabei blieb ihm als besonders schreckliches Erlebnis ein einstündiger Galoppritt in Erinnerung, den er gefesselt zwischen zwei Husaren mitmachen mußte. Die Soldaten hatten sich dabei noch einen zusätzlichen Spaß daraus gemacht, ihn mit der Muskete zu bedrohen (linke Seite).

Gegen Abend kam der Husarentrupp in das kleine Dorf Gebrontshausen, zehn Kilometer südwestlich von Mainburg. Dort wurde der Pfarrer außerhalb des Ortes auf einer frischgemähten Wiese festgehalten, während die Husaren bei den Bauern Beute zu machen versuchten (rechte Seite). Der Soldat, der ihn bewachte, versetzte ihm bei dieser Gelegenheit einen »über die Maßen gefährlichen Schwertstreich«. Wahrscheinlich hat er ihm einen Schlag mit der flachen Klinge übergezogen, aus Wut darüber, daß er wegen seiner Bewachungsaufgabe nicht an der Plünderung teilnehmen konnte.

(Fortsetzung auf S. 102/103)

Frankreich gegen Kaiser Leopold, dem sich wiederum die meisten anderen Fürsten des Deutschen Reiches anschlossen, dazu die Niederlande, Portugal, Dänemark und England, das das Gleichgewicht der Mächte auf dem Kontinent bedroht sah.

Natürlich wußte der Bauer Conrad Läschinger aus dem Bayerischen Wald nichts von den politischen Hintergründen des Krieges, er kannte nicht die weitreichenden dynastischen Pläne der Herrscher und auch mit seinem Landesherrn verband ihn keinerlei patriotisches Gefühl. Er erlebte den Krieg eher wie eine plötzlich hereinbrechende Naturkatastrophe als eine Folge von Plünderungen und Brandschatzungen, gegen die es keine Hilfe gab, außer bei Gott und seinen Heiligen.

Wir kennen die Kriege der absolutistischen Fürsten von den großartigen Schlachtenbildern ihrer Hofmaler, die heute noch in den Barockschlössern zu bewundern sind. Sie zeigen die berühmten Feldherren der Zeit – von Turenne bis zu Friedrich dem Großen – hoch zu Roß vor dem gewaltigen Panorama ihrer in exakter Schlachtordnung aufmarschierenden Heere in farbenprächtigen Uniformen, wie auf einer riesigen Theaterbühne.

Die Votivtafeln und Mirakelberichte geben ein anderes Bild: Sie zeigen die Schrecken der Schlachtfelder und die Drangsale, die die Zivilbevölkerung erdulden mußte. Sie zeigen den Krieg aus dem Blickwinkel derer, die unter ihm zu leiden hatten.

Die großen Landesherren hatten nach dem Dreißig-

Nach dem Zwischenfall in Gebrontshausen wurde der Mainburger Pfarrer Öfele noch vier Tage lang von den Husaren als Geisel mitgeschleppt. Als das versprochene Lösegeld dann noch immer nicht eingetroffen war, wurden sie ungeduldig. Am Stadtrand von Wolnzach machten sie Halt, fesselten den Pfarrer »unaussprechlich hart« und bedrohten ihn mit Erschießung, eine Szene, die wiederum eindeutig gestellt und auf die Bürger der Stadt gemünzt war, die in großer Zahl zusammengelaufen kamen (linke Seite). Die Husaren rechneten offenbar darauf, daß die Wolnzacher ihren Mainburger Nachbarn eiligst Nachricht geben, oder das Lösegeld womöglich selbst auslegen würden, wenn sie den Pfarrer nur grob genug behandelten. Tatsächlich versprachen die Bürger auch, die verlangte Summe bis zum nächsten Tag früh um sechs Uhr beizubringen.

jährigen Krieg damit begonnen, stehende Heere aufzustellen, um ihren Machtansprüchen auch in Friedenszeiten Nachdruck verleihen zu können. Der Unterhalt dieser stehenden Heere war ungemein kostspielig. Das dafür benötigte Geld ließen die Landesherren bei den Untertanen eintreiben: Über eine gesonderte Kriegssteuer. Die wurde in Krisenzeiten jeweils kräftig angehoben. In Bayern Anfang 1702 beispielsweise um das Dreifache.

Dazu kamen noch Natural-Abgaben von Korn, Lebensmitteln und Viehfutter, dazu Sondersteuern auf Getreide. Außerdem requirierten die Beauftragten der Armee im ganzen Land Pferde für die Kavallerie und den Troß und verlangten, über das normale Soll hinaus, die Stellung und Ausrüstung von Soldaten sowohl für die regulären Truppen, wie für die Landmiliz, die zur Bewachung der Grenzen und der Festungen im Lande eingesetzt wurde.

Die stehenden Heere jener Zeit rekrutierten sich aus Freiwilligen, die von den Werbeoffizieren der einzelnen Regimenter im In- und Ausland angeworben wurden (das Heer Friedrichs des Großen beispielsweise bestand bis zu zwei Dritteln aus Ausländern), und aus ledigen Bauern- und Bürgersöhnen, die man im Lande zwangsweise aushob.

Es war keineswegs einfach, genügend Mannschaften zu bekommen, denn der Berufssoldat lebte alles andere als angenehm. Die Dienstzeit war unbegrenzt, der Sold

Der Pfarrer sah diesem Termin mit wenig Hoffnung entgegen, aber als er am nächsten Morgen wieder in die Stadt gebracht wurde, kam ihm kurz vor dem vereinbarten Treffpunkt eine Dragonerabteilung entgegen, die ihn befreite.

minimal. Ein gemeiner Soldat bekam bei freier Unterkunft und Verpflegung im Monat ganze eineinhalb Gulden auf die Hand – rund 75 Mark nach heutigem Geld.

Auf dem Exerzierplatz herrschte ein unmenschlicher Drill und auch das Privatleben war reglementiert: Ohne Zustimmung des Kommandeurs durfte der Soldat nicht einmal heiraten.

Die Regimentswerber mußten mit Tricks und Drohungen und falschen Versprechungen arbeiten, um ihre Sollzahlen zu erreichen, und die Rekruten wurden in den meisten Fällen mit Gewalt zum Dienst gepreßt.

Eine solche Truppe ließ sich nur durch drakonische Strafen zusammenhalten. Selbst kleine Vergehen wurden mit mehrmaligem Spießrutenlauf durch eine Gasse von 200 bis 400 Soldaten geahndet. Auf Desertion stand in der Regel die Todesstrafe. Trotzdem stieg die Desertionsrate in manchen Regimentern auf zehn Prozent und mehr. In Aufkirchen am Starnberger See hängt eine Votivtafel, die von einem solchen Deserteur gestiftet worden ist. Die Inschrift erzählt folgende Geschichte:

»Anno 1705 ist Andreas Michel von Leutstetten gebürtig, als Muscadierer unter Herrn General Kriechbaum in dem Markt Ried unterlands Bayern wegen Desertion-Verbrechen mit drei anderen Kameraden um das Leben zu spielen condemniret worden. Hat sich demnach in seinen äußersten Nöten [der Muttergottes von Aufkirchen verlobt...], welche ihn erhöret, daß er seine Kameraden um ein Aug mit den Würfeln hingespielet. Hiermit das Leben salviret, die anderen wurden auf der Stell erschossen.«

Auch viel Gesindel fand Zuflucht bei den Soldaten oder rettete sich vor dem Gefängnis in den Militärdienst: Polizeilich gesuchte Verbrecher, entlaufene Sträflinge, aufgegriffene Landstreicher und gescheiterte Existenzen. Eine preußische Verordnung empfahl noch 1787 ausdrücklich, entlassene Zuchthäusler zum Militärdienst einzuziehen.

Wenn man alles zusammennimmt, kann man sich ungefähr ausmalen, wie eine derartig wild zusammengewürfelte Soldateska unter der Zivilbevölkerung hauste.

Das begann schon im eigenen Land, wo die Truppen in Städten und Dörfern einquartiert waren. Kasernen wurden erst seit dem Ende des 17. Jahrhunderts allmählich eingerichtet. Bis dahin mußten Bürger und Bauern die Soldaten in ihren Privathäusern unterbringen und verköstigen. Der Hauswirt bekam dafür zwar jeweils eine Entschädigung, die aber nur selten die Kosten deckte, zumal in Kriegszeiten die Lebensmittelpreise jedesmal gewaltig anstiegen.

Und wie sich die Truppe während der oft monatelang andauernden Einquartierung aufführte, schildert mit bewegenden Worten der preußische Feldscherer und Bader-Meister Johann Dietz in seinen Lebenserinnerungen vom Anfang des 18. Jahrhunderts:

»Wir sind leider nun mit harter Einquartierung beleget worden. Und da habe ich auch viel Drangsal von Soldaten, Unteroffizieren und deren Weiber ausgestanden. Insonderheit, weil mich meine Frau in der ganzen Stadt vor einen sehr reichen Mann von vielen tausend Thalern ausgeschrien. Daher die Soldaten bei mir alles vollauf haben wollten. Wann das nun nicht erfolgete, thaten sie mir allen Tort und Herzeleid. Und ist nicht zu beschreiben, wie sie mich gequälet haben und noch quälen.

Alter Schelm! alter Spitzbube! alter Racker! alter verfluchter Geizteufel! sind meine besten Titul; meine Kinder werden von ihren Kindern gestoßen und geschlagen; alles unter der Hand weg; die Stuben vom starken Heizen in Brand gesteckt; den Garten verwüst und die Bäume mit Urin, ja damit den Boden und Stube überschwemmt; salvo honore vor meine Stube hofieret, vor und in die Küche, vor den Ofen, da ich ihnen habe einheizen und darein knien müssen; Spiegel und Ofen zersprengt; Schüssel und Töpf entzweigeschlagen, zum Fenster nausgeworfen; aus meiner Küche mit Gewalt andere genommen, und was ihnen angestanden von kupfernen und irdenen Tiegeln und Töpfen und Feuerzeug; die Betten des Morgens lassen aus dem Hause tragen, Federn ausrappen etc. Trotz, daß ich ein Wort sagen dürfen, gleich mit dem Pallasch überloffen [mit dem Säbel gedroht].

Sechsundzwanzig Hühner und Truthühner sind mir in einer Nacht gestohlen, die Köpfe in'n Garten geschmissen; wie ich hernach erfahren: Kindtauf dabei gemacht!

Einen Monat habe ich ihnen Holz, Öl, Salz, Essig, Pfeffer, Schwefel etc. in großer Menge geben müssen. Davon haben sie so viel Vorrat gesammelt, daß sie den andern Monat gnug gehabt. Da haben sie Geld vor Servis zwanzig Groschen und mehr des Monats erpreßt, wann ich Friede und Ruhe haben wollen.

Sind nicht zufrieden gewesen mit guten Bette und Kammer; sondern habe sie in meine Wohnstube einlegen müssen. Da haben sie ... zur Dankbarkeit, wenn ich ihnen bei Gelegenheit Wein Bier und Braten gab, mitten in die Stube hofieret und die Fenster eingeschlagen; wie der Unteroffizier Wangenheim mir getan.«

So wurden die Bürger also von den eigenen Soldaten traktiert. Es läßt sich ahnen, was sie auszuhalten hatten, wenn ihre Stadt von feindlichen Truppen besetzt war.

Die Wunschträume jedes Soldaten konzentrierten sich damals ganz allein darauf, bei einem Feldzug in ein reiches Land ungehemmt Beute machen zu können. Johann Dietz hatte 1686 als Feldscherer in einem brandenburgischen Regiment am Türkenfeldzug teilgenommen, bei dem sich auch bayerische Truppen unter Max Emanuel auszeichneten. Er schildert in seinen Lebenserinnerungen ein Gefecht, in dessen Verlauf eine türkische Abteilung umzingelt und niedergemacht wurde, und beschreibt dann, bis zu welchem Ausmaß sich die Beutegier der Soldaten steigerte:

»Wurde auch keiner bei dem Leben gelassen, sondern alle massakriert und meist die Haut abgezogen, das Fett ausgebraten und die membra virilia abgeschnitten und große Säcke voll gedörret und aufbehalten. Als woraus die allerkostbareste ›mumia‹ gemacht wird. [Nach dem Arzt Paracelsus ein besonders wirksames und entsprechend wertvolles Heilmittel.] Sie wurden auch meistens aufgeschnitten und die Eingeweide durchsuchet, ob etwa Dukaten verschlucket gefunden würden... Ich hätte mein Glück machen können, so ich in meinem Zelte geblieben, bei welchem zwei Bassen (welches vornehme General untern Türken) totgeschossen wurden, welche ich in dem Tumult ganz wohl hätte ins Zelte ziehen und ausplündern können... Ich mußte hernach ansehen, daß zwei oder drei kaiserliche Reiter die beiden Bassen bei meinem Zelte auszogen und an Goldbörschen und anderm gute Beute machten. Ich kam dazu und wollte auch mit teilnehmen. Allein die Kerl gechten mich, als einen jungen Menschen, mit auf die Brust gesetztem Stilett bald davon, sagend: ›Du etc. wir haben die totgeschossen, und du wolltest Beute haben?‹«

Der gleichen hemmungslosen Beutegier war auch die Zivilbevölkerung ausgesetzt. Dabei standen die Offiziere den einfachen Soldaten in nichts nach, und auch den kriegführenden Landesfürsten ging es nur darum, so viel Geld wie nur irgend möglich aus dem besetzten Land herauszupressen.

Die Taktik der Feldherren zielte deshalb zuallererst dahin, das eigene Heer möglichst schnell in das Land des Feindes einfallen zu lassen. Im Spanischen Erbfolgekrieg war das nicht anders.

Kurfürst Max Emanuel besetzte die freien Reichsstädte Ulm und Memmingen. Daraufhin fielen kaiserliche Truppen Anfang 1703 aus Sachsen und Böhmen in die Oberpfalz ein und begannen die Dörfer zu plündern, wie der Mirakelbericht vom Anfang dieses Kapitels beschreibt. Im März erschien ein österreichisches Heer unter dem Feldmarschall Schlick in Niederbayern, zog plündernd im Lande umher, und forderte unter anderen auch die Stadt Vilshofen zur Übergabe auf.

Die größeren Städte waren damals noch durchweg befestigt, und die Bürger einer belagerten Stadt hatten jeweils die Wahl, entweder die Tore zu öffnen und dem Feind eine sogenannte Brandschatzung zu zahlen, also eine Art Lösegeld, durch das eine echte Brandschatzung abgelöst wurde. Oder die Übergabe abzulehnen, was das Risiko in sich barg, daß die Stadt durch glühende Kanonenkugeln in Brand geschossen, und nach einer Eroberung von den Soldaten vollends geplündert und in Schutt und Asche gelegt wurde. Meist entschieden sich die Bürger für die erste Lösung. Nicht selten zwangen sie die Garnisonskommandanten sogar mit Gewalt zur Kapitulation.

Die Vilshofener hielten es nicht anders: Sie retteten lieber ihre Stadt und zahlten 21000 Gulden (allerdings eine riesige Summe für den nur 1400 Einwohner zählenden Ort). 17000 Gulden gingen an die österreichische Kriegskasse, 3000 an den Feldmarschall und 1000 an seine obersten Offiziere. Nicht eingerechnet dabei sind die Kosten für Unterbringung und Verpflegung der Truppe und das, was Soldaten und Offiziere sonst noch von den Bürgern erpreßten. Allein der Generalstab machte innerhalb dreier Tage beim Gastwirt zur Krone eine Rechnung von 737 Gulden.

Ein halbes Jahr später kam ein zweites österreichisches Heer vor die Stadt und verlangte noch einmal 50000 Gulden. Glücklicherweise erschien in diesem bedrohlichen Augenblick der bayerische General Tattenbach und vertrieb die Österreicher. Tattenbach seinerseits forderte nun 1000 Gulden Belohnung von den Vilshofenern, mußte sich aber mit 300 Gulden und einigen Geschenken zufrieden geben, weil aus der verarmten Stadt nicht mehr herauszuholen war.

Max Emanuel hielt sich derweil mit einem Teil seines Heeres in Tirol schadlos. In Innsbruck forderte er eine monatliche Kontribution von 120000 Gulden und ließ alle Kunstschätze, die er in der Stadt fand, nach München transportieren.

Seine Untertanen mußten es umgehend büßen. Denn nach dem Rückzug des Kurfürsten fielen die Tiroler über Oberbayern her. Bei ihrem ersten Raubzug plünderten sie das Werdenfelser Land aus, erbeuteten 200000 Gulden an Brandschatzungsgeldern, verwüsteten Murnau und Weilheim und trieben Tausende von Pferden und 8000 Stück Rindvieh nach Tirol. Die Bauern waren wehrlos. Sie konnten allenfalls versuchen, ihre Wertgegenstände – so gut es ging – zu verstecken:

»Der ehrbare Georg Buechner, Bauer von Hermannsdorf erachtete, am ratsamsten zu handeln, wenn er seinen Hausschatz unter die Erden vergraben würde; wie er dann selbigen wirklich auf der Stadel-Tennen eingescharret. Allein, es hatte gar bald das Ansehen gewonnen, daß vor geldhungrigen Menschen auch die Erden keine genugsame Sicherheit verschaffe; maßen eine feindliche Partei gleich einem Blitz nach Hermannsdorf gelangt, und das verborgene Gerätschaft bei Georg Buechner mit Schaufeln und Pickeln auf den Tennen gesucht. Nichts anderes konnte Buechner mehr erwarten, als eine augenblickliche Plünderung ... Unterdessen haben sich zwar die Soldaten durch fortgesetztes Graben ziemlich abgemattet, aber keineswegs gefunden, was sie mit so großem Eifer gesucht.«

»Maria Theresia Moraschin verschloß zu dortmaligen Feinds-Zeiten ihre besten Gerätschaften in ein wohl festes und dauerhaftes Gewölbe und ließ die Tür auf das sorgfältigste vermauern. Nach etlich verflossenen Tagen streiften die feindlichen Truppen kreuzweise in dem unteren Wald ... und, oh Unglück! der Soldat näherte sich allsogleich zur neu vermauerten Gewölb-Tür, an welcher ein Blinder noch den weichen Mörtel greifen, und vielmehr ein Sehender hätte beobachten können die ganz frischen Fußstapfen einer neuen Mauer. [Nach ihrem Verlöbnis zur Gnaden-Mutter auf dem heiligen Bogenberg] seien die Beute-begierigen Streifer zwar von und zu dem Gewölb geschweifet, um was anständiges aufzusuchen, haben jedoch nichts vermerket.«

Die Plünderungen im Oberland und im bayerischen Wald waren erst der Anfang. Es kam noch schlimmer.

Im Herbst 1703 zog ein französisches Heer auf Bayern zu, um dem Kurfürsten Unterstützung zu bringen. Die Franzosen ließen sich viel Zeit zum Beutemachen auf ihrem Weg durch Baden und Schwaben: Allein ihr Feldherr Villars, der Ende 1703 abgelöst wurde, soll in dieser kurzen Zeit 700 000 Gulden für seine Privatschatulle erbeutet haben (rund 35 Millionen Mark nach heutigem Geld).

Fast ein ganzes Jahr lang blieben die mit Bayern verbündeten französischen Soldaten im Schwäbischen, wo der Kaiser große Besitzungen hatte, sogen das Land aus, erpreßten die Bürger und malträtierten die Bauern. Im Sommer 1704 vereinigten sich dann die Truppen der gegnerischen Feldherren, des Markgrafen Ludwig von Baden, des Prinzen Eugen und des englischen Heerführers Marlborough, um eine Entscheidungsschlacht zu erzwingen.

Am 2. Juli kam es zum ersten größeren Gefecht, als die Kaiserlichen eine bayerische Stellung bei Donauwörth stürmten. Es gelang ihnen dabei zwar, die Bayern aus ihren Schanzen zu vertreiben, aber sie verloren viereinhalbtausend Mann. Markgraf Ludwig war darüber so erbittert, daß er tausend Husaren beauftragte, das bayerische Gebiet zwischen Lech und Amper südöstlich von Donauwörth zu verwüsten. Die Husaren leisteten ganze Arbeit: 500 Dörfer wurden niedergebrannt, die Städte mit Kontributionen belegt, das Vieh zur Versorgung des kaiserlichen Heeres weggetrieben. Die auf den Seiten 98 bis 103 abgebildete Leidensgeschichte des Pfarrers Öfele aus Mainburg ist eine Episode aus diesem Rachefeldzug.

Am 13. August kam es dann bei Höchstädt an der Donau zum entscheidenden Treffen: 52 000 Kaiserliche standen 56 000 Franzosen und Bayern gegenüber. Es war eine der blutigsten Schlachten der Geschichte mit 26 000 Toten und Verwundeten. Am Ende behielten Marlborough und Prinz Eugen die Oberhand. Der bayerische Kurfürst mußte fliehen, sein Land wurde dem Prinzen Eugen überantwortet mit der Auflage, so viel Geld herauszuschinden, daß damit der Krieg des Kaisers in Italien finanziert werden konnte. Für Bayern begann eine zehnjährige Besatzungszeit, die das Land völlig ruinierte.

Ende 1704 wurden aus ganz Deutschland und Österreich Zehntausende von Soldaten zusammengezogen und in bayerischen Städten und Dörfern über den Winter einquartiert. Was das bedeutete, sagt die kaiserliche Administration selbst in einem Brief an die Reichskanzlei in Wien, worin die Truppeneinquartierung ganz offen als Strafmaßnahme bezeichnet wird. In diesem Brief wird nämlich vorgeschlagen, daß man

»das treulose Rentamt Burghausen (das Zentrum des Unterländer Bauernaufstandes) bis auf das innerste Mark des Gebeines sacrifizieren und verheeren muß, was mit einer Militärpostierung gar leicht (!) ins Werk gerichtet werden kann.«

Aus Beschwerdebriefen bayerischer Beamter an die Besatzungsmacht geht hervor, wie sich die einquartierten Soldaten aufzuführen pflegten. Darin ist die Rede von

»Schändung der Weibsbilder, Notzwingung der Bauerntöchter, Plünderung der Gotteshäuser, Gelderpressungen von dem Landmann, unchristlichen barbarischen Excessen, Plünderungen, Abnehmung des Viehs, Ruinierung des Getreides, Abreißung der Häuser und Städel etc.«

In einer anderen Eingabe heißt es, die Soldaten

»logieren sich in geschlossene Plätze und Dorfschaften nach ihrem Gefallen ein und nehmen die armen Bürger und Bauern mit Einforderung und Extorquierung von Victualien, Geld, Getränk und was ihnen sonst abgeht und einfällt dergestalt unbarmherzig her, daß diese notwendig in das äußerste Verderben gestürzt und inhabil gemacht werden, Steuern reichen zu können.«

Die Beamten versuchten also, mit dem Hinweis, daß die Bevölkerung sonst keine Kriegssteuern mehr zahlen könne, die kaiserliche Administration zu einem strengeren Eingreifen gegenüber ihren Soldaten zu bewegen. Es war das einzige Druckmittel, das ihnen blieb, aber sie hatten wenig Erfolg damit. Erst im Frühjahr wurde die Lage etwas besser, weil der größte Teil der einquartierten Truppen nach Italien verlegt wurde, wo der Krieg weiterging.

Im Herbst 1705 kam jedoch eine noch drückendere Belastung: Der Kaiser forderte die Stellung von Rekruten für seinen Feldzug in Italien. Er hatte den Reichskrieg gegen Frankreich erklärt und Bayern, als Teil des Reiches, war verpflichtet, dazu ein Truppenkontingent zu stellen, auch wenn der Landesfürst mit dem Gegner verbündet war.

Die Bauern leisteten den Rekrutierungskommandos Widerstand, weniger aus patriotischen Beweggründen oder aus Treue zum Landesherrn, sondern schlicht aus Angst vor dem Militärdienst. Die Chancen, von einem Feldzug in ein fremdes Land einigermaßen wohlbehalten zurückzukommen waren gering, die Heere jener Zeit hatten erschreckend hohe Ausfälle: Sie wurden nicht nur auf den Schlachtfeldern dezimiert, sondern noch mehr durch Krankheiten wie Ruhr oder Typhus, so daß beispielsweise von den 12 000 Brandenburgern, die mit Johann Dietz 1686 zum Feldzug gegen die Türken aufbrachen, nach einem Jahr nur 3000 wieder heimkamen, viele von ihnen als Invaliden. Und da die zwangsrekrutierten Bauernsöhne in der militärischen Hierarchie an absolut unterster Stelle standen, waren ihre Überlebenschancen besonders gering.

Im Herbst 1705 kam es deshalb in der Oberpfalz und in Niederbayern zum offenen Aufstand. Im Dezember hatten die Bauern bereits einen großen Teil des Unterlandes mit mehreren befestigten Städten in der Hand, und ihr Erfolg animierte auch im Oberland eine Verschwörergruppe aus einigen Landesbeamten, politisierenden Münchner Wirten und ehemaligen Offizieren Max Emanuels, eine bewaffnete Erhebung gegen die Österreichische Besatzungsmacht in München zu riskieren.

Das Ergebnis war der sogenannte Oberländer-Aufstand, der in der Sendlinger Bauernschlacht sein Ende fand, und der von nationalbewußten Historikern des 19. Jahrhunderts mit einer Gloriole alpenländischen Patriotismus und bäuerlichen Heldenmuts umgeben wurde. Nach ihrer Darstellung sollen sich die oberbayerischen Bauern – ähnlich wie später die Tiroler unter Andreas Hofer – mit vaterländischer Begeisterung gegen die feindliche Besatzungsmacht erhoben haben, und erst nach heroischem Widerstand überwältigt worden sein.

Aufgrund dieser Darstellung, die sich zäh am Leben hält, obwohl sie von jüngeren Historikern längst widerlegt worden ist, hat die Sendlinger Bauernschlacht eine Berühmtheit erlangt, die ihr eigentlich gar nicht zukommt.

In Wirklichkeit spielte sie im großen, weltweiten Kriegsgeschehen des Spanischen Erbfolgekrieges überhaupt keine Rolle, und der angebliche Heroismus der bayerischen Bauern ist reine Erfindung. Das kaiserliche Militär hatte keinerlei Schwierigkeiten, mit ihnen fertig zu werden. Der Oberländer Aufstand endete genauso, wie fast alle Bauernerhebungen der Geschichte: Mit einem grauenhaften Blutbad unter den Aufständischen.

Diesen Sachverhalt bestätigen auch die zwei Votivtafeln, die auf den Seiten 96/97 und 115 abgebildet sind. Sie wurden nach den Angaben von fünf Augenzeugen gemalt und schildern das Gemetzel vor den Stadtmauern Münchens in schonungslosem Realismus. Als Erläuterung zu diesen Bildern sollen hier die Hintergründe und der Ablauf der Sendlinger Bauernschlacht etwas genauer dargestellt werden.

Der Aufstand der Oberländer war von Anfang an keine spontane Volkserhebung gewesen, sondern eher eine von den Beamten des Landes auf dem Verwaltungswege angeordnete Aktion. Vielfach mußten die Bauern mit handfesten Drohungen zum Mitmachen bewogen werden, in Waakirchen wurden zur Warnung für solche, die sich weigern wollten zwei Höfe in Brand gesteckt, nur in Tölz war bei reichlich ausgeschenktem Freibier eine gewisse Begeisterung zu verspüren. (Zehn Jahre später, nach der Rückkehr Max Emanuels, präsentierten die Tölzer Bierbrauer der kurfürstlichen Regierung die Rechnung über mehrere tausend Liter Bier, die damals vertrunken worden waren.)

Am 23. Dezember trafen sich die einberufenen Bauernhaufen am vereinbarten Treffpunkt in Hohenschäftlarn, 20 Kilometer südlich von München. Bis zum Abend kamen knapp 3000 Mann zusammen, viel weniger, als man erwartet hatte. In der schon damals weitberühmten Klosterschenke debattierten die Anführer. Eilig schickte man Boten aus nach Weilheim, das 2000 Bewaffnete versprochen, aber nicht einen geschickt hatte, nach Dachau, dessen Beamte sich auch durch schärfste Drohungen nicht zur Teilnahme am Aufstand bewegen ließen, nach Rosenheim, das sich von Anfang an geweigert hatte, mitzumachen.

Es wurden nicht mehr als 3000 und es war eine schäbige Streitmacht, die da zusammengekommen war: 250 Reiter, die sich mit der kaiserlichen Kavallerie jedoch keinesfalls messen konnten, nur 500 Schützen mit brauchbaren Gewehren, der Rest lediglich mit Spießen und Beilen und geradegeklopften Sensen bewaffnet. Dreizehnjährige Kinder dabei und sechzigjährige Greise und die Ärmsten der Armen. Denn die Bauern waren natürlich nicht selbst gekommen, sondern hatten ihre Knechte geschickt oder Taglöhner und Kleinhäusler, und die Handwerker ihre Lehrbuben. Lediglich die Tölzer Schützen bildeten eine einigermaßen ansehnliche Truppe.

Der bayerische Hauptmann Matthias Mayer, abgedankter Offizier aus dem geschlagenen Heer Max Emanuels, und der einzige erfahrene Kriegsmann unter den Aufrührern, besah sich den Haufen und riet dringend zur Umkehr. Die ganze Nacht mußten die Verschwörer auf ihn einreden, bis er am nächsten Morgen endlich den Oberbefehl übernahm.

An diesem Morgen des 24. Dezember warteten die Bauern noch einmal vergebens auf Verstärkung. Erst gegen Mittag marschierten sie los, aber schon eine Stunde später in Baierbrunn wurde erneut angehalten. Wieder zogen sich die Anführer zum Kriegsrat in eine Gastwirtschaft zurück, denn schlechte Nachrichten waren eingetroffen:

Die Unterländer konnten keine Bewaffneten zur Unterstützung schicken, sie waren selbst in Bedrängnis, und auch die Münchner schienen nicht bereit, sich am Kampf zu beteiligen. Ihnen ging es damals unter der Besatzung noch relativ gut, und sie dachten gar nicht daran, für die Bauern die Hand zu erheben. Der freie Bürger in den Städten sah sowieso nur mit Verachtung auf den Bauern herab.

Erst nach Anbruch der Dunkelheit gaben die Anführer endlich den Befehl zum Weitermarsch. Die Reihen hatten sich schon merklich gelichtet. Bei der Münchner Floßlände in Thalkirchen kamen nur mehr 2000 Mann an. Auch einen Oberbefehlshaber gab es zu diesem Zeitpunkt nicht mehr: Hauptmann Mayer hatte in Solln noch einmal energisch versucht, alles aufzuhalten und den Rückzug befohlen, aber er war verprügelt worden und wurde von da an als Gefangener mitgeführt.

In Thalkirchen faßten die Bauern erneut Bier und Verpflegung, die von Tölz auf Flößen die Isar heruntergeschafft worden war. Um Mitternacht gingen sie in drei Gruppen gegen die Stadt vor. Die stärkste Abteilung mit den Schützen marschierte gegen die Isarbrücke, die zweite postierte sich zwischen Isar und Stadtmauer gegen das Sendlinger Tor gewendet und die schwächste Gruppe mit der schlechtesten Bewaffnung zog als Reserve in das Dorf Sendling ein.

Mit dieser Gruppe gingen auch die 250 Reiter und der größte Teil der Anführer, die im Sendlinger Wirtshaus ihr Hauptquartier aufschlugen. (Die Reiter und die Anführer waren denn später auch die ersten, die die Flucht ergriffen und völlig unbeschadet entkommen konnten. Einige wurden allerdings später gefaßt und verurteilt.)

Die einzige Brücke, die damals bei München über die

Die Abbildung zeigt den linken Teil der Votivtafel von Hohenburg, die schon auf den Seiten 96/97 vorgestellt wurde. Sie schildert die regellose Flucht jener Bauern, die dem Gemetzel am Glockenbach zu entkommen suchten. Oben ist das Dorf Sendling zu erkennen.

Isar führte, an der Stelle der heutigen Ludwigsbrücke am Deutschen Museum, war stadtseitig als Zugbrücke ausgebaut und wurde durch ein Befestigungswerk geschützt, den sogenannten Roten Turm, den die Kaiserlichen schon geräumt hatten, bevor die Bauern kamen. Die konnten ihn kampflos besetzen und die Isarbrücke hochziehen.

Nach diesem »Erfolg« begannen sie sich in der 500 Meter breiten Isarau zwischen Fluß und Stadtmauer auszubreiten und einigermaßen planlos gegen die Stadt zu feuern. Später machten sie auch eine Art Sturmangriff, der aber abgeschlagen wurde.

Die kaiserliche Verwaltung in der Stadt, die durch einen Spähtrupp und einen Überläufer längst über den Anmarsch der Bauern informiert war, hatte noch am selben Abend einen Boten nach Anzing, östlich von München geschickt, wo ein österreichisches Corps unter General Kriechbaum lagerte.

Um Mitternacht gab der General den Marschbefehl, sechs Stunden später trafen die ersten Truppen vor der Isarbrücke ein. Da sie hochgezogen war, schickte der General seine Kavallerie isaraufwärts, um eine Furt zu suchen, und brachte Geschütz in Stellung. Um sieben Uhr eröffnete er das Feuer. Die Bauern gingen in Deckung, sie hatten die Isar zwischen sich und dem Feind und waren also noch einigermaßen sicher.

In dieser Lage ließ der kaiserliche Stadtkommandant Oberst de Wendt, 200 fränkische Infanteristen aus dem Isartor gegen den Roten Turm vorrücken. Die Bauern gerieten in Panik, viele wurden niedergemacht, einige konnten sich verstecken, der Rest floh isaraufwärts.

Und danach ging alles sehr schnell. Die fränkischen Soldaten ließen die Brücke herunter und machten sich dann sofort an die Verfolgung der Flüchtigen. Zwei Kilometer weiter stießen sie auf den zweiten Bauernhaufen, der seit Mitternacht am Glockenbach gestanden hatte, einem Platz, der heute noch unter diesem Namen im Stadtplan zu finden ist. Und auf diesen Haufen stürmte nun gleichzeitig kaiserliche Kavallerie ein, die aus dem Sendlinger Tor gekommen war. Die Bauern waren in der Zange.

Genau diese Situation zeigt die auf S. 96/97 abgebildete Votivtafel aus Hohenburg.

Um die Panik der Bauern in ihrem ganzen Ausmaß zu begreifen, muß man sich nur einmal ihren Zustand vergegenwärtigen. Wir dürfen sicher annehmen, daß sie sich am Abend des 23. Dezember in Schäftlarn alle miteinander einen handfesten Rausch angetrunken haben. Man kann sich vorstellen, mit welchem Kater sie am nächsten Morgen aufwachten.

Und von Schäftlarn ging es ohne Pause weiter: Ein 20-Kilometer-Marsch nach München in ständig wachsender Angst, die man am Abend in Thalkirchen noch einmal mit Bier bekämpfte.

Dann eine lange Nacht ohne Schlaf in eisiger Kälte – und für die Gruppe am Glockenbach auch voller Ungewißheit. Sieben Stunden lang stehen die Bauern in der Dunkelheit, lauschen auf das entfernte Gewehrfeuer, das immer schwächer wird, begreifen langsam, daß es nicht so vorwärtsgeht, wie man es ihnen versprochen hat.

Und dann auf einmal hören sie die Trommeln der Kaiserlichen und den Donner ihrer Geschütze. Von der Isarbrücke kommen die ersten Fliehenden, es werden immer mehr, einige reihen sich ein, einige fliehen weiter, niemand weiß, was zu tun ist, keiner gibt einen vernünftigen Befehl und dann, im ersten Morgengrauen, taucht plötzlich die fränkische Infanterie vor ihnen auf, und von der anderen Seite fällt die Kavallerie über sie her. An Gegenwehr ist nicht zu denken, ein Teil der Bauern flieht nach Sendling, ein Teil wird gefangengenommen, die meisten werden niedergemacht.

Wenig später ist auch das Dorf Sendling (heute ein Stadtteil von München) von den Kaiserlichen umstellt. General Kriechbaum formiert seine Truppen zum Angriff. Rund 800 Bauern sind in dem Dorf eingeschlossen, darunter nur mehr wenige Schützen und von den Anführern lediglich der Hauptmann Mayer (das ist die wohl sympathischste Figur des ganzen Aufstandes),

Mitten in der Schlacht von Sendling, während die österreichische Infanterie gegen die letzten Haufen der aufständischen Oberländer vorrückte und die Kavalleristen des Generals Kriechbaum im Schatten der Dorfkirche ein furchtbares Blutbad unter den Bauern anrichteten, inmitten dieses Massakers legte sich der Wirtssohn Joseph Andresang ganz einfach auf den Boden und vertraute sein Leben der Muttergottes von Weihenlinden an. Wahrscheinlich war er völlig starr vor Angst und die Soldaten hielten ihn deshalb für tot. Jedenfalls kam er mit dem Leben davon.

Die Abbildung zeigt einen Ausschnitt der Votivtafel aus Weihenlinden, die auf Seite 115 abgebildet ist.

der in dieser Notlage wieder das Kommando übernimmt. Er weiß, daß jeder Widerstand sinnlos ist und läßt deshalb dreimal »Chamade schlagen«, ein Trommelzeichen, das die Kapitulationsbereitschaft der eingeschlossenen Bauern anzeigt. Dann schickt er einen Tambour zu General Kriechbaum, mit der Bitte um Pardon.

Bei der Rückkehr meldet der Tambour, daß die Offiziere sich ohne Waffen zu den Kaiserlichen begeben sollten, um nach üblichem Kriegs-Reglement die Übergabebedingungen auszuhandeln. Die Bauern aber, die mit den militärischen Bräuchen nicht vertraut sind, sehen in ihrer Todesangst nur, daß der letzte Anführer sie nun auch noch im Stich lassen und zum Feind überlaufen will. Sie drängen nach, aus dem Dorf hinaus aufs freie Feld, werden die Waffen weg, heben die Hände, fallen auf die Knie, jammernd und rosenkranzbetend. Und in diesem Augenblick lassen sich die Soldaten nicht mehr halten.

Sie haben eine gewaltige Wut im Bauch. Seit Wochen schon müssen sie sich mit den Bauern im Unterland herumschlagen, ein Krieg, der unter ihrer Würde ist und wenig Beute bringt. Man hat sie mitten in der Nacht aus den Betten geholt und im Eilmarsch fünf Stunden lang durch Schnee und Eis nach München gehetzt. Die Kavallerie hat gerade eben noch beim Durchqueren der Isar einen Mann und mehrere Pferde verloren, die Reiter sind durchnäßt – und das alles wegen ein paar lumpiger Bauern, die in den Augen der Berufssoldaten sowieso keine Gegner sind, sondern elende »Canaillen«.

Die Kavalleristen gehen als erste auf die Bauern los, dann feuern auch die Schützen kriegsmäßig in den dichtgedrängten Haufen, es ist eine einzige Schlächterei.

Innerhalb weniger Minuten sind 450 Bauern erschlagen und erschossen. Von denen, die noch am Leben sind, ist kaum einer ohne schwere Verwundung. Die Kaiserlichen dagegen verlieren ganze zwei Mann in Sendling. Es gab fast keine Gegenwehr.

Insgesamt kostete das Gemetzel vor den Toren Münchens und in Sendling über tausend Bauern das Leben. Mehr als doppelt so viele wurden zweieinhalb Wochen später bei Aidenbach getötet, wo die Kaiserlichen die Bauernhaufen aus dem Unterland niedermachten.

Ein Mirakelbericht aus Bogenberg gibt folgende Beschreibung vom Ausgang dieser zweiten großen Bauernschlacht:

»Mehr mit innerlichem Mitleiden, als mit der Feder ist anzumerken jenes traurige Blutbad, so das eiserne Jahr 1706 denen sogenannten Landschützern nebst Aidenbach angerichtet. Alles ohne Unterschied mußte über die Klinge springen und jämmerlich niedergehauen werden; ist auch gar glaublich, daß das Mordschwert manchen Unschuldigen hergenommen, der sich vielleicht dem gefährlichen Haufen der Land-Schützer zugesellet. Gewiß ist es, daß zwei erwachsene Söhne Mariae Gutmanin aus Pörnbach, unangesehen sie jedesmal diesen Land-Schützerischen Anhang äußerst geflohen, dennoch haben müssen entweichen. Sie retirierten sich anfänglich auf einen vielästigen Baum; wie sie aber gewahr wurden, daß man die Leute gleich denen Vögeln von denen Bäumen herunter schiessete, verließen sie beide ihr vermeintes Zuflucht-Ort und vergrabten sich unter einen Haufen dürren Laubs, mit so unzeitiger Behutsamkeit, daß sie nur allein den Kopf versteckten, übrigens schier den ganzen Leib denen Ansehenden praesentierten, nicht anders, als die unweisen Kinder, die sich sicher glauben, wenn sie nur das Angesicht unter dem Vor-Tuch der Mutter verbergen.«

Den Aufständischen gegenüber, die das Blutbad in Sendling und Aidenbach überlebt hatten, ließ die Besatzungsmacht Gnade walten. Nicht aus humanitären Erwägungen, sondern aus der finanzpolitischen Einsicht heraus, daß man aus einem toten Bauern keine Steuern herauspressen kann.

Die Leidenszeit des Spanischen Erbfolge-Krieges endete für die bayerische Bevölkerung erst mit dem Friedensschluß 1714. Es dauerte zehn Jahre, bis sich das Land von diesem Krieg erholt hatte.

»Hieher hat sich verlobt der ehrengeachte Jüngling Joseph Anton Andresang, Wirthssohn von (Fischbach-)Au am Fuße des Wendelsteins, welcher im Jahre 1705 in der heil. Christnacht unter den Fahnen der bayerischen Landesvertheidiger in der Schlacht bei Sendling aus einmaliger augenscheindlicher Lebensgefahr errettet wurde. Der allerheiligsten Dreifaltigkeit und der allerseligisten Jungfrau Maria sey ewig Dank gesagt.«

Der Stifter dieser Votiftafel, die in der Wallfahrtskapelle von Weihenlinden hängt, war einer der wenigen gewesen, die das Gemetzel der Bauernschlacht von Sendling unverletzt überstanden haben. Einige nationalbewußte Historiker des 19. Jahrhunderts haben diese letzte Phase des Oberländer Aufstands zu einer Art Heldenepos hochstilisiert. Nach ihrer Darstellung hätten sich die Bauern im Schatten der Dorfkirche von Sendling erbittert zur Wehr gesetzt und wären erst nach heldenhaftem Widerstand überwunden worden. In Wirklichkeit waren die letzten Bauernhaufen, die sich in das Dorf vor den Toren Münchens zurückgezogen hatten, von den österreichischen Truppen völlig eingeschlossen und zur Kapitulation aufgefordert worden. Sie hatten sich daraufhin auf Gnade und Ungnade ergeben und ihre Waffen weggeworfen. Und in dieser Situation waren die Soldaten, die sich von ihren Offizieren nicht mehr zurückhalten ließen, über sie hergefallen.

Auch auf dem Bild von Weihenlinden, das wohl erst nach dem Ende des spanischen Erbfolgekrieges und nach dem Abzug der österreichischen Besatzungsmacht gemalt worden ist, werden die Bauern zu sehr heroisiert. Nach den überlieferten Verlustzahlen ist es einigermaßen unwahrscheinlich, daß sie so viel Widerstand geleistet hätten, wie es hier dargestellt ist. Von den in Sendling eingeschlossenen 800 Bauern wurden nämlich rund 450 erschlagen und erschossen, der Rest zum großen Teil schwer verwundet, während die Kaiserlichen nur zwei Tote zählten.

Einen Raubüberfall auf einen Bauernhof in Bayernrain schildert die auf Seite 116/117 abgebildete Votivtafel aus Kirchbichl bei Bad Tölz. Der Tathergang ist in mehreren Einzelszenen genau festgehalten. Der Bildtext dazu ist auf Seite 120 wiedergegeben. (Das Bild stammt aus dem Jahre 1701. Es ist wie die meisten Votivtafeln auf Holz gemalt und durch einen Sprung beschädigt.)

Von einem anderen Raubüberfall in derselben Gegend, aber gut 50 Jahre später, berichtet die nebenstehende Tafel aus Murnau. Auch in diesem Fall waren es drei Räuber gewesen, die den reisenden Händler mit seiner Kiepe auf einem Waldweg überrascht und ausgeraubt hatten. Einen von ihnen kann man noch links im Bild erkennen. Der Tathergang ist im Bildtext ausführlich erzählt:

»Johannes Zwinckh, handlsman von hier (Murnau), passierte ohnweit der statt Rhain in Bayren einen waldt, also er von 3 strassen Rauberen all dess seinigen beraubet, geschlagen, zu boden geworffen, an händt und fiess hart gebundten wurde. also zwar, das er sich weder selbsten helffen, noch sonst eine menschliche hilff verhoffen könte, mithin wendete er seine Gedancken auf die Schmerzhaffte Muetter in Murnau, rueffte selbe instandigist an, und ja, o wie schnell erfahrte er nicht dehro allvermögendte hilff: anerwogen die strickh an denen Händen von sich selbsten auf und auseinander giengen: mithin an denen hänclen von denen hart gebundnen strickhen erlödtiget: löste er ihme auch die anoch Zusam gebundne fiess auf: geht sodan Ungehindert in die statt Rhain, deittet aldortten der obrigkeit an, was ihme begegnet, von welcher er auch desenthalben ein ordentliche attestation mit sich anhero (Zur Wallfahrtskirche nach Murnau) gebracht, Maria aber umb ihr mietterliche hilff Tausent danckh erstattet hatt.«

Raubüberfall

»Barbara Waltherin von Rain gibt vor, daß im Jahr 1701 am Hl.-Kreuz-Tag, während die Leut bei dem Gottsdienst gewesen sind, seien drei Kerl zu dem Haus kommen und haben ein Feuer begehrt, aber sie hat ihnen keins geben und ist an ihnen grausam erschrocken und ist aus dem Haus geloffen auf das Feld, alsdann sind sie alle drei ihr nachgeloffen und haben sie gefangen und haben sie geschlagen und mit Füßen gestoßen und bei den Haaren zu Boden niedergerissen, hernach haben sie sie über das Cag [den Zaun] geschleift und haben ihr das Maul zugehalten, daß sie nit hat schreien können und sie wiederum in das Haus hinab gezogen und geschleift, hernach sind sie alle drei um sie herum gestanden und [haben] sie gefragt, ob sie ihnen das Geld zeigen will, oder ob sie sterben will, so hat sie gesagt, sie will ihnen ihr Geld wohl zeigen, wann es sein muß, so haben sie gesagt, ihres muß [es] sein, so haben sie das selbige Geld genommen, hernach haben sie gesagt: Wo hast [du] das andere Geld? Sie sagt: Wir haben kein Geld mehr im Haus! Danach haben [sie] ihr die Händ auf dem Rücken gebunden und die Füße zusammen und haben sie auf den Boden geworfen auf das Angesicht und [sind] über die Stiegen hinauf und alle Türen und Truhen und Kasten aufgehaut und haben wiederum genommen, was ihnen gefallen hat, alsdann ist einer über die Stiegen herab gelaufen und hat gesagt: Wo hast dann das andere Geld? Sie sagt wiederum: Wir haben kein Geld in dem Haus! Alsbald hat er die anderen herunter geschrien, alsbald sind [sie] herunter über die Stiegen und haben sie bei den Haaren aus der Kammer in die Stuben heraus gezogen und geschleift, haben sie an die Stangen aufgehängt und gereckt, hernach haben sie sie wiederum von der Stangen herabgerissen und auf das Angesicht geworfen und sind in die Kammer hinein und hauen die Kästen auf, allwo das rechte Geld gewesen ist, hernach sind sie mit dem davon, was sie bekommen haben und [haben] sie auf dem Angesicht liegen lassen, hernach hat sie nit vermeint, mit dem Leben davonzukommen, so hat sie sich zu Unser Lieben Frauen und zu St. Peter und St. Paulus nach Kirchbichl verlobt mit einer heiligen Meß und gebe, daß sie nur so lange leben tät, bis daß ihre Leut aus der Kirchen kommen täten, daß [sie] ihnen nur erzählen könnte, wie man mit ihr um ist gangen, sobald sie sich verlobt hat, so ist ihre Nachbarin und ihr Bub kommen und haben ihr die Händ und Füß aufgelöst, hernach sind ihre Leut auch kommen und haben das Leid müssen ansehen mit ihrem größten Schaden, hernach ist sie von Tag zu Tag besser worden, der Höchsten Himmelskönigin Mutter Gottes Maria gelobt und gedankt in Ewigkeit Amen!«

Diese geradezu atemlose Schilderung eines Raubüberfalls findet sich auf der Votivtafel von Kirchbichl, die auf S. 116/117 abgebildet ist. Wenn man sie kriminalistisch auswertet, zeigt sich eindeutig, daß die Bäuerin Barbara Walther professionellen Räubern in die Hände gefallen ist. Mitgliedern einer jener vielen Banden, die im 18. Jahrhundert überall in Deutschland ihr Unwesen trieben.

Da ist zuerst einmal der Zeitpunkt des Überfalls: Sonntagvormittag – fast alle Dörfler sind in der Kirche, der einzeln stehende Walthersche Hof aller Voraussicht nach unbewacht. Die drei Räuber haben also den günstigsten Augenblick für einen Überfall abgepaßt, und auch ihr weiteres Vorgehen beweist einschlägige Berufserfahrung. Sie geben sich zunächst einmal ganz harmlos als Passanten aus, die um Feuer bitten, was keineswegs verdächtig war in jener Zeit. Und erst als die Bäuerin kopflos davonrennt und damit verrät, daß sie allein und der Hof tatsächlich unbewacht ist, schlagen sie zu.

Sie gehen dabei ganz planmäßig zu Werke. Offensichtlich haben sie die Verhältnisse zuvor gründlich ausgekundschaftet – vielleicht hat ein anderes Bandenmitglied oder ein Zuträger auf dem Hof als Tagelöhner gearbeitet, vielleicht haben sie einen Dienstboten ausgehorcht – sie wissen jedenfalls, daß Geld im Haus ist, und sie wissen auch einigermaßen genau, wieviel, denn sie geben sich keineswegs mit dem zufrieden, was die Bäuerin im ersten Schreck freiwillig herausrückt.

In fachmännischer Eile räumen sie zuerst die Kleiderschränke und Truhen im Obergeschoß aus. Heute mag es recht kümmerlich erscheinen, wenn ein Einbrecher Bettzeug und Kleidungsstücke mitgehen läßt, damals waren die Kleider und das Leinenzeug einer wohlhabenden Bauernfamilie ein durchaus wertvolles Diebesgut, für das man jederzeit einen gut zahlenden Hehler fand oder das man auch selbst als fahrender Händler über der nächsten Grenze verkaufen konnte.

Als sie das Geld unter der Wäsche nicht finden, versuchen sie mit Gewalt, das Versteck aus der Bäuerin herauszukriegen: Sie hängen sie an den Händen auf und »strecken« sie, eine damals allgemein übliche Foltermethode, die die drei Räuber womöglich schon selbst einmal bei einem peinlichen Verhör am eigenen Leibe erfahren hatten.

Die Bäuerin gibt unter dieser Tortur das Versteck preis, das dürfen wir ohne weiteres annehmen, auch wenn sie es in ihrem Bericht etwas anders schildert: Sonst hätten die drei Räuber das Geld sicher nicht so schnell entdeckt, und auch die Bäuerin wäre sonst wohl nicht so glimpflich davongekommen.

Das 18. Jahrhundert ist die große Zeit der Räuberbanden, und in den Wallfahrtskapellen finden sich entsprechend viele Votivtafeln aus jener Zeit, die über die Taten solcher Banden berichten.

Es gibt mehrere Gründe, warum sich das Räuberunwesen gerade in dieser Zeit derart stark ausbreiten konnte, so daß die Namen einiger Bandenführer sogar heute noch geläufig sind, wie der des Bayerischen Hiesel oder des Zigeuner-Häuptlings Hannikel aus dem Schwäbischen oder des Räuberhauptmanns Schinderhannes.

Räuberbanden können sich nur dann über längere Zeit gegen die Ordnungsmacht des Staates halten, wenn sie zumindest bei einem Teil der Bevölkerung Unterstützung finden, und Unterstützung heißt in diesem Fall, daß man sie nicht an die Polizei verrät, daß man ihnen Unterschlupf gewährt, sie vor Patrouillen warnt, ihnen Informationen zukommen läßt und so weiter. Eine solche Haltung der Bevölkerung kann man nur in Zeiten starker sozialer Spannungen, wirtschaftlicher Not und politischer Unterdrückung erwarten. Und da die Räuberbanden vorwiegend auf dem Lande operierten, ist es angebracht, zunächst einmal die Lage der Landbevölkerung im 18. Jahrhundert genauer zu beschreiben.

Um die Mitte des Jahrhunderts lebten nur vier Prozent der bayerischen Bauernfamilien als freie Bauern auf eigenem Hof und eigenem Grund (darunter gab es allerdings einige sehr reiche Bauern, die größere Ländereien mit mehreren Höfen besaßen). Die anderen 96 Prozent aber hatten ihre Höfe nur gepachtet und waren zum großen Teil auch noch leibeigen.

Die Leibeigenschaft schränkte die Freizügigkeit ein und band den Bauern an seinen Hof und seine Herrschaft. Wenn er fortziehen wollte, kostete ihn das in der Regel zehn Prozent seines Vermögens. Außerdem zwang sie ihm eine Art Erbschaftssteuer auf, den sogenannten »Todfall«: Wenn der leibeigene Bauer starb, mußten die Erben den Gegenwert seines besten Stückes Vieh an den Herrn bezahlen, wenn die Bäuerin starb, den Gegenwert ihres besten Kleides.

Die schwerere Belastung traf ihn jedoch durch seine Stellung als Pächter und Gerichtsuntertan, denn außer dem Zehnten für die Kirche mußte er die Pacht an den Grundherrn entrichten und schließlich noch die Steuern für den Landesherrn.

Ein Mirakelbericht aus dem Jahre 1736 mag eine Vorstellung geben von der harten Lage eines kleinen Bauern:

»Jacob Füßinger aus Schwendti, à 30 Jahr, hatte eine Kuh, welche die wenigste Milch gab, und [man] konnte [die Milch] überdies lange Zeit her nit ausrühren, obschon er verschiedene geistliche und weltliche Mittel gebrauchet. Dahero, als einstens sein Haußfrau 6 ganzer Stunden rührend, das Rührfaß auf die Seiten gesetzt, versprache er ein Wallfahrth zu der wunderthätigen Mutter GOttes in Maria Steinbach, fangte selbsten an zu rühren und bekame innerhalb einer viertel Stund einen schönen Butter-Wecken, die Kuhe kame zu guter Milch und hat man bißhero nit den mindesten Anstand am Außrühren.«

Wie nötig muß die Familie das bißchen Butter gebraucht haben, daß die Bäuerin sage und schreibe sechs Stunden lang im Butterfaß rührt, und wenn sie endlich erschöpft aufgibt, der Mann immer noch weitermacht!

Todfall, Landessteuern, Zehnt- und Pachtabgaben stellten jedoch nur einen Teil dessen dar, was der Bauer zu leisten hatte. Genauso drückend wurden die verschiedenen Frondienste empfunden, zu denen er verpflichtet war: Dienste für die Gemeinde (wie Straßenbau etc.) und vor allem Fron für die Herrschaft. Dazu gehörte die Bearbeitung und Bestellung der herrschaftlichen Felder und der Transport von Gütern, dazu gehörten Boten- und Wachtdienste, Baufronden und Einsätze als Treiber bei der Jagd und ähnliches mehr. Diese Frondienste kosteten den Bauern üblicherweise mehr als ein Drittel seiner Arbeitszeit.

Dennoch war er in der Regel mit seinem Los zufrieden. Wenn die Ernte gut war, hatte er sogar Aussicht auf einen kleinen Gewinn. Kritisch wurde es erst, wenn Mißernten auftraten oder wenn der Staat zusätzliche Abgaben forderte, zum Beispiel Kriegssteuern.

Im Jahre 1748 (der Österreichische Erbfolgekrieg, der acht Jahre gedauert hatte, war gerade zu Ende gegangen) wurden in Hanau einige Pfälzer Weinbauern verhört, weil sie nach Amerika auswandern wollten. Der Landesherr ließ sie nach den Gründen fragen, denn er sah es nicht gern, daß arbeitsfähige Steuerzahler das Land verließen. Das Protokoll des Verhörs ist sehr aufschlußreich:

»Frage: Was vor eigentliche Ursachen einen Jeden von Ihnen zu dem vorhabenden Abzug bewegten?

Antwort des ersten: Er müsse von seinem wenigen Gut, welches bloß aus Gras, Baum und Wein-Stöcken bestehe, monatlich bloß an Römergeldern [Kriegssteuern] 1 Gulden 3 Pfennige entrichten [= etwa den Gegenwert von fünf Hühnern]. Und könne gleichwohl hierauf [auf seinem Grund] nicht einmal sein Brot ziehen, sondern habe solches bisher gänzlich für bares Geld kaufen müssen, bey welchen Umständen er dann zu beförchten habe, daß er in kurzer Zeit den Bettelstab ergreifen müsse.

Antwort des zweiten: Er habe nach den in diesem Jahr erhöhten Römergeldern von seinen geringen Gütern bloß dieserthalben ohne die übrige so ständige als unständige Angifft zu rechnen [Pacht und Sonderabgaben], monatlich 1 Gulden 11 Pfennige und zwar mit [Bar-]Geld, welches anders nicht als mit schwerem Agio einzuwechseln sey, entrichten müssen [Wechselverluste, die sich aus der Geldknappheit erklären]. Und [er] sey nicht in dem Stande, solches fernerhin auszustehen. Überdem und ungeachtet so große Beschwerde (Belastungen) auf den Gütern hafteten, müssen die Nachbarn zu Hochstadt von der sehr starken Anzahl der Hasen sehr großen Schaden an ihren Früchten und besonders den Weinstöcken erleiden.

Ferner wären auch die vielen Fronden ganz unerträglich, gestalten er in dem vorigen Jahr 80 Tage und zwar nur allein für [die] gnädigste Herrschaft ohne die Gemeinde-Dienste zu rechnen, fronen müssen. Da ihm dann nach Abzug dieser [Fron-Tage] sodann der Sonn- und Feiertage [etwa 120 Tage im Jahr, an denen die Feldarbeit verboten war], wenig Zeit zu seiner eigenen Arbeit und Verdienst übrig verblieben sey, bevorab da die Fronden in dem Sommer, wo dem Landmann die Zeit am kostbarsten sey, am stärksten gingen.

Jetzt verbliebe ihm nach Abzug seiner Schulden noch etwas übrig, um sich anderwärts etablieren zu können, welches er bei längerem Aufenthalt in Hochstadt in wenig Jahren völlig aufzehren würde. Und müßten, wann dieses Jahr der Wein nicht geraten sollte, noch verschiedene andere Untertanen zu Hochstatt gleichfalls fortreisen und hinwegziehen.«

In der gleichen schlimmen Lage waren die kleinen Handwerker, die ungelernten Arbeiter und die Dienstboten in den Städten. Die ständische Ordnung und das starre Zunftsystem ließen ihnen kaum eine Hoffnung auf sozialen Aufstieg und berufliches Fortkommen. In den kleineren deutschen Staaten kam dazu ein drastischer Niedergang in Handwerk und Gewerbe als Folge der hohen Zollschranken, die die größeren Staaten (Frankreich, Preußen, Österreich) zum Schutze ihrer eigenen Handwerksbetriebe und Manufakturen um ihre Länder errichtet hatten.

Es ist nicht übertrieben, wenn man sagt, daß in der zweiten Hälfte des 18. Jahrhunderts auch in normalen Jahren der überwiegende Teil der Bevölkerung ständig am Rande des Existenzminimums lebte. Jede kriegsbedingte Teuerung, jede Mißernte setzte diese ärmeren Leute unweigerlich dem Hunger aus, bedrohte buchstäblich das nackte Leben.

»... durch die Teuerung [wird] der Taglöhner, welcher sonst sich noch wohl durchgebracht, auch endlich genötigt, den Bettelstab zu ergreifen und das Brot von Haus zu Haus zu suchen. Die sonst verächtlich gehaltene Grundbiere [die Kartoffel, die erst vor kurzem eingeführt worden war] seynd nun die einzige Nahrung und Haltmittel, so den gemeinen Mann beim Leben erhaltet und wann diese in hiesigen Gegenden nit in so großer Menge wären gepflanzet worden, so würden die Menschen vor Hunger ersterben. Der wandernde Handwerksbursch, welcher sonst um ein Almosen-Brot nit gedanket, ist von Herzen frohe, wann er ein Stücklein Brot oder eine gesottene Grundbiere zu Händen bekommt. Ich selbst habe einige sagen gehört: Ich bitte um ein bißchen Brot, denn ich laufte schon den ganzen Tag, ohne etwas genossen zu haben.«

Das notierte ein bayerischer Landpfarrer im Frühjahr 1772 in seinem Tagebuch. Die beiden Jahre davor hatten zwei Mißernten gebracht. 1771 waren allein im Kurfürstentum Bayern 50 000 Menschen verhungert, über 4 Prozent der Bevölkerung. Und Hunderttausende mußten wirklich, wie der Pfarrer geschrieben hatte, zum Bettelstab greifen.

Der Bettelstand hatte jahrhundertelang seinen festen Platz in der Ständegesellschaft gehabt und war keineswegs als eine Plage angesehen worden, die man hätte abschaffen müssen. Die Bettler lebten von der Barmherzigkeit der Kirche, von den frommen Stiftungen reicher Wohltäter und von den Almosen des Volkes, das seiner Christenpflicht freiwillig nachkam in dem Bewußtsein, daß Gott jedem ein solches Schicksal auferlegen konnte. Zum Bettelstand zählten alle, die vom Leben benachteiligt oder von einem Unglück getroffen worden waren und sich nicht mehr selbst helfen konnten: Tagelöhner, die durch einen Unfall ihre Arbeitsfähigkeit eingebüßt hatten, Dienstboten, die wegen Altersschwäche entlassen worden waren, Blinde und Lahme, Krüppel und Kranke, invalide Soldaten und Bürger, die ihr Hab und Gut durch einen Brand verloren hatten. Und jetzt auch in immer größerer Zahl jene Gruppen der Bevölkerung, die sich trotz aller Mühe mit eigener Hände Arbeit nicht mehr ausreichend ernähren konnten. Ihnen konnte das Bettlertum nicht mehr als gottgewollter Zustand erscheinen, mit dem man sich abzufinden hatte. Sie mußten diesen Zustand als soziale Ungerechtigkeit empfinden.

Vor diesem Hintergrund wird eher verständlich, warum die Räuberbanden des 18. Jahrhunderts derart viel Zulauf hatten und in der Bevölkerung so starke Unterstützung fanden, daß sie sich oft über Jahrzehnte halten konnten.

Auch die politischen Gegebenheiten waren günstig für die Banden: Das Deutsche Reich war in zahllose Einzelstaaten und winzige souveräne Herrschaftsgebiete aufgesplittert. Wenn die Räuber verfolgt wurden, brauchten sie vielfach nur auf kurzem Weg von einem Ländchen ins andere zu wechseln, um sich in Sicherheit zu bringen, denn meist dauerte es geraume Zeit, bis sich die einzelnen Polizeiminister auf eine gemeinsame Verfolgung einigen

»Joseph Schlager verlobt sich zur Muetter Gottes von Gueten Rath wegen denen Tiephen (Dieben), daß sie doch nach Wunden und Schlegen traktiert, glücklich mit dem Leben davonkommen, sodann zur Danksagung diese Tafel geopfert. Anno 1774 den 18. Februar.«

Mit Säbeln und Gewehren bewaffnet drangen die Räuber in das Haus des Josef Schlager ein, als die Familie gerade beim Abendessen saß. Nächtliche Überfälle auf die Häuser wohlhabender Bauern und Händler waren typisch für die Räuberbanden des 18. Jahrhunderts. Dabei hielten sie sich nicht nur an einzeln stehende Anwesen. Wenn die Banden stark genug waren, wagten sie solche bewaffneten Überfälle sogar in geschlossenen Ortschaften.
Die Tafel stammt aus Dornach bei Landau.

konnten. Es ist bezeichnend, daß sich die Räuberbanden dort am meisten ausbreiteten, wo die politische Zersplitterung am weitesten fortgeschritten war: Im schwäbischen Südwesten und in der Mitte Deutschlands vom Hunsrück über die hessischen Wälder bis nach Thüringen und Böhmen.

Am 24. Januar 1753 wurde im sächsischen Hildburghausen, der Residenzstadt des kleinen Herzogtums Sachsen-Hildburghausen, ein 16jähriger Junge aufgegriffen, der sich in das herzogliche Schloß eingeschlichen hatte. Die Diener übergaben ihn der Polizei. Zwei Tage später wurde den Beamten klar, daß sie einen einzigarten Fang gemacht hatten. Der Junge mit Namen Johann Mahr – so stellte sich nämlich heraus – war ein Mitglied der berüchtigten Krummfinger-Balthasar-Bande, die schon seit Jahrzehnten die Gegend unsicher machte, und er war nicht nur ein einfaches Bandenmitglied, sondern der Stiefsohn des Anführers.

Dreieinhalb Monate lang wurde der Junge vom Amtmann von Hildburghausen verhört und seine Aussagen waren so aufschlußreich, daß ein Auszug des Protokolls sofort in Druck gegeben und allen interessierten Stellen in weitem Umkreis zugänglich gemacht wurde. Es beschreibt Organisation und Taktik einer Räuberbande, die typisch war für die damalige Zeit.

Die Krummfingerbande umfaßte rund 150 Mann, die allerdings nicht eine feste Truppe bildeten, sondern eher eine Art Interessenverband mit wechselnden Gruppierungen, die unabhängig voneinander operierten und nur selten in größeren Haufen auftraten oder sich zu gemeinsamen Aktionen vereinigten. Zur Bande gehörten außerdem zahlreiche Frauen und Kinder, die mit den einzelnen Räubern mitzogen, weshalb sie sich verständlicherweise nicht an einem Ort konzentrierte, sondern in einem größeren Gebiet operierte, das sich über mehrere Grenzen erstreckte.

Die Bandenmitglieder waren teils ortsansässig als Taglöhner, Amtsdiener oder Handwerker, teils gehörten sie zum fahrenden Volk der Musikanten, Scherenschleifer, Zündschwammverkäufer etc., teils waren es desertierte Soldaten, Zigeuner, die im Familienverband herumzogen, Bettler, jüdische Kurzwarenhändler, die die Diebesbeute verkauften, Gastwirte, bei denen sich die Bandenmitglieder treffen und verstecken konnten, und in geringerem Maß auch Angehörige der gebildeten Schichten, entlassene Lehrer, sektiererische Pfarrer, die von der offiziellen Kirche verfolgt wurden, und verarmte Adelige.

An der Spitze stand eine Art Kerntruppe aus den erfahrensten und geschicktesten Gaunern, die auch die entsprechenden Titel führten, wie Hofrat und Oberamtmann oder Obrist-Lieutenant. Johann Mahr berichtet anschaulich darüber:

»Unter der Bande sey auch das sogenannte Pfäffgen, welcher unter seinem [Mahrs] Stiefvater [dem Bandenkönig], aber doch ›der General‹ gennnet würde und aus einem adeligen Stamm seyn wolle, gebe sich vielmals vor einen vertriebenen Grafen, öfters auch vor einen Baron aus, gehe zu großen Herren und sähe große Diebstähle aus. Es wäre derselbe lang von Statur, schön im Gesicht, 28 bis 30 Jahre alt, trage eine weiße Perücke mit einem schwarzen Zopf, manchmal ein blaues, manchmal ein grünes, manchmal ein braunes Kleid mit goldenen Tressen besetzt, auch einen Stern, führe einen silbern vergoldeten Degen bey sich, stehle selbst nicht, habe aber allezeit 9 Spitzbuben zur Bedienung, welche die von ihm ausgesehene Diebstähle verübten und ihm die Hälfte der Beute geben müßten.«

Zur Aristokratie der Bande gehörte auch der »Bibraische Schreiber«, der auf die Herstellung falscher Pässe und Bescheinigungen spezialisiert war und »der viele nachgestochene falsche Siegel damals bei sich gehabt«.

Sonst aber setzte sich die Bande vorwiegend aus einfachen Leuten zusammen, die zur untersten sozialen Schicht gehörten, und solchen, die aus irgendwelchen Gründen gezwungen waren, unterzutauchen. Die Herkunft des jungen Johann Mahr ist dafür ein gutes Beispiel:

Sein Großvater war Musikant gewesen, hatte also zum fahrenden Volk gehört. Der Enkel berichtet:

»... er hätte auch Brunnen gegraben, manchmal aber gebettelt und in den Schenken auf der Zither gespielet und dazu gesungen ... unweit Mühlhausen wäre derselbe [später] erfroren ...

Sein rechter Vater, Egydius Mahr, sey ein ehrlicher Mann aus Celle gewesen, wäre aber von hier nach Gotha unter die Soldaten gekommen, woselbst seine Frau um seine Demission einen Fußfall getan, weil aber derselbe noch in den besten Jahren gewesen, hätte er seinen Abschied nicht bekommen und wäre daher, als die Soldaten wieder aus Italien marschieret, desertieret.«

Der Vater hatte also offenbar während des Österreichischen Erbfolgekrieges in Italien kämpfen müssen. Auch der Schwager des jungen Mahr war von Werbern aufgegriffen worden. Er sollte »auf die Schiffe geliefert werden« (wahrscheinlich als Seesoldat auf englische Kriegsschiffe), konnte aber seinerseits entkommen und war damit ebenfalls gezwungen, unterzutauchen.

Der Junge nennt in dem Protokoll eine ganze Reihe von Männern, die auf diese Weise zur Krummfinger-Bande gekommen waren, darunter auch auffallend viele von »langer Statur«, die vor den Werbern Friedrichs des Großen geflüchtet waren.

Die Angst vor dem Militärdienst, die damals in ganz Deutschland Zehntausende in den Untergrund trieb, erklärt sich aus der Tatsache, daß viele deutsche Landesherrn ihre Soldaten zu vermieten pflegten. Abnehmer waren vor allem die Großmächte Frankreich und England. Die Engländer hatten einen besonders eifrigen Lieferanten in Friedrich II. von Hessen-Kassel, der zwischen 1775 und 1782 für 22 Millionen Taler 17000 Mann verhökerte, die dann vor allem in Nordamerika eingesetzt wurden. Sein Sohn Wilhelm lieferte 1793 noch einmal 8000 Mann (Hessen-Kassel hatte damals insgesamt nicht mehr als 350000 Einwohner). Die Aussichten dieser »vermieteten« Soldaten, wieder in die Heimat zurückzukommen, waren mehr als gering.

Auch in der Laufbahn des Matthias Klostermayer, der als der bayerische Hiesel in Süddeutschland Berühmtheit erlangte, spielte die Angst vor einem solchen Militärdienst eine entscheidende Rolle.

Er wird 1736 geboren als ältestes von fünf Kindern eines Tagelöhners, der in dem bayerischen Dorf Kissing südlich von Augsburg als Gemeindehirt arbeitet. Zuerst wird er Jagdgehilfe, dann Knecht bei einem Bauern im Dorf, und das wäre er wohl auch sein Leben lang geblieben, wenn ihn nicht mit 24 Jahren das Militär hätte holen wollen. Hiesel flüchtet über den nahen Lech, der damals die Grenze nach Schwaben bildete. Schwaben, in 80 kleine und kleinste Territorien aufgesplittert, war zu jener Zeit ein Dorado für unzählige Räuberbanden.

Der junge Bauernknecht, der sich in der Jagd auskennt und mit Schußwaffen umgehen kann, findet bald Anschluß an eine Bande, die von einem gewissen Xaver Bobinger angeführt wird und sich, wie viele Banden dieser Gegend, auf Wilderei spezialisiert hat. Schon nach kurzer Zeit hat er sich einen Namen gemacht. 1765 wird seine Karriere allerdings kurz unterbrochen. Ein Bandenmitglied verrät ihn, er wird gefaßt und zu neun Monaten Gefängnis verurteilt. Die Richter halten ihm zugute, daß er »nie gewalttätig gewesen sei bis dato«.

Nach seiner Entlassung aus dem Münchner Stockhaus sollen ihn die Bauern zwischen Lech und Iller zum Teil mit Begeisterung empfangen haben. Das ist glaubwürdig, denn es hat einen einleuchtenden Grund: Der Wilderer-König Hiesel dezimierte den Wildbestand und bewahrte so die Bauern vor zu großen Wildschäden. Ein Hinweis auf diese Plage findet sich schon in den oben zitierten Aussagen der pfälzischen Weinbauern, die »von der sehr starken Anzahl der Hasen sehr großen Schaden an ihren Früchten (zu) erleiden« gehabt hatten.

Nun waren zwar die Klagen der Bauern allezeit üblich und der Wildschaden gibt auch heute noch viel Stoff dazu, aber im 18. Jahrhundert war der Wildbestand in den Herrschaftsgebieten jagdbegeisterter Fürsten tatsächlich oft so hoch, daß er die Existenz der Bauern bedrohte.

Die Jagd war an fast allen Höfen des Rokoko das bevorzugte gesellschaftliche Vergnügen, und da die jagdlichen Feste auch der Repräsentanz herrschaftlicher Macht dienen mußten, wurden sie entsprechend aufwendig in Szene gesetzt.

Im Tagebuch des Generaladjutanten des Württembergischen Herzogs Karl-Eugen reiht sich ein jagdliches Ereignis an das andere. Unter dem Datum des 3. November 1768 beschreibt er beispielsweise ein

»... ›Jägerfest‹, welches mit einem Kesseljagen zwischen Waiblingen und Cannstatt celebriert wurde ... Wir schossen auf diesem Jagen in Zeit von etlichen Stunden 1172 Hasen.«

Die bevorzugten Jagdarten der Zeit, die Parforce-Jagden, bei denen das Wild von einer riesigen Hundemeute und einer Kavalkade von Reitern gehetzt wurde, und die »eingestellten« Jagden und Prunkjagden, für die man große Mengen Wild in Gattern und künstlichen Arenen zusammentrieb, verlangten einen unmäßig hohen Wildbestand.

Für ein Jagdfest zum Empfang des österreichischen Kaiserpaares 1754 ließ der Herzog von Sachsen-Hildburghausen 800 Stück Rotwild zusammentreiben. Bei einer Prunkjagd am Neckar, die der Kurfürst von der Pfalz 1764 zu Ehren des Mainzer Kurfürsten gab, schossen die beiden Fürsten 104 Hirsche.

»Man erzählt, der Kurfürst habe für den Pomp dieses Tages die Summe von 20000 Gulden verausgabt. Während drei Wochen waren etwa 300 Landleute beschäftigt gewesen, die Hirsche aus den benachbarten Bergen ... zusammenzutreiben.«

Die fürstlichen Herren legten vor allem Wert auf einen guten Hochwildbestand in ihren Forsten, da sie bevorzugt auf kapitale Hirsche jagten und auf Sauen, deren Wehrhaftigkeit sie reizte. Gerade das Hochwild aber verursacht den meisten Wildschaden. Den Bauern blieb häufig nichts anderes übrig, als Tag und Nacht Wachen aufzustellen, und selbst dabei durften sie das Wild nur »schonend« vertreiben. Zäune zu errichten, war ihnen in den meisten Ländern verboten.

Unter diesen Umständen war es kein Wunder, daß der Wilderer Hiesel bei vielen Bauern auf offene Sympathie stieß und heimliche Unterstützung fand. Der Amtmann von Buchloe nennt seine Bande in einem Schreiben an den Bischof von Augsburg am 27. Januar 1770 eine

»... verboste, von den Untertanen unterstützte und animierte Wild-Dieben-Rotte.«

Ein Steckbrief vom 15. September des gleichen Jahres sagt es noch deutlicher:

»Die Landvogtey hat Hiesel per Patent für vogelfrey declariret und auf sein lebendiges Haupt 100 und auf seinen Tod 50 Ducaten geschlagen. Man streifet nunmehro auf ihn stark, bishero noch aber vergeblich. Die Bauern haben ihn gerne, weil er das schädliche Wild hinweg schießt.«

Tatsächlich sollen die Bauern ihn sogar von weither aufgesucht und mit Geldgeschenken überredet haben, in ihren Gemarkungen zu jagen. Er feierte in aller Öffentlichkeit mit seinen Kumpanen in Wirtshäusern und Klosterschänken, zeigte sich auf Kirchweihfesten und kam mit zwanzig Schützen zu einer Hochzeit in seinen Heimatort Kissing, um vor der Kirche Salut zu schießen.

Auch zur niederen Geistlichkeit hatte er ein gutes Verhältnis: Die Kapuziner der Wallfahrtskirche von Biberbach pflegten ihn drei Wochen lang nach einer Verwundung. Zwei Geistliche besuchten ihn einmal eigens im Wirtshaus »Zu den Eldern«, um ihm 24 Kreuzer »für seine Cameraden zu vertrinken« zu geben

und »bei dem Pfarrherrn von Berenbeuren« hat er »zu Mittag gegessen und sich recht wohl sein lassen, der Pfarrherr hat ihm recht viel gutes zu essen und trinken gegeben« (nach dem Gerichtsprotokoll).

Die Landpfarrer hatten volles Verständnis für die Nöte der Bauern. So wetterte beispielsweise der schwäbische Landpfarrer Johann Christoph Beer um die Mitte des 18. Jahrhunderts ungeniert von der Kanzel herab gegen »die adeliche und mächtige diser Welt«, die »durch das Wild Felder, Wiesen und Weiden verwüsten lassen, ohne deswegen den Untertanen einen Nachlaß an ihren Steuern und Gilten zu gewähren, weil sie eben einen Hirsch oder ein wildes Schwein höher schätzen, als einen armen Untertan«. Und er vermerkte mit einiger Genugtuung, daß Gott solche Adeligen zuweilen »zur Straff ihrer Grausamkeit von solchen Thieren auf der Jagd um das Leben bringen ließ« (Zitat nach Karl Böck).

Hiesel galt im übrigen als gottesfürchtiger Mann, der regelmäßig beichtete, was auch im Gerichtsprotokoll vom 13. März 1771 bestätigt wurde:

»Die Leute haben immer gesagt, der Hiesel sey ein betender Mann, so niemanden beleidige und allein mit Wildern sich nähre.«

»Durch die vorbitt der seeligste Mutter Gottes ist Dise Bersohn von dem leben erretdet worden.«

Der Spruch, den diese Bäuerin aus Zulling bei Landau auf ihre Votivtafel schrieb, läßt sich zwar auch anders auslegen, aber man darf getrost annehmen, daß sie bei dem dargestellten Raubüberfall einigermaßen unbeschadet davongekommen ist.

Das Gericht wies ihm 50 Straftaten nach. Es waren fast ausschließlich Pöbeleien, Schlägereien und Schießereien mit den Vertretern der Obrigkeit:

»13. Hat Hiesel nicht nur allein dazu geholfen wie ein kaiserl. königl. Werbsoldat zu Binswangen von dem bayerischen Hansel [einem Mitglied seiner Bande] durch einen Hieb an dem Kopf verwundet worden, sondern auch

14. auf den daselbstigen Burgauischen Zöllner [die Grafschaft Burgau um Günzburg gehörte zu Österreich] unter den schändlichsten Schmäh- und Drohworten seinen Stutzen angeschlagen und

15. eben dasselbst auf die gegen ihn ausgeschickte Streife Feuer gegeben . . .

33. Wurde Anton Werz, Reichsgräfl. Wurzbachischer Jäger in St. Johann von dem Hiesel und seiner Bande im Haus überfallen und ihm ein Kugelstutzen, eine Flinte, Hirschfängerkoppel, ein paar Handschuh, ein Schrotbeutel samt einem Schweißhund gewalttätig abgenommen. Hiesel mußte zwar hierauf den ihn aufsuchenden Streifen entweichen. Er setzte aber andere Gegenden in neuerliche Unruhe. Dann

34. hat er nicht nur allein den Mathias Geyer, Jägers Sohn von Waldberg, sondern auch

35. den Zenno Berger, Jägersjung von Wildenroth, in dem Forst angefallen, sehr hart gepeiniget, und ihrer Schieß- und Seitengewehre beraubet . . .

46. Zu Oberelchingen wurde Hiesel mit 11 seiner Kameraden in dem Wirtshause »Zur Krone« von einer Reichsstadt Ulmischen Militärstreife zu Nacht unversehens überfallen und von einigen eindringenden Soldaten angerufen. Einer von diesen erhielt aber augenblicklich einen Schuß, der ihn todt zur Erde streckte. Noch vier andere wurden tödlich blessiert, wovon in weniger Zeit 3 gestorben sind.

Hiedurch bekam er Gelegenheit, zu entweichen und langte folgenden Tag zu Holzschwang an, wo er

47. mit 10 seiner Leute den daselbstigen Jäger Johann

Stephan Reuter unter Ausübung großer Gewalttätigkeit und öfterer Todesbedrohung ausgeraubt und in einen Schaden von 155 Gulden 39 Kreuzer versetzt ...«

Seine Gewalttätigkeiten bestanden also im wesentlichen in Drohungen und handfesten Einschüchterungsversuchen gegenüber Jägern und Gendarmen und in Gefechten mit seinen Verfolgern, bei denen es allerdings neun Todesopfer gab. Da er aber sonst nur wilderte und keinen Straßenraub betrieb, stellt er doch unter den Räubern jener Zeit eine Ausnahme dar, was seinen Nachruhm erklären mag.

Die Aussagen des jungen Johann Mahr über die Taten der Krummfingerbande geben ein anderes Bild:

»Nachmittags um drei wäre ihnen ein fremder Mann ... begegnet ... Die Diebe hätten ihn gleich gefragt, ob er Geld habe? Der Mann wäre sehr erschrocken und habe um sein armes Leben flehentlich gebeten, es wäre aber keine Gnade vorhanden gewesen, sondern von denen Dieben alsobald der Garaus mit ihm gespielet worden. Denn der Hanns Wolff habe demselben sofort eine Kugel durch den Leib gejagt, der Wilhelm habe demselben den Rock ausgezogen und solchen nebst dem spanischen Rohr und dem Quersack zu sich genommen ...

Zwei Tage danach ... wäre ihnen eine Weibsperson mit einem Korbe, in welchem sie Kleider gehabt, begegnet. Das Mensch habe auf eine Hochzeit gehen wollen. Die Diebe hätten dieses Mensch, welches recht hübsch ausgesehen, gleich umringt und von ihr verlanget, sie solle den Korb herunter tun. Das Mensch hätte sehr beweglich lamentieret, erbärmlich geweinet und gesagt, sie habe nichts, als ihre Kleider. Nachdem sie den Korb herunter getan, hätten die Diebe zu ihr gesagt, sie solle sich ausziehen, wobei ihr der Wilhelm die Pistole auf die Brust gesetzt ... Als das Mensch im bloßen Hemde dagestanden, hätte der Wilhelm die Pistole losgetrucket und das Mensch erschossen ... Im Pulver hätten die Diebe Kügelchen, wie kleine Erbsen, welche machten, daß es nicht knallt.«

Beraubung fahrender Händler und Reisender, Erpressung wohlhabender Bauern und Müller durch Drohung mit Brandstiftung, und bewaffnete Überfälle auf die Häuser reicher Leute waren die häufigsten Delikte.

Von Schinderhannes ist ein Erpresserbrief an einen Müller erhalten, der von seinem schreibkundigen Kumpan Johann Leiendecker verfaßt und mit der hochtrabenden Signatur »Johannes dorch den Wald« versehen ist. Dort heißt es:

»Sparwasser, Spitzbub!
Ir lüffert mür bis morje Owend 11 Uhr an die Aich am Börner Weg ein Ax, ein Häbeise, ein groß laib Brut, ein Schünke und ein Krugk Schnaps. Mürr san ville Kerle unn der Zanfranz, der Husarefritz und der scheel Hannes is aach bei mürr. Wenn ir nüt den rote Gückel uff die Müll hun wollt, warne ich euch. Der Zanfranz hat gedrot, er tät, wenn ir den Schnaps net bringt alles erschieße, was aus der Müll herauskemmt ...«

Diese Votivtafel aus Maria Steinbach, die um die Mitte des 18. Jahrhunderts gestiftet wurde, schildert einen Überfall auf einen Reisenden. Der Straßenraub wurde von den Räuberbanden jener Zeit so offen betrieben, daß die Reisehandbücher für jede Überland-Fahrt dringend empfahlen, eine geladene Pistole stets schußbereit zu halten und größere Waldgebiete nur am Tage und in Gruppen zu durchqueren.

Axt und Hebeisen brauchte er für einen Überfall auf die Thurn- und Taxissche Poststation in Würges im Taunus an der Hauptstraße von Frankfurt nach Köln, den er kurze Zeit danach ausführte. Von diesem Überfall ist ein Polizeiprotokoll erhalten und eine Schilderung des Tathergangs durch Schinderhannes selbst, die er nach seiner Verhaftung (31. 5. 1802) vor Gericht gegeben hatte. Die beiden Berichte passen sehr gut zu der Abbildung auf Seite 135, die einen ähnlichen Überfall zeigt.

»Ich war damals mit meiner Frau auf der Hasenmühle. Etliche von der Bande des Pickard [des Anführers der berüchtigten ›Niederländer Bande‹], kamen auch dazu hin. Sie machten mir den Vorschlag, mit ihnen auf Verrichtung zu gehen; ich nahm ihn an und ehe ich dahin ging, führte ich meine Frau nach Hasloch, wo ich den gegenwärtig in Mainz verhafteten Christian Reinhard antraf. [Außerdem] seinen Bruder Wilhelm, wirklich in Mannheim einsitzend, Christoph Blum aus Lautert – im Gefängnis zu Köln verstorben – und Johann Adam Hofmann, welche sich in der Gegend befanden. Ein Jud aus Asselheim namens Johann, gemeiniglich der Schnukkel genannt, brachte noch einen Mann aus Vilbel [und] den sogenannten Kannegießers Henrich und einen Mann von Hoburg vor der Höh, dessen Name ich nicht kenne. Es waren außer dem Namens Pickard, Müller, dieser erkenntlich, weil er durch einen Schuß den Gebrauch des Daumens verloren hat, Polck, welcher ein junger Mensch von 20 Jahr, ein Mann aus Königstein, der Königsteiner genannt, welcher einmal mit Pickard zu Köln arretiert war, von wo er nach Höchst, wo er wieder entwischt, geführt worden, ein Berliner Jud von 17 Jahr und von kleiner Gestalt, endlich ein Hesse namens Christoph, welcher zu selbiger Zeit auf besagter Hasenmühl wohnte und mit seinem Bruder das Fischerhandwerk betreibt. Außer diesen 15 Individuen sind noch 3 oder 4 von der Niederländer Bande, welche ich nicht kenne, dazugekommen. Der Sammelplatz war auf der Hasenmühl. Der Müller wußte, daß wir auf Verrichtung gehen wollten, er wußte aber nicht, gegen wen selbige gerichtet war. Gegen 10 Uhr des Abends verließen wir die Mühle, alle mit Schießgewehr bewaffnet. Als wir bei Würges ankamen, schnitten wir mit der Säge einen Baum ab . . .«

Soweit der Bericht des Schinderhannes, der genau erklärt, wie sich Angehörige zweier Räuberbanden mit Ortsansässigen zu einer gemeinsamen Aktion zusammenschließen. Den Hergang des darauf folgenden Überfalls beschreibt das Polizeiprotokoll:

»Am 10. Januar (1801) nachts zwischen 11 und 12 Uhr ist eine starke Räuberbande unter fürchterlichem Geschrei, als ob ein starkes Truppenkorps im Anmarsch wäre, in Würges eingedrungen, hat das Haus des Posthalters Oberst besetzt und unter beständigem Feuer aus kleinem Gewehr auf die Zugänge mit einem dicken Baum die Haustür aufgestoßen. Ein Teil ist in das Haus eingedrungen und hat sich des Posthalters und zweier Mägde bemächtigt. Die Frau und die dritte Magd haben sich, jene durch einen Sprung zum Fenster hinaus, diese durch Verkriechen unter ein Bett, gerettet. Jene drei Personen haben die Räuber sofort gebunden, auf die Erde geschmissen und mit Stoßen, Treten und Schlägen sehr mißhandelt. Hierauf haben sie Schränke, Türen und Kommoden zerschlagen, was sie darin gefunden, fortgeschleppt. Als sie aber nicht genug Geld vorgefunden, haben sie aufs Neue jene Personen zu mißhandeln angefangen. Den Posthalter haben sie dergestalt getreten und geschlagen, daß ihm der Arm aus dem Gelenk getreten und fast am ganzen Körper kein weißer Fleck mehr zu sehen ist. Auch hat man ihm mit einem Dolch einen Stich in das Bein versetzt. Die beiden Mägde haben gleiches Schicksal gehabt, eine davon hat einen gefährlichen Dolchstich in den Kopf bekommen, daß sie noch nicht ganz außer Gefahr ist . . . Man hat wahrgenommen, daß von der Räuberbande zwei starke Kerle das Kommando geführt haben, einer im Haus, der andere auf der

Straße [Pickard und Schinderhannes]. Während jener den Raub ausgeführt hat, hat dieser mit seinen Leuten ein fürchterliches Geschrei gehalten, auf französisch kommandiert und ohne Aufhören nach den Zugängen scharf geschossen.«

Über den Ausgang der Tat erzählt wieder Schinderhannes:

»Nach vollbrachtem Diebstahl gingen wir auf die Hasenmühl zurück, wo wir unsere Beute in Gegenwart des Müllers, welchem wir die dem Posthalter gestohlene Flinte gaben, verteilten. Das Weißzeug [Leinen] wurde an einen Juden aus Esch, dessen Name ich nicht kenne, verkauft. Mein Anteil war eine goldene Uhr und 7 oder 8 große Taler.«

Die Brutalität, mit der die Räuber vorgingen, hat ihre Entsprechung in der Grausamkeit der Justiz und des Strafvollzugs jener Zeit. Die Obrigkeit, die viel Mühe hatte, mit den Banden fertigzuwerden, reagierte mit gnadenloser Härte, wenn sie einzelner Bandenmitglieder erst einmal habhaft wurde. Der Vater des jungen Johann Mahr erhielt für einen einfachen Diebstahl fünf Jahre Gefängnis und zwei Jahre Zwangsarbeit.

»Sein Vater hätte damals in Ketten gesessen, daß er nicht hätte auf die Erde kommen können, und die Maden und Läuse hätten ihm große Löcher in die Seiten und Kniekehlen gefressen gehabt, daß er auch [heute] noch immer nicht recht fortkommen könnte, wenn er aufstünde . . .«

Die Banden profitierten jedoch davon, daß die Gendarmen und Streifensoldaten meist miserabel bezahlt und schlecht ausgebildet und ausgerüstet waren und daß die Gefängnisse, die häufig in Türmen der alten Stadtbefestigung untergebracht waren, einem ernsthaften Ausbruchsversuch kaum standhielten.

Schinderhannes konnte dreimal aus der Haft entkommen, einmal sogar mit Hilfe eines Wachsoldaten. Der bayerische Hiesel saß öfters mit Streifen, die ihn eigentlich hätten festnehmen sollen, im selben Wirtshaus, und der junge Mahr berichtet aus dem Bereich der Krummfinger-Bande:

»Wenn gestrefft würde, säßen die Diebe bey ihren Platten [Vertrauensleuten] sicher und versteckt, oder setzten sich auf Berge, wo man die Landschafft übersehen, und sich gleich in ein ander Territorium wenden könnte, wie sie denn die Streiffung allezeit, auch offt von den Gerichtsknechten, vorher erführen: Dahingegen die Streiffer offt im übelsten Wetter auf dem Felde umher irren müßten . . .«

Erfolg hatten die Behörden nur dort, wo sich mehrere Länder auf eine gemeinsame Verfolgung einigten und energische Amtsleute damit beauftragten. Auch dann brauchte beispielsweise der schwäbische Premierleutnant Schedel noch über 300 Soldaten und Jäger, bis er den Hiesel am 14. Januar 1771 in einer Wirtschaft in Oberzell bei Buchloe umstellen und nach mehrstündigem Kampf mit sieben Kumpanen gefangennehmen konnte. Der bayerische Wildererkönig wurde noch im gleichen Jahr mit zweien seiner Kumpane (die anderen fünf hatten entkommen können) hingerichtet. Schinderhannes endete 1803 mit 19 Mitgliedern seiner Bande unter der Guillotine.

Die sozialen und wirtschaftlichen Umwälzungen im Gefolge von Aufklärung und Revolution besserten die Lage der Armen, bei denen die Räuber vorher Unterstützung gefunden hatten. Das Ende der Kleinstaaterei machte die Polizei erfolgreicher. Schinderhannes war eigentlich schon ein Nachzügler gewesen, der nur noch die Wirren der französischen Eroberungskriege und der Besatzungszeit links des Rheins ausgenutzt hatte. Mit ihm ging die Zeit der großen Räuberbanden endgültig zu Ende.

»Anno 1781 am Palmsonntag bin ich, Johann Erhard, Müller von der Neumühl von 20 Räubern überfallen, alles ausgeraubt, 6mal auf mich geschossen, doch sind wir durch Hilfe der heiligen Mutter Gottes bey dem Leben erhalten worden.«

Diese Tafel aus Maria Beinberg bei Schrobenhausen berichtet von einem Raubüberfall, wie er charakteristisch war für die Räuberbanden des 18. Jahrhunderts. Die Räuber kommen in so großer Zahl, daß die Überfallenen von vorneherein keine Chance zur Gegenwehr haben. Sie veranstalten eine wilde Schießerei, wobei sie in erster Linie auf die Fenster halten, um sicher zu gehen, daß nicht zurückgeschossen wird. Die Türen werden aufgebrochen, das Haustor mit Hilfe eines Baumstammes eingerannt, der Hofhund niedergeprügelt. Vorne geben die zwei Anführer der Bande, die an den Säbeln kenntlich sind, ihre Kommandos: »Ihr zwei schießt den Müller tot!« befiehlt der eine, »und ihr schießet alle tot!« der andere. »Gar recht!« antwortet einer der Räuber. Im Hintergrund sieht man zwei Männer weglaufen, die offenbar aus der Mühle geflüchtet sind. »Kommet zu Hilfe!« rufen sie. Die Räuber kümmern sich nicht um die beiden. Sie können sicher sein, daß ihr ununterbrochenes Gewehrfeuer abschreckend genug wirkt, um die Nachbarn des Müllers vom Tatort fernzuhalten. Und wie der Bildtext auf der Tafel erklärt, ist es der Bande auch tatsächlich gelungen, unbehelligt die ganze Mühle auszurauben. Der Müller war froh, daß er sein Leben hatte retten können (vgl. S. 132).

Die Votivtafeln auf den Seiten 136 bis 138 zeigen drei Unfälle, die typisch waren für jene Zeit, als man im Straßenverkehr noch ausschließlich auf Pferde und pferdegezogene Wagen angewiesen war. Das Pferd war ein ziemlich unberechenbares Verkehrsmittel und gemessen am Verkehrsaufkommen hatte es deshalb in der »guten alten Postkutschenzeit« nicht viel weniger Unfälle gegeben, als heute, im Zeitalter des Autos.

Die erste Tafel, die in der Leonhardskapelle Siegertsbrunn bei München hängt, schildert einen Kutschenunfall während einer sonntäglichen Ausfahrt auf dem Lande. Die Pferde waren durchgegangen und in einen Holzstoß gerast (1842). Die Tafel mit dem ausschlagenden Pferd stammt aus Zulling bei Landau an der Isar (1793). Bei dem dritten Beispiel aus Murnau waren wiederum durchgehende Pferde für den Unfall verantwortlich gewesen. Der Bildtext gibt einen ausführlichen Unfallbericht:

»Antoni Kaysser 15. Jahr alt von hier (Murnau), hatte das Unglickh, das gäling (jählings) mit ihme 3 an einen leren Wagen gespante Pferd schöllig geloffen (durchgingen), und ihme: nachdem sie alles in stuckh zerrissen: das Sattelpferdt bei 300 Schritt weit auf dem Pflaster, wie auch eben noch so weit auf dem feldt iber 2 spitzige schranckhen mit solcher gewalttettigkeit fort geschlepet, das alles gewandt von dem Leib gerissen, in ein und andern orth verwundet, jedoch aber, da die Eltern in dise augenscheinlich und schmerzlichisten Todtsgeffahr der Schmerzhafften Muetter Gottes durch ein Gelübd aufgeopfert, nicht nur allein bei dem Leben, sonder schier so vill als gar schadenlos und ohne haubtsechliche glidsverletzung erhalten wurde.«

Verkehrsunfall

»Stephanus Wißlbeck von Hoffkirchen bezeuget, daß er einst ein paar Ochsen mit einem Laitherwagen von ein Bauern zu leyhen genommen, mit solchen sein nothwendiges Holz heimb zu führen, auff dem Weeg haben ihme die Ochsen nicht wollen weithers gehen, dahero die Gaißl ergriffen und unter sie geschlagen, auff welches die Ochsen wild worden und überzwerch auß der Strassen und ungewöhnlichen Weeg geloffen, mithin die Deichsel zerbrochen, darauff der Mann in solche Verwürrung gerathen, daß er ihme selber nicht mehr zu helffen wußte und schon des willens gewesen, sich zu erträncken und unb das Leben zu bringen, unter solchen Gedancken ist ihme die wunderthätige Mutter GOttes Maria Hülff ob Passau eingefallen ... also bald seynd ihme die verzweifelte Gedancken vergangen und ganz wohl getröst nach Hauß gefahren.«

So liest sich der Bericht eines alltäglichen Verkehrsunfalles aus dem Jahre 1701. Wer glaubt, daß Verkehrsunfälle erst mit der Erfindung des Verbrennungsmotors und mit der fortschreitenden Motorisierung zu einem Problem geworden wären, und daß die »gute alte Postkutschenzeit« davon weitgehend verschont gewesen sei, huldigt einer falschen Nostalgie. Wenn man das Verkehrsaufkommen als Vergleichsmaßstab nimmt, dann gab es damals nicht viel weniger Unfallopfer, als heute. Die Mirakelbücher sind voll von Unfallberichten und auf den Votivtafeln erscheint – von Krankheiten abgese-

hen – kein Sujet so häufig, wie Verkehrsunfälle. Auf Seite 15 ist die älteste solche Unfalldarstellung abgebildet. Sie stammt aus dem Jahre 1517 und zeigt einen Passauer Bürger, der auf einer Reise vom Pferd fiel und den Sturz unverletzt überstand.

Das Pferd war alles andere als ein sicheres Verkehrsmittel. Wer die Bilder dieses Kapitels betrachtet, wird ohne weiteres verstehen, warum sich einige fortschrittsgläubige Kommentatoren um die Jahrhundertwende von der Einführung des Automobils einen starken Rückgang der Unfallzahlen versprachen und überzeugt waren, daß der Motor-Kraftwagen als Verkehrsmittel wesentlich weniger Opfer fordern würde, als das unberechenbare Pferd. Ihre falsche Prognose erklärt sich eben aus der relativ hohen Zahl von Unfällen, die es im Verkehr mit Reitpferden und pferdegezogenen Wagen gegeben hatte.

»Georg Haag ... gibt zur Feder, daß er Anno 1731 samt seinem jungen Söhnlein Hieronymus mit dem Wagen in das Feld hinaus gefahren, allwo unversehens die Pferd scheu worden und dermassen zu reissen, springen, wüthen etc. angefangen, daß alles zu Grund gericht worden ...«

»Joseph Lendle fügt bey, daß ihm ein blindes Pferd ist läuffig worden und die größte Gefahr angeschienen, daß es im völligen Lauff in die vorbey rauschende Iller würde hinunter fallen, zumahl Halß und Füß brechen ...«

Diese Tafel aus Andechs zeigt einen ganz alltäglichen Verkehrsunfall aus dem Jahre 1745. Zwei Reiter begegnen sich auf einer schmalen Brücke. Das Pferd des einen scheut, und droht, ihn abzuwerfen. Der andere macht dazu eine Geste, die auch heute noch jedem Verkehrsteilnehmer geläufig ist.

»Georg Henckel ritte durch ein Buchen-Wäldchen, allwo, als er eine Ruthen, das Pferdt anzufrischen, wollte abschneiden, das Pferdt also schnell zu laufen angefangen, daß er ihm erstens rückwärts auf das Kreuz, hinnach aber gar auf den Boden hinunter gefallen und wegen Behangung in denen Steig-Bügeln bey 15 Schritt vom Pferdt gescheifft, zumahlen am Kopf gestreifft und geschlagen worden ...«

»Dem Balthasar Eyrhainer, Mühlern zu Getting, seynd seine Pferdt auf der Strassen erschröckt und lauffend worden, daß selbe von niemand kunten inngehalten werden und der Wagen samt ihme unter über sich geworfen wurde ...«

»Joseph Hierschles Söhnlein von vier Jahren ist auf ein an dem Wagen gespanntes Pferdt gesessen und von selbem herunter unter das Roß und Wagen gefallen, worauf der so schwer als drei Roß erziehen können beladene Wagen dem Kind, so auf dem Rücken ligte, über die Gemächt [Unterleib] und ganzen Leib vollkommentlich gegangen ...«

In der Zeit, als der oben genannte Passauer Bürger seinen Unfall hatte, im 15. und 16. Jahrhundert, war das Verkehrsaufkommen noch gering. Es war im wesentlichen nur Nahverkehr, der die Straßen bevölkerte: Bauern, die Nahrungsmittel und Baumaterial transportierten, fahrende Händler auf dem Weg von Dorf zu Dorf, wandernde Handwerker, einfaches Volk und Wallfahrer zu Fuß und Standespersonen zu Pferd.

Wagen und Fuhrwerke wurden fast ausschließlich im Güterverkehr eingesetzt. Es waren entweder kleine zweirädrige Karren oder lange sogenannte Enz-Wagen, die von mehreren einzelnen hintereinandergespannten Pferden gezogen wurden und nicht breiter waren als die Zugtiere. Zu einem großen Teil aber wurden die Handelsgüter noch auf Saumtieren befördert: Ein »Säumer« führte sechs bis sieben Pferde, die zusammen rund eine

Tonne Waren tragen konnten und in langer Kette hintereinander liefen. Diese ziemlich primitive und unwirtschaftliche Art des Warentransports wurde erzwungen durch den miserablen Zustand der Straßen.

Von den Perserkönigen bis in unsere Zeit hinein waren immer nur autoritär regierte große Staaten an einem leistungsfähigen Straßennetz interessiert, das die entfernten Landesteile mit dem Machtzentrum verband. Berühmtestes Beispiel ist das römische Weltreich. Im Mittelalter dagegen mit seinen vielen selbständigen Territorien gab es keine solche Zentralgewalt, wie Rom es gewesen war. Und die einzelnen Landesherren hatten kein Interesse daran, Geld für den Straßenbau auszugeben, weil es für sie keinen Vorteil brachte, wenn der internationale Fernhandel schneller vorankam.

Die Kaufleute mußten in jedem Fall Wegezoll zahlen, ob die Straßen nun gut oder schlecht waren, und auf bessere Straßen ausweichen konnten sie auch nicht, da ihnen das sogenannte »Geleit« des Landesherren nicht nur Schutz auf ihrem Weg innerhalb der Landesgrenzen garantierte, sondern ihnen auch eine ganz bestimmte Route vorschrieb. Es gab also keinen finanziellen Anreiz für einen besseren Straßenbau, eher das Gegenteil: Noch Friedrich der Große soll geäußert haben, je schlechter die Straßen seien, desto länger blieben die Fuhrleute im Lande und desto mehr Geld ließen sie zurück.

»Anno 1670 den 23. october ist dem Ehren geachten herren hanss hictelsperger, wierrth (Wirt) zu schwaben zwichen arding (Erding) und Freising ein roß in der Wagenfuer nider gefallen, und hat das ansehen gehabt, alß wan es gleich verrecken wolt, also das obgemelter herr anderst nit gemeint, als daß es der todt recke. indem hat sein son zu dem vatter gesagt, er solle eß zu S. Lienhart verloben, mit einem taffelein und H. Meß. ist das roß in ein vatter unser lang nach dem gelibt wider auff gestanden und bei einer stundt weiden lassen und frisch und gesundt wider im wagen eingespant. Gott und Maria und dem H. Lienhart sei lob, ehr und danck gesagt, amen.«

Das Bild aus Siegertsbrunn zeigt einen sogenannten Enzwagen, ein Fuhrwerk mit geringer Spurbreite, das von mehreren einzeln hintereinander gespannten Pferden gezogen wurde. Diese Wagen waren bis zum Ende des 17. Jahrhunderts das gängigste Transportmittel im Güterverkehr. Die Straßen waren um diese Zeit an vielen Stellen noch so schmal, daß die Fuhrleute mit breiteren Fahrzeugen im Gegenverkehr nicht aneinander vorbeigekommen wären.

Eigentlich ist es schon übertrieben, in jener Zeit überhaupt von Straßen zu sprechen, denn in den allermeisten Fällen handelte es sich nur um Erdwege mit Fahrspuren auf gleichem Niveau mit der Umgebung, ohne Unterbau und nur in ganz seltenen Fällen mit einem Holzbohlenbelag dort, wo der Weg über morastiges Gelände führte. Meistens waren sie nur zweieinhalb bis drei, selten über vier Meter breit. In Abständen gab es Ausweichstellen. Für eilige Reisende und Fuhrleute waren sie denkbar ungeeignet: Auch die großen Fernstraßen berührten jedes kleine Dorf und schlängelten sich in zeitraubenden Windungen durch die Landschaft. Der ebene Talgrund mußte wegen der Hochwassergefahren gemieden werden, die Fahrbahnen zogen sich am Hang und auf den Höhenrücken hin und wiesen oft haarsträubende Steigungen und Gefälle bis zu 25 Prozent auf, die die Fuhrleute aus eigener Kraft nicht überwinden konnten.

An solchen Steilstrecken fanden deshalb die Anwohner und die benachbarten Grundherren einen lukrativen Nebenerwerb darin, daß sie gegen entsprechend hohes Honorar Vorspannpferde stellten oder die Waren in leichtere Wagen umluden und sie so über den Berg brachten. Natürlich hatten auch diese Leute keinerlei Interesse daran, die Straßenführung zu verbessern.

Die Bergstrecken boten noch andere Gefahren: Da es keine Wasserleitung gab, verwandelten sich die ausgefahrenen Fuhrwege bei starken Regenfällen in reißende Wildbäche. In einem Bericht über die Reise des päpstlichen Legaten Vorstius im Januar 1536 von Heilbronn nach Bamberg heißt es:

»Da Tauwetter eingetreten war, so kam uns auf den Wegen eine solche Menge Schnee und Wasser entgegen, daß wir oft bis an die Sättel darin ritten und sind wir nie auf der Reise in größerer Gefahr gewesen.«

In der Ebene hatten Regenfälle ähnlich unangenehme Folgen: Wagen und Pferde versanken in grundlosem Morast, in dem sich der Schlamm der Straße mit dem Kot der Reit- und Zugtiere vermischte. Es kam nicht selten vor, daß Reisende buchstäblich auf der Straße ertranken, wenn sie vom Pferd stürzten und bewußtlos im Schlamm stecken blieben.

Für die Ausbesserung der Straßen waren die anliegenden Gemeinden und Grundherren verantwortlich, die ihre Fronarbeiter jedoch lieber für einträglichere Arbeiten einsetzten. Die Fuhrleute mußten sich deshalb meist selber behelfen. Sie benutzten Baumstämme und Faschinen aus Holz und Reisig, mit denen sie die tiefsten Löcher und Rinnen auffüllten. Und wenn die Kaufherren gewöhnlich im Konvoi reisten, dann taten sie das nicht nur aus Angst vor Überfällen, sondern ebenso, um sich gegenseitig über schlechte Wegstrecken hinweghelfen zu können. Zur Standardausrüstung der Fuhrleute gehörten Winden und Hebebäume, die dazu dienten, die im Morast steckengebliebenen Fahrzeuge wieder flott zu machen. Den Schlammlöchern auszuweichen war in der Regel unmöglich, weil die Bauern ihre Felder durch tiefe Gräben oder Zäune zu schützen pflegten.

Das größte Hindernis für den Verkehr jener Zeit stellten die Flüsse dar. Sie mußten meist auf Fähren oder durch Furten überquert werden, Brücken gab es nur an den wichtigsten Fernstraßen. Zur Zeit der Schneeschmelze kam der Güterverkehr regelmäßig zum Erliegen: Furten wurden unpassierbar, Fähren konnten im Hochwasser nicht übersetzen und die Holzbrücken hielten häufig dem Eisstau nicht stand und stürzten ein.

»Caspar Bartl, als er einmahls durch den Fluß Mangfall fahrete, wurde er samt Roß und Wagen von dem Gewalt des Wassers überrissen, er kommete zwar von Pferdten, aber Pferdt und Wagen wurden doch drei Acker lang hinweg geführt und das Sattl-Pferd gänzlich unter über sich gestürzet...« (1751)

»Maria Kätzin, als sie (1739) mit ihrer Tochter nacher Wien abgereiset und in der Rückkehr gegen Linz herauf gekommen, hat das allstets anhaltende nasse Wetter und der ohnverhofft sich ereignende Wolckenbruch einen denen Reisenden nothwendig zu passierenden Bach also angeschwöllet, daß sie sambt ihrer Tochter bis schier gegen den Achseln bey Übersetzung in selbem stehend in größter Lebensgefahr sich befunden, wie dann einer aus den stärksten Männern, als er mit anderen wollen hinüberschwimmen, in Angesicht ihrer ertrunken. Sie stunden von Nachmittags bis zu Nachts um 8 Uhr sehr tieff im Wasser und konnten weder hinter noch für sich, auch kam jählings ein Tisch-großer Eisschollen daher, ob welchem sie beide heftig erschraken, glaubend, er würde sie durch gewalttätigen Anlauff plötzlich niederstoßen. Verlobten mithin eine Wallfahrt nach Maria Steinbach, auf welches der Eisschollen ganz ohnbeweglich vor ihnen also stillgestanden, daß die Tochter sich ganz leicht auf selben hinauf geschwungen und auch die alt ermüdete Mutter zu sich hinauf zu ziehen vermögt. Demnach fahrte der Eisschollen mit ihnen bei 20 Schritt an das Gestadt, daß sie gar leicht auf das ebne Feld können hinaus wathen . . .«

»Anna Kleinin bekennt, daß sie eines Tages (1734) auf einem Steg über die Iller gegangen, indessen aber das Wasser dermassen angeloffen, daß es ihro den Steg unter den Füssen hinweggespület, mithin sie urplötzlich in die Iller gefallen, auch ein halbe Stund nit nur mit dem Wasser, sondern zumahl mit dem vorstehenden Tod zu ringen gehabt . . .«

Auch die vielbefahrene Isarbrücke bei München war nur eine Holzkonstruktion, die alle paar Jahre vom Hochwasser weggeschwemmt wurde und wieder neu aufgebaut werden mußte. Erst zwischen 1759 und 1761 ließ Kurfürst Max III. Joseph eine Steinbrücke errichten, um der ständigen Gefährdung dieser wichtigen Verkehrsader ein für alle Mal ein Ende zu machen. Aber auch diese feste Brücke hielt nur wenig mehr als 50 Jahre: Nach heftigen Regenfällen stürzte sie am 13. September 1813 in den reißenden Fluß. Über hundert Menschen ertranken.

Die Straßenverhältnisse hatten sich vom Mittelalter bis zum Ende des 18. Jahrhunderts kaum gebessert. Dabei wurden die Zustände immer unerträglicher, weil sich das Verkehrsaufkommen ständig vergrößerte, und zwar nicht nur wegen des zunehmenden Handels, sondern vor allem auch wegen des privaten Reiseverkehrs in Wagen und Kutschen, der durch die Fortschritte im Wagenbau und vor allem durch die Einrichtung der Post ermöglicht wurde.

Die Post entstand aus dem Bedürfnis nach schnellerer Nachrichtenübermittlung im Frankreich Ludwigs XI. und im Weltreich der Habsburger. Der königliche und kaiserliche Hof brauchte einen Eilkurierdienst, der die weit entfernten Teile des Reiches mit dem Regierungs-

»Gelibs-Tafel jener Geängstigten, die am 2ten Jänner 1816 beym schnellen Eisgange duch Hilfe Gottes und der Menschen vom Tode gerettet wurden.«

Die Donaubrücke bei Deggendorf hatte dem Eisstau nicht standgehalten und war an zwei Stellen eingestürzt. Die Passanten auf dem stehengebliebenen Mittelteil mußten mit Booten ans Ufer geholt werden. Im Frühjahr, zur Zeit der Schneeschmelze, kam der Verkehr regelmäßig zum Erliegen. Furten wurden unpassierbar, Fähren konnten nicht mehr übersetzen und die Brücken, die um diese Zeit noch größtenteils aus Holz waren, wurden nur zu oft vom Hochwasser der unregulierten Flüsse weggeschwemmt.

Die Tafel hängt in der Gnadenkapelle Geiersberg, die am oberen Bildrand zwischen den Bäumen des Waldes zu erkennen ist. Wallfahrer aus späterer Zeit haben ihre Namen daraufgekritzelt.

zentrum verband. Während des Mittelalters hatte man sich mit Boten beholfen, deren Schnelligkeit von der Leistungsfähigkeit ihrer Pferde abhing. Eine größere Geschwindigkeit war nur durch regelmäßigen Pferdewechsel zu erzielen, eine Methode, die auch schon die großen Reiche des Altertums gekannt hatten, die aber einen hohen finanziellen Aufwand erforderte und deshalb lange Zeit nicht genutzt werden konnte.

1504 beauftragte Kaiser Maximilian I. Franz von Taxis mit der Einrichtung eines Kurierdienstes zwischen Brüssel und Innsbruck, seiner damaligen Residenz. Zwischen den beiden Städten wurden 35 Poststationen angelegt, die jeweils ein Pferd bereithalten mußten. Schon im nächsten Jahr war die Strecke in Betrieb und das Netz wurde in der Folgezeit weiter ausgebaut bis Neapel in der einen Richtung und über Paris nach Granada in der anderen. Außerdem wurden die Posten mit mehr Pferden ausgestattet. Die Kuriere benötigten jetzt für die Strecke von Brüssel nach Innsbruck nur mehr fünf, nach Neapel vierzehn Tage, von Brüssel nach Burgos waren sie sieben Tage unterwegs.

Der Taxis'sche Postdienst war zunächst ausschließlich der Beförderung kaiserlicher Botschaften vorbehalten. Aber schon bald wurden auch Privatbriefe befördert und Wechselpferde nicht nur für die Kuriere des Kaisers sondern auch für Reisende bereitgehalten.

Zu den schwersten Unfällen im Verkehr mit Pferden führten solche Situationen: Der Reiter wurde von seinem durchgehenden Pferd abgeworfen, blieb mit dem Fuß im Steigbügel hängen und wurde mitgeschleift. Die Tafel stammt aus dem Jahr 1767 und hängt in Maria Steinbach.

Der Augsburger Handelsherr Lucas Rem berichtet beispielsweise in seinem Tagebuch, daß er am 7. September 1515 von Brüssel aus auf der Poststrecke in sechs Tagen nach Augsburg geritten sei. Das war ein gewaltiger Fortschritt, denn solche Überlandreisen hatten bisher einen wesentlich größeren Zeitaufwand erfordert. (Eine Gesandtschaft von Straßburg nach Rom etwa war 1478 noch 36 Tage auf der Reise gewesen. Die Rückreise hatte noch einmal 30 Tage in Anspruch genommen.

Die großen Landesfürsten in Deutschland erkannten bald, daß die Post eine lukrative Einnahmequelle zu werden versprach und begannen, gegen den Widerstand der Kaiser, das Taxis'sche Postmonopol zu unterlaufen und eigene Poststrecken auszubauen, die sogenannten Landesposten.

Bis zum Ende des 17. Jahrhunderts waren alle wichtigen Städte durch Postenketten miteinander verbunden, auf denen regelmäßig Postwagen verkehrten, wie die »Ordinari-Landkutsche« nach Brüssel, die ab 1692 jeden Sonntag Vormittag um zehn Uhr vom Gasthof Drei Mohren in Augsburg wegfuhr und für die Reise über Frankfurt und Köln 16 Tage brauchte.

Die deutsche Post war während des 18. Jahrhunderts in ganz Europa berüchtigt für ihre Langsamkeit: Für die geringe Reisegeschwindigkeit war natürlich in erster Linie der schlechte Straßenzustand verantwortlich.

In Frankreich und England hatte man dagegen schon in der ersten Hälfte des Jahrhunderts mit dem Ausbau des Straßennetzes begonnen. Auf den wichtigen Strecken wurden Chausseen angelegt, schnurgerade, aufgeschüttete Dammstraßen mit gewölbter Fahrbahn, damit das Wasser ablaufen konnte. Teilweise war die mittlere Spur sogar gepflastert und Steigungen hatten die Straßenbauer möglichst unter fünf Prozent gehalten, so daß die Fuhrleute keine zusätzliche Bespannung brauchten.

In Deutschland verhinderte die Kleinstaaterei einen durchgehenden Ausbau der Fernstraßen. Erst mit Napoleon und seinen erfahrenen Straßenbauingenieuren kam eine spürbare Besserung. Vorher waren in der Regel nur dort Chausseen nach französischem Vorbild angelegt worden, wo es das Repräsentationsbedürfnis der Landesfürsten verlangte, also in der Umgebung der Residenzstädte und auf den Strecken, die die hohen Herrschaften selbst häufiger zu befahren pflegten. 1770 wurden beispielsweise 10 000 Bauern aufgeboten, die in Fronarbeit die 260 Kilometer lange Straße zwischen Ulm und Breisach am Rhein herrichten mußten, aus dem einzigen Grund, weil die Tochter Maria Theresias, Marie Antoinette, mit einem Gefolge von 500 Personen zur Hochzeit nach Paris reiste und man der Prinzessin die sonst üblichen Strapazen einer solchen Überlandreise nicht zumuten wollte.

Was die gewöhnlichen Reisenden auf solchen Fahrten zu leiden hatten, schildert Wolfgang Amadeus Mozart in einem Brief an seinen Vater vom November 1780, worin er seine Erlebnisse in einer Postkutsche von Salzburg nach München beschreibt:

»Glücklich und vergnügt war meine Ankunft! – Glücklich, weil uns auf der Reise nichts Widriges zugestoßen, und vergnügt, weil wir kaum den Augenblick, an Ort und Ende zu kommen, erwarten konnten, wegen der obwohl kurzen doch sehr beschwerlichen Reise. – Denn, ich versichere Sie, daß keinem von uns möglich war, nur eine Minute die Nacht durch zu schlafen. – Dieser Wagen stößt einem doch die Seele heraus! – Und die Sitze – hart wie Stein! – Von Wasserburg aus glaubte ich in der Tat, meinen Hintern nicht ganz nach München bringen zu können. Er war ganz schwierig und vermutlich feuerrot. Zwei ganze Posten [30 Kilometer] fuhr ich die Hände auf dem Polster gestützt und den Hintern in Lüften haltend. – Doch genug davon, das ist nun schon vorbei! Aber zur Regel wird es mir sein, lieber zu Fuß zu gehen, als in einem Postwagen zu fahren . . .«

Anders als in England, wo private Fuhrunternehmer einen harten Konkurrenzkampf um die Gunst der

Reisenden ausfechten mußten und sich gegenseitig in der Bequemlichkeit ihrer Postwagen zu überbieten suchten, war der Postverkehr in Deutschland staatliches Monopol und entsprechend schwerfällig gegenüber jedem Fortschritt.

Das »Handbuch für Reisende durch das Königreich Bayern« aus dem Jahre 1819 gibt als Fahrzeit für die knapp 250 Kilometer lange Strecke von München nach Würzburg 67 Stunden an und beschreibt mit drastischen Worten, was den Fahrgast erwartete:

»Reisen mit dem Postwagen sind beschwerlich und unangenehm; das unbequeme enge Sitzen oft bei schwüler Luft, das langsame Fortrutschen mit phlegmatischen oder schlafenden Postillionen, die oft schmutzige und schlechte Zusammensetzung der bunten Reisegesellschaft, wo man nur zuweilen durch eine angenehme, interessante Bekanntschaft entschädigt wird, sind lauter Dinge, an die sich ein Reisender mit dem Postwagen gewöhnen muß. – Dazu kommt der Verlust der Zeit. In allen Städten, Stationen wird abgeladen, aufgeladen, registriert; das nimmt viele Stunden weg; man muß oft an einem unbedeutenden Orte liegen bleiben, man muß über dem Warten Geld verzehren, man hat zu viel und zu wenig Zeit; denn man kann weder weg gehen, noch schlafen, weil man am Postwagen bereit stehen, und auf seine Sachen Acht haben solle. Kurz bei einer solchen Fahrt gibts harte Prüfungen der Geduld . . .«

Wer es bequemer und schneller haben wollte, war auf die Extrapost angewiesen, wobei man möglichst seinen eigenen Wagen mitbrachte, und von den Postmeistereien jeweils nur Pferde und Kutscher mietete. Das aber konnten sich selbstverständlich nur die Reichen leisten: Denn zusätzlich zum »Meilengeld« für Chauffeur und Bespannung, zu den Chausseegebühren und Brücken- und Wege-Zöllen, zum gesetzlich vorgeschriebenen Trinkgeld und zum ebenso vorgeschriebenen Schmiergeld für die Wagenschmiere mußte der Extrapost-Reisende noch einiges mehr drauflegen, wenn er wirklich angenehm reisen wollte:

»Das alte Sprüchwort: Wer gut schmiert, der fährt auch gut! ist weniger von der Achse, als vielmehr vom Postillion zu verstehen. – Unter allen Trinkgeldern, die ein Reisender auf seinem Wege ausgibt, ist keines besser angewendet, als das, welches er dem Schwager (wie der Postillion in Deutschland gewöhnlich genannt wird) in die Hände drückt. – Wer hier knickert, ist noch nicht viel gereiset, oder Feind seines eigenen Interesses. – Ein paar Groschen mehr, als der Tax, pflanzt sich von Station zu Station durch Tradition fort, und verinteressiert sich zehnfach dem Geber durch schnellere Förderung, schnelleres Fahren, größere Schonung seines Wagens . . .« (Handbuch für Reisende . . . 1819)

Auch die Posthalter mußten bestochen werden, indem man ein Pferd mehr bezahlte, als sie vorspannten. Auf diese Weise konnte der Extrapostreisende auf ausgebauten Straßen aber immerhin eine Tagesleistung von 150 bis 200 Kilometern erreichen.

In den Städten war der Verkehr seit dem Ende des Dreißigjährigen Krieges stark angewachsen. Die engen Straßen und Gassen starrten vor Schmutz und Abfall und Kot, nur die wichtigsten Plätze und die Hauptstraßen waren gepflastert. Vor allem im Sommer herrschte ein pestilenzialischer Gestank und der Morast war oft so tief, daß die Kavaliere Stelzen benutzen mußten, um ihre seidenen Beinkleider zu schonen.

Gegen Ende des 17. Jahrhunderts wurde deshalb in den größeren Städten ein Transportdienst mit Sänften eingerichtet. In München beispielsweise wurden diese aus Frankreich stammenden »Porte-Chaisen« von türkischen Kriegsgefangenen getragen, die darauf gewissermaßen ein Monopol hatten und mit ihren Turbanen eine exotische Note ins Straßenbild brachten.

Pferdegezogene Kutschen konnten wegen der hohen Unterhaltskosten zunächst nur von den reichen Standespersonen gehalten werden, aber schon bald entwickelte sich die Kutsche – ähnlich wie in unserer Zeit das Auto – zu einem Statussymbol und der Verkehr wurde entsprechend dichter.

Anfang des 19. Jahrhunderts wurde das Durcheinander von privaten Kutschen, Postwagen, Kaufmannsfuhrwerken, Droschken und bäuerlichen Fahrzeugen aller Art in den größeren Handelsstädten schließlich so groß, daß man Straßenverkehrsordnungen einführen mußte. 1825 gab etwa der Hamburger Magistrat ein »Mandat« heraus, »um die Sperrung der Gassen durch Fuhrwerke zu verhüten, sowie zur Regulierung des Fahrens der Droschken«. Darin wurde das Rechts-Fahren und Links-Überholen aller Wagen gesetzlich vorgeschrieben.

Ein großes Hindernis für den städtischen Verkehr war erst wenige Jahrzehnte zuvor beseitigt worden: Die Stadtmauern mit ihren engen Durchlässen. München hatte 1782 bei 40000 Einwohnern nur vier Tore für den Wagenverkehr. Sie wurden im Winter um neun, im Sommer um zehn Uhr geschlossen. Reisende, die später ankamen, konnten nur gegen eine besondere Gebühr am sogenannten »Einlaß« in die Stadt hineinkommen.

Dadurch blieben allerdings die Bürger wenigstens zur Nachtzeit vom Verkehrslärm verschont, der auch damals schon Anlaß zu Klagen gab. Die Postillione fanden nämlich einen besonderen Spaß darin, in schnellem Trab in die Städte einzufahren, was auf dem Kopfsteinpflaster einen ohrenbetäubenden Lärm erzeugte. Der Reiseführer von 1819 sagte dazu:

»Es ist eine Gewohnheit der Postillions, in den Städten rasch zu fahren; gegen diese Gewohnheit eifere man ja nicht: denn ist etwas am Wagen locker und gebrechlich, so ist es besser, es äußert sich hier, wo Hilfe bei der Hand ist, als auf der Landstraße. Hält aber das Fuhrwerk das Rasseln auf dem Steinpflaster aus, so kann man hoffen, wenigstens die nächste Station ohne Zufall zu erreichen.«

Längere Reisen im Postwagen waren ungemein strapaziös. Da Postgüter und Personen im gleichen Wagen befördert wurden, konnte man nur schwere Fahrzeuge gebrauchen, die robust genug waren, den schlechten Straßen standzuhalten. Die eleganten, hochrädrigen und gutgefederten Schnellpostkutschen und Diligencen, die wir vor Augen haben, wenn wir an die Postkutschenzeit denken, kamen in Deutschland erst kurz vor dem Bau der ersten Eisenbahn in Gebrauch, zu einem Zeitpunkt also, da sie eigentlich schon gar nicht mehr notwendig waren.

Ein anderes Problem, mit dem sich die Reisenden damals auseinandersetzen mußten, war die allgemeine Unsicherheit auf den Straßen.

Gegen Ende des Mittelalters kam die Hauptgefahr vom verarmten Kleinadel, der die durchziehenden Kaufleute überfiel und ausraubte. Eine der bekanntesten Räuberfiguren aus jener Zeit war Eppelein von Gailingen, der die Nürnberger Handelsherrn drangsalierte, und einer der letzten Raubritter war der berühmte Götz von Berlichingen, der unter nichtigem Vorwand der Stadt Köln Fehde ansagte und daraus das Recht ableitete, Kölner Kaufleute zu überfallen. Die Kaufmannszüge konnten sich nur dadurch helfen, daß sie für teures Geld vom Landesherrn Geleitschutz erkauften, aber das funktionierte auch nur dort, wo der Landesherr mächtig genug war, um den Raubrittern mit Vergeltung drohen zu können, falls sie seinen Geleitbrief mißachteten.

In der Folgezeit waren es vor allem marodierende Soldaten, die den Reiseverkehr bedrohten und später die vielen Räuberbanden, von denen im vorigen Kapitel die Rede war. Im 18. Jahrhundert mußten die Postwagen auf besonders gefährdeten Streckenabschnitten häufig von bewaffneten Reitern begleitet werden, und in einer Verordnung von 1754 aus Schwaben heißt es, die Dreistigkeit der Räuber

»sei einige Zeit her so hoch angestiegen, daß selbige keine Scheu tragen, die kaiserliche Reichspost sogar auf offener Landstraße hier und da anzugreifen und auszuplündern; die Stände möchten in dieser das commune

Interesse des ganzen Reiches betreffenden Sache ... vermittelst vorzunehmender Straifungen ... dafür sorgen, daß die bisher so vielfältig unterbrochene allgemeine Sicherheit der kaiserlichen Reichsposten wiederum ... hergestellt werde.«

Es gab zahlreiche Postkutschenüberfälle, wie hundert Jahre später im Wilden Westen der Vereinigten Staaten. Einer der sepktakulärsten ereignete sich am Abend des 3. April 1762 auf der Straße von Köln nach Frankfurt in den Wäldern des Taunus zwischen Camberg und Würges. Zwölf Räuber hielten den Postwagen auf, überwältigten Besatzung und Passagiere und verschwanden mit zahlreichen Wertsachen und 50 000 Gulden in bar, einer Millionenbeute nach unseren heutigen Begriffen. Zwar wurde die Bande kurze Zeit später gefaßt, aber der Anführer, ein Zigeuner namens »Heidenernst« konnte mit dem größten Teil des Geldes entkommen.

Eine Gegend allerdings, die uns nach Wilhelm Hauffs Rahmenerzählung vom Wirtshaus im Spessart als beson-

»Teresia Bärtlin, Handlsfrau, wurde ohnweit Töplitz von denen preussischen Husaren geling (jählings) überlauffen, mithin durch heimliche Abweg die Flucht zu nehmen gezwungen, wo sodann die Pferdt über eine förchterliche Berganhöhe eingesprungen (sind), das mit Waren viel Zentner schwer beladene Gefährt laufend, und alles unter über sich gekehrt worden (ist). Der Bediente lag unter dem Wagen, und gingen die vorderen Räder über ihn, die Frau (wurde) über die Anhöhe hinein geworfen. In diesen gefährlichen und halsbrechenden Umständen aber rufen beide zu der Schmerzhafften Muetter in Murnau um Hilf und machten ein Gelübd mit 2 heil. Messen, opfer in stock und einer Votivtafel. Und seht (das) Wunder: Kaum war die Verlobung getan, so fiel ihr eigener Hundt die Pferdt von vorne her an, und stellte sie in ihrem Lauf. Der Bediente machte sich also unter dem Wagen heraus, die Frau erholte sich auch von ihrem Fall, die nachjagenden Feinde verloren sie

ders gefährlich erscheinen mag, war damals ganz im Gegenteil als ungewöhnlich sicher bekannt. Johann Kaspar Riesbeck gibt 1780 in seinen »Briefen eines reisenden Franzosen über Deutschland« folgende Schilderung:

»Auf meinem Weg hierher [nach Frankfurt] kam ich durch den Spessart, die dickste Waldung, durch die ich noch in Deutschland auf einer ordentlichen Straße gekommen bin. In neun Stunden Wegs sah ich nur ein einziges Dorf und ein Jagdhaus. Alles übrige war fast ununterbrochen Gehölz und gutenteils auch Gebirge. Dessenungeachtet ist die Straße vortrefflich, und der Kurfürst von Mainz, dem der größte Teil dieser Holzung gehört, hält sie auch von Räubern rein. Seit zwanzig Jahren weiß man kaum zwei Beispiele, daß jemand in dieser schauerlichen Waldung wäre angefallen worden. Sie ist jetzt so sicher, daß man ohne alles Bedenken sogar in der Nacht durchreist. Zu Aschaffenburg, einem hübschen lustigen Städtchen, liegen immerfort gegen dreißig

aus ihrem Gesicht. Und (sie) kommen sodann glücklich ohne mindeste Verletzung und Verlust in dem kaiserlichen Lager an. Wie solches alles beide nachgehends auch öffentlich von der Kanzel zu verkünden angegeben (haben).
Den 18. März 1764«

Die Murnauer Händlerin hatte also wohl 1762, noch während des Siebenjährigen Krieges, eine Geschäftsreise in das Lager der österreichischen Truppen unternommen und war einer Abteilung preußischer Totenkopfhusaren in den Weg gelaufen. Ihre Angst vor einer Plünderung war dabei durchaus berechtigt, denn was den Straßenraub anging, stand die Soldateska den organisierten Räuberbanden des 18. Jahrhunderts in nichts nach.

Husaren, welche zu gewissen Zeiten den Spessart durchreiten, um ihn von verdächtigem Gesindel zu säubern. Wenn alle deutschen Fürsten ihre Handvoll stehende Truppen zu dieser Bestimmung gebrauchten, hätte man nichts gegen die Militärsteuern und die gewalttätigen Werbungen der Söhne ihrer Bauern einzuwenden.«

In anderen Gegenden Deutschlands war man dagegen keineswegs so sicher. Noch der Reiseführer von 1819 warnt vor Anhaltern und nächtlichen Reisen durch tiefe Wälder und nennt als besonders wichtigen Teil der Reiseausrüstung eine geladene Pistole:

»Unbekannten oder Fußgängern, die man unterwegs antrifft, auf seinem Wagen aus unvorsichtiger Barmherzigkeit einen Platz einzuräumen, ist das beste Mittel, beraubt oder ermordet zu werden ... Eben so sey man auf seiner Hut, wenn man bei der Nacht durch große einsame Waldungen reiset. Man thue dieses letztere nie ohne dringende Eile, und warte lieber, bis der Tag anbricht. Da von dem guten Zustande der Pistole das Leben eines Reisenden abhängen kann, sollte er täglich nach Pfanne und Stein sehen, ob das Zündkraut nicht abgefallen.«

Bei so viel Unsicherheit und Unbequemlichkeit, die den Reisenden auf den Landstraßen erwarteten, ist es kein Wunder, daß damals die Wasserwege für den Personenverkehr eine ungleich wichtigere Rolle spielten, als heute.

»Der größte Theil derjenigen, die von München nach Wien reisen, des Winters ausgenommen, reisen zu Wasser. – Alle Montage fährt im Sommer längstens um 1 Uhr Nachmittags, im Frühling und Herbst aber um 12 Uhr Mittags ein sogenannter ordinari Floß dahin ab,«

schreibt der Reiseführer von 1819 und schildert die Vorzüge einer solchen Reise zu Wasser:

»Die Wasserfahrten haben den allgemeinen Vortheil, daß sie ungleich wohlfeiler, als die Reisen zu Lande sind; und doch kann der Reisende all sein Gepäck mit sich führen; sie sind auch weit bequemer, denn die Bewegung der Schiffe ist weit sanfter, als die im Wagen. Daher kann auch der Reisende ungestört lesen, schreiben und studieren. Auch ist er gegen Regen und üble Witterung geschützt.«

Natürlich beschränkte sich dieser Personenverkehr auf die Fahrt flußabwärts. Im »Gegentrieb«, bei dem die Schiffe von Pferden oder Menschen, vom Flußufer aus gegen die Strömung gezogen wurden, kam man langsamer voran, als ein Fußgänger, weshalb diese Art des Transports im wesentlichen nur für den Güterverkehr in Frage kam. Viele Schiffe, wie etwa die bekannten Inn-Plätten und alle Flöße, die mit der Geschwindigkeit des Wassers gemächlich flußabwärts schwammen, waren sowieso nur einmal unterwegs: Am Zielort wurden sie auseinandergenommen und als Bauholz verkauft. Die Schiffer und Flößer wanderten zu Fuß zurück.

Die flachen Plätten und Flöße waren das billigste Transportmittel jener Zeit und wurden deshalb vor allem von den armen Leuten viel benutzt. Johann Kaspar Riesbeck hat eine Reise auf einem Donauschiff von Passau nach Wien mitgemacht und gibt eine anschauliche Schilderung von dem bunten Durcheinander an Bord:

»Unser Schiff war nach dem Riß der Arche Noah gebaut, ohne Fenster, durchaus verdeckt, und Menschen, Waren, Tiere und Ungeziefer ohne Unterschied durcheinander eingepackt. Was eine Art von Kajüte vorstellen sollte, war der Vorderteil. Eine hohe Lage Zuckerkisten bildete die hintere Wand, und auf einer Seite war eine kleine Öffnung angebracht, die man ein Fenster nannte, wodurch man aber kaum sehen konnte, daß es Tag war. Mitten auf dem Schiff, der Länge nach, war zur Seite auf dem Verdeck eine ander Öffnung gemacht, aber nicht um eine Taube nach einem Ölzweig ausfliegen zu lassen.

Man mußte über das ziemlich abhängige und bei einem Regen sehr schlüpfrige Verdeck mit etwas Lebensgefahr in diese Öffnung hinabsteigen, um seine Notdurft zu verrichten. Da diese Kloake keinen Ausfluß hatte und auch kein Schiffsjunge da war, sie zu reinigen, kannst du dir leicht vorstellen, daß das ganze Schiff immerfort mit balsamischen Düften angefüllt war, besonders da es ungewöhnlich viel Leute hatte.«

Daneben gab es selbstverständlich auch komfortablere Schiffe, wie etwa die Postschiffe, die auf dem Rhein verkehrten: Sie verfügten über Einzelkabinen, die so gut ausgestattet waren, daß sie sogar den Ansprüchen der Standesherren genügten.

Ein besonderer Vorzug der Reise zu Wasser war die relativ hohe Geschwindigkeit, mit der man vorwärts kam. Die Fahrt von München oder Innsbruck nach Wien dauerte nur fünf bis sechs Tage. Kurfürst Max Emanuel fuhr 1703 nach seinem mißglückten Feldzug gegen Tirol von Mittenwald auf einem Floß in zwölf Stunden nach München.

Auf vielen Flüssen wurde die Schiffahrt allerdings durch zahlreiche Zölle behindert. So mußten die Pfälzer Bauern, die in der zweiten Hälfte des 18. Jahrhunderts nach Amerika auswandern wollten, auf ihrer Fahrt rheinabwärts 29 Zollstationen anlaufen, was ihre Reisezeit bis Rotterdam auf vier bis sechs Wochen ausdehnte.

Auch auf dem Wasser ging es nicht ohne Unfälle ab, wovon zahlreiche Votivtafeln und Mirakelberichte Zeugnis ablegen: Schiffe und Flöße zerschellten an Felsen, die aus dem Wasser ragten, Wirbel und Untiefen wie der berühmte Donaustrudel unterhalb Linz forderten viele Opfer, Boote kenterten auf den Seen im plötzlich aufkommenden Sturm und auf den Flüssen war es besonders gefährlich an den engen Brückendurchlässen, wo das Wasser mit reißender Gewalt hindurchschoß.

»Georgius Schwinggruber, Bräumeister von Kaltenhausen, führte einstmals auf der Salzach Platten-Steine, alldieweilen aber das Schiff gar zu stark beladen, ist es mit ihm untergegangen, er war des Schwimmens unerfahren, dahero in äußerster Lebensgefahr. Als er ein wenig dahin gerunnen und allgemach zu sinken angefangen, verlobte er sich zu Maria Hilf ob Passau: Bald darauf kam er wieder über sich, indem er schon unter dem Wasser gewesen, samt dem Hut auf dem Kopf, hat auch nichts von dem Wasser geschöpft. Unverhofft kam ein großes Schiff daher, an welches er sich anhinge, und mithin von dieser äußersten Todsgefahr salviert wurde.«

Große Schiffsunglücke waren zwar selten, aber sie kosteten jedesmal sehr viele Todesopfer, weil nur wenige schwimmen konnten. Es gab Schiffe, die 500 und mehr Menschen faßten. Oft waren sie übersetzt. Wenn sie kenterten, kam es zu Katastrophen, die man nur mit den Flugzeugabstürzen unserer heutigen Zeit vergleichen kann. 1770 beispielsweise zerbarst im Donaustrudel ein mit schwäbischen Auswanderern überladenes Floß, wobei 300 Menschen den Tod fanden.

Auch die Wallfahrer, die oft in großen Gruppen auf Schiffen oder Flößen zu den Gnadenorten reisten, blieben nicht von Unfällen verschont. Im folgenden Mirakelbericht bedankt sich eine fromme Frau für ihre glückliche Errettung aus Seenot. 55 ihrer Mitwallfahrer hatten dazu keine Gelegenheit mehr.

»Maria Anna Brüggerin von Goldberg in Baden wollte in der heiligen Fastenzeit des 1734. Jahrs nach Maria Einsiedel sich wallfahrtend begeben. Als sie aber auf dem Bodensee in Begleitung dreier Schiffe gegen Rorschach wollte anrücken, entstund unverhofft ein solch heftiger Sturmwind, daß er augenblicklich ein mit 57 Personen beladenes Schiff unter über sich geworfen, wodurch geschehen, daß 55 Menschen zu Boden gesunken, sie aber mit denen Kleidern an einem Schiffnagel hangen geblieben ... und bis an das dritte Schiff seitwärts geworfen worden, allwo sie ein gutherziger Schiffmann eingenommen.«

Das Schiff war vor der Erfindung der Eisenbahn das bequemste, schnellste und vor allem billigste Transportmittel auch im Personenverkehr. Das galt natürlich in erster Linie für die Fahrt flußabwärts. Gegen die Strömung mußten die Schiffe von Pferden gezogen werden, was die Fahrt entsprechend verlangsamte.

Auch im Schiffsverkehr gab es viele Unfälle, besonders auf den schnellfließenden Flüssen des Voralpenlandes, die damals noch in keiner Weise reguliert waren und zahlreiche Klippen und ständig wechselnde Untiefen aufwiesen. Die Zahl der Todesopfer war dabei oft erschreckend hoch, weil die Schiffe häufig überbesetzt waren und die wenigsten Passagiere schwimmen konnten. Das Unglück, das diese Votivtafel aus Maria Steinfels bei Landau schildert, ist demgegenüber noch glimpflich ausgegangen. Die Pfarrgemeinde von Landau hatte sich am 23. Mai 1689 nach einer Wallfahrt nach Passau auf zwei aneinandergebundenen Plätten donauaufwärts ziehen lassen (man kann die roten Pilgerstäbe erkennen, die damals von den Wallfahrern mitgeführt wurden). An einer bekannt gefährlichen Stelle in der Nähe des heutigen Donaukraftwerks Kachlet riß das Verbindungsseil zwischen den beiden Schiffen. Das erste, das ja noch von den Zugpferden gehalten wurde, stieß an einen Felsen, ohne daß viel passierte, das zweite wurde abgetrieben, rammte zwei Klippen, wobei einige Passagiere über Bord gingen, und landete schließlich an einer kleinen Insel an, auf die sich der Rest der Besatzung retten konnte. Die Enden des zerrissenen Seils hängen im Wasser. Die Männer, die die Zugpferde an Land begleiteten, sind schon unterwegs, um den Schaden zu beheben.

»Ora pro salute corporis et anima mea« – mit dieser Bitte wandte sich 1781 der hier abgebildete adelige Herr an die Muttergottes von Maria Steinbach. Seine Votivtafel schildert kein Mirakel, sondern zeigt den Stifter nur mehr als frommen Beter, der ganz allgemein um sein Seelenheil und um körperliche Unversehrtheit bittet. In dieser Art der Darstellung äußert sich eine durch die Aufklärung gewandelte Frömmigkeit, die zwar den Glauben an die Macht der himmlischen Nothelfer bewahrte, aber keine Wunder mehr erwartete.*

Volksfrömmigkeit und Aufklärung

Die Epoche jener eigenständigen und alle Bereiche des Lebens umfassenden Volksfrömmigkeit, die mit dem Aufkommen der Gnadenwallfahrten im Spätmittelalter begonnen hatte, und die in den Mirakelberichten und Votivtafeln einen besonders bildkräftigen Ausdruck gefunden hat, wurde beendet durch die Aufklärung um die Wende vom 18. zum 19. Jahrhundert. Der Wandel läßt sich an den Votivtafeln unschwer ablesen.

Die alten Tafeln zeigen eine überaus lebendige Vielfalt in Form und Darstellung, erzählen ihre Geschichten in übersprudelnder Bekennerfreude voll Dankbarkeit und Stolz über den Vorzug des persönlichen Gnadenerlebnisses, schildern ihre Mirakel in allen Einzelheiten und mit großer Detailgenauigkeit. Bei den Tafeln des 19. Jahrhunderts ist die Form erstarrt, der Stifter bleibt anonym, der Bildtext sagt allenfalls, daß sich »eine gewisse Person in einem schweren Anliegen« verlobt habe, meist beschränkt er sich auf die Formel »ex voto«, und das Bild selbst zeigt nur mehr einen frommen Beter unter dem Gnadenbild.

Die auf Seite 156 abgebildete Votivtafel aus Maria Steinbach aus dem Jahr 1781 deutet diese Entwicklung an. Der adelige Herr, der sie gestiftet hat, und der mit demutsvollem Blick zur Muttergottes aufschaut, besitzt zwar offensichtlich noch den Galuben an die wundertätige Kraft des Gnadenbildes, aber er hat nicht mehr den Mut, ihn öffentlich zu bekennen. Er verschweigt seinen Namen, weil er fürchtet, daß ihn seine aufgeklärten Standesgenossen für rückständig halten könnten. Sein Votivbild dokumentiert kein Mirakel, sondern nurmehr die fromme Gesinnung des Stifters.

Die Ideen der Aufklärung, die – aus England und Frankreich kommend – zuerst im protestantischen Teil Deutschlands Eingang gefunden hatten, begannen sich in der 2. Hälfte des 18. Jahrhunderts auch in den katholischen Ländern durchzusetzen. Rationalismus und erwachendes Selbstbewußtsein ließen den Menschen nicht mehr in allen Fällen leiblicher Not nach Gott und seinen himmlischen Helfern rufen, sondern mehr und mehr in Naturwissenschaft, Medizin und Technik Hilfe suchen. Die Zuständigkeit der Kirche und der Religion wurde zunehmend auf die Belange der Seele eingeschränkt. Der Glaube an die Vernunft verdrängte den Glauben an Wunder und Mirakel.

Die neuen Ideen erreichten allerdings zunächst nur die Oberschicht: vor allem das Bürgertum, aber auch weite Kreise des Adels und der hohen Geistlichkeit. Sie konnten nur dort Fuß fassen, wo ein gewisser Bildungsstand gegeben war. Das größtenteils ungebildete einfache Volk und in besonderem Maße die Landbevölkerung waren dafür nicht aufnahmebereit. Ihnen wurde die Aufklärung erst nach und nach von der Obrigkeit gewissermaßen auf dem Verwaltungswege verordnet und teilweise mit Gewalt aufgezwungen.

Die Maßnahmen der aufgeklärten Regierungen richteten sich dabei in erster Linie gegen jene Erscheinungen der Volksfrömmigkeit, die dem Vernunftglauben widersprachen, und dem vom Staat erstrebten wirtschaftlichen Fortschritt im Wege standen. An diesen Aufklärungsmaßnahmen waren der hohe Klerus und die geistlichen Landesherren selbst maßgeblich beteiligt.

Schon im Kapitel über die Wallfahrt war davon die Rede gewesen, daß die Kirche gegenüber den vielfältigen Äußerungen der Volksfrömmigkeit seit je einen eher kritischen Standpunkt eingenommen hatte. Sie bemühte sich, die ausufernde Heiligenverehrung und den unkritischen Wunderglauben des Volkes einzudämmen, sie wandte sich gegen die fetischistische Anbetung der Gnadenbilder, und sie versuchte, das religiöse Brauchtum von abergläubischen Vorstellungen und magischen Praktiken zu befreien.

Die Freisinger Synode von 1509 verurteilte die »Sensationslust« der Wallfahrer. Das Konzil von Trient dekretierte 1563, daß jedes Mirakel zuerst von glaubwürdigen Zeugen beeidet und vom zuständigen Bischof anerkannt werden mußte, bevor es registriert und veröffentlicht werden durfte. Dasselbe Konzil ordnete einen regelmäßigen katechetischen Unterricht an, in dem das Volk mit den Glaubenswahrheiten besser vertraut gemacht werden sollte. Aber das alles hatte nur mäßigen Erfolg. Im Bistum Augsburg beispielsweise mußten die Anordnungen über diesen Unterricht bis 1760 nicht weniger als 15 Mal wiederholt werden, wobei den Geistlichen, die nicht die nötige Sorgfalt aufwandten sogar mit Haftstrafen und Amtsenthebung gedroht wurde. Das bedeutet nicht, daß die Landpfarrer schlechte Religionslehrer gewesen wären, es zeigt nur, daß ihre Gemeindemitglieder wenig Interesse an einem solchen Religionsunterricht hatten.

Das Volk war weniger am geistigen Gehalt der Religion interessiert, es suchte in ihr eher praktische Hilfe bei Überwindung irdischer Nöte. Es brauchte die Religion vor allem zur Bewältigung des täglichen Lebens und handelte entsprechend seinen eigenen, vorwiegend materiellen Bedürfnissen.

Für den Menschen des Spätmittelalters war »das ganze Leben von Religion durchtränkt« (Huizinga). Alle Erscheinungen des Lebens und der Natur hatten einen religiösen Gehalt und wurden aus der Religion erklärt, so auch alles, was die Existenz des Menschen bedrohte: Krankheit und Krieg, Hagelschlag und Hungersnot. Jedes Unglück wurde als Strafe Gottes empfunden. Der strafende Gott wiederum ließ sich nur durch einen frommen Lebenswandel, durch Opfer und Bußleistungen gnädig stimmen. Das heißt, jedes Unheil konnte nur mit religiösen Mitteln abgewendet werden. Die Volksfrömmigkeit wurde deshalb im wesentlichen bestimmt von einer ständigen Suche nach religiösen Sicherungen gegen die Unsicherheiten des Lebens.

Gott wurde dabei mehr und mehr in den Hintergrund gedrängt, weil das naiv gläubige Volk mit einem abstrakten Gottesbegriff wenig anfangen konnte. Die Rolle des gnädigen Gottes übernahmen die Heiligen und die Jungfrau Maria, die so gewissermaßen zu »Prokuristen Gottes« wurden (Huizinga), die Rolle des strafenden Gottes füllten die Teufel und ihre menschlichen Helfershelfer, die Hexen und Unholden aus.

Es gab danach nicht mehr nur einen Adressaten für die Hilferufe der Menschen, sondern eine unüberschaubar große Zahl von Nothelfern, die ihrerseits wieder spezialisiert waren auf ganz bestimmte Hilfeleistungen. Auf der anderen Seite wurden die Gefahren für Leib und Leben beträchtlich vermehrt durch eine Unzahl von bösen Geistern und mißgünstigen Zauberern, die entweder im Dienste der göttlichen Gerechtigkeit, oder auch auf eigene Rechnung Unheil verbreiteten.

Das System der religiösen Sicherungen mußte deshalb ständig ausgeweitet und verfeinert werden, was ein grenzenloses Wuchern des religiösen Brauchtums zur Folge hatte. Gebet und Buße wurden immer mehr ritualisiert und formalisiert. Der Erfolg einer Bitte war abhängig von der peinlich genauen Ausführung bestimmter frommer Praktiken und weniger von der inneren Einstellung. Bei den zahllosen Segnungen und Weihungen und bei der Verwendung von geweihten Gegenständen (Sakramentalien) zur Abwehr von Unheil wurde der religiöse Gehalt schließlich oft ganz überlagert von magischen und abergläubischen Vorstellungen.

An einem Bericht aus einem Dießener Mirakelbuch läßt sich diese Verquickung von Glauben und Aberglauben gut ablesen:

Im Jahre 1750 hatte eine Bäuerin aus Edelstetten zusätzlich zu den verschiedenartigen Sicherungsmaßnahmen gegen Unwetter, die damals allgemein üblich waren und von denen später noch die Rede sein wird, auf ihren Äckern sogenannte Mechthildis-Kränzlein vergraben. Von diesen geweihten Kränzlein, die in der Mechthildis-Kapelle in Dießen am Ammersee verkauft wurden, und die unter gewissen Gebetsformeln an einem bestimmten Feiertag eingegraben werden mußten, versprach sie sich einen noch besseren Schutz ihrer Ernte.

Als ein Unwetter kam, blieben ihre Äcker tatsächlich verschont, während die Felder der Nachbarn samt und sonders verwüstet wurden.

Nun hatten die anderen Bauern natürlich ebenfalls ihre Sicherungsmaßnahmen getroffen gehabt. Daß sie versagt hatten, konnte als Strafe Gottes ausgelegt werden. Das aber hätte ein Schuldeingeständnis vorausgesetzt und dazu waren die Bauern nicht ohne weiteres bereit. Sie deklarierten das Unwetter lieber als ein Werk des Teufels, der von einer Hexe dazu angestiftet worden sei, und als Hexe kam selbstverständlich nur jene Bäuerin in Frage, deren Äcker als einzige unbeschadet geblieben waren. Die Bäuerin wurde daraufhin prompt angezeigt und vor ein Gericht gestellt, was keineswegs ungefährlich war, wenn man bedenkt, daß noch 1775, also ein Vierteljahrhundert später, im benachbarten Kempten, eine Frau auf ähnlich haltlose Verdächtigungen hin als Hexe verbrannt worden ist. Erst bei einem Lokaltermin konnte die Bäuerin ihre Unschuld beweisen:

»Sie bekannte frei, daß sie auf niemand ein Vertrauen besitze, als auf die selige Mechthild durch ihre Fürbitte bei Gott und daß sie solche geweihte Kränzlein in einem jeden Acker zwei hineingethan hätte. Und sie glaube, ihre Äcker wären deswegen vonn Schauer bewahret worden. Und sie führte darauf die Gerichtspersonen und alle Leute hinaus, und sie haben wirklich die Kränzlein gefunden, und ihre Ehre war gerettet.«

Für einen aufgeklärten Zeitgenossen, der das Unwetter als eine Naturerscheinung verstand, die sich aus Naturgesetzen erklären ließ, waren derart abergläubische Vorstellungen schlichtweg unerträglich. Sie waren ein Musterbeispiel für die von Kant später formulierte »selbstauferlegte Unmündigkeit« des Menschen, aus der man ihn befreien mußte.

Für den Bauern jener Zeit aber bot die Religion die einzige plausible Erklärung für die rätselvollen und unberechenbaren Erscheinungen der Natur, die seine Existenz ständig aufs Neue bedrohten. Und nur in der Religion konnte er Schutz suchen gegen Viehseuchen und

Wie der fromme Beter, der auf Seite 156 abgebildet ist, demonstrieren auch diese vier Votanten aus Gars am Inn die verinnerlichte Frömmigkeit der neuen Zeit, die von der Aufklärung inspiriert war. Ihre Votivtafeln erzählen keine Mirakelgeschichten, sondern dokumentieren nur mehr die fromme Gesinnung der Stifter. Sie stammen aus den Jahren (von links) 1781 / 1793 / 1790 und 1840.

Schädlingsplagen, gegen Trockenheit und Überschwemmung, gegen Hagelschlag und Dauerfrost.

Der Landpfarrer Johann Christian Beer aus dem schwäbischen Gottmannshofen bei Wertingen zählte 1750 in einer Predigt auf, wie oft seine Bauern in der kurzen Zeitspanne von zehn Jahren von solchen Naturkatastrophen heimgesucht worden waren (zitiert nach Karl Böck):

Da gab es zunächst »den langen Winter 1739, der eine zehnjährige Teuerung verursacht hat, so daß die Bauern das Stroh von den Dächern dem Vieh füttern mußten. Darnach war das Jahr 1742 ein so schreckliches Mäusejahr, daß die Samen in der Erde von ihnen aufgefressen wurden und nur das allgemeine Gebet der Kirche die größte Not abgewendet hat. 1743 vernichtete eine Viehseuche fast den ganzen Viehbestand des Dorfes, zwanzig und mehr Kühe hat ein Bauer verloren.« Von der »Heuschreckenplage, die 1748 das untere Bayernland heimsuchte«, blieben sie zwar dank der »Gebete der geistlichen Obrigkeit« verschont, aber dafür haben wiederum »Überschwemmungen und vor allem der (Österreichische Erbfolge-)Krieg viele Bauern in die größte Not und Schulden gestürzt«. Und am 27. August 1750 schließlich brach noch ein »gewaltiges Donnerwetter« über die Gemeinde herein, »das die Ernte vernichtete und zwei Bauernhöfe in Asche legte«.

Unter solchen Umständen wird verständlich, warum gerade der Bauer so sehr auf die himmlischen Nothelfer angewiesen war, warum er seine Existenz mit einem besonders dichten Netz religiöser Sicherungen umgab, und warum die Volksfrömmigkeit auf dem Lande ihren größten Formenreichtum entfaltete.

Zu den wichtigsten religiösen Sicherungen gehörten Wallfahrten, Bittgänge und Feldprozessionen, mit denen man die Hilfe des Himmels für Ernte und Vieh herabzuflehen versuchte.

1780 schrieb der Pfarrer von Bogenhausen, das damals noch ein eigenständiges Dorf außerhalb Münchens war, einen Brief an seinen Landesherrn, den Kurfürsten Karl Theodor, in dem er aufzählte, wie oft seine Gemeinde zu wallfahrten pflegte:

»In meiner Pfarr sind 17 Kreuzgäng, worunter man bei dem nach Deutenhausen 3 und bei dem auf den Heiligen Perg [Andechs] 2 Tag ausbleibt. Weiters [gibt es] das 40ig stündige Gebet auf dem Gasteig zu Ostern 3 Tag hindurch, dann die ewige Anbetung, so auch im ganzen drei Tag ausmacht. [Außerdem] mehrmallen [Bittgänge] um eine glückliche Erntezeit, dann zu Danksagung für die glücklich eingebrachte Feldfrucht, wie auch fast alle Jahr einwärts um schönes Wetter oder Regen, was auch drei Bitt-Tage ausmacht. [Nicht zu reden von Bittgängen bei unvorhergesehenen] Vorfallenheiten wie ein Jubiläum oder eine Solennität, Abwehr von Seuchen oder anderen Krankheiten sowohl unter Vieh als unter Menschen.« (Gekürzt.)

Das sind 30 bis 40 Tage, die die Gemeinde jedes Jahr auf Wallfahrten zubrachte, und da die Mehrzahl dieser Bittgänge als lebenswichtig für das Gedeihen der Landwirtschaft, und für die Erhaltung der Gesundheit angesehen wurde, gab es kaum einen Bauern, der sich davon ausschloß. Die Landbevölkerung war fast ohne Ausnahme tief gläubig und kirchentreu, »aus tausenden sind kaum zehn zu finden, die nicht die Sonntagsmesse besuchen«, schrieb ein Landkaplan 1797.

Dabei waren die Bauern keineswegs bigott. Die Kirchenfeste und Gottesdienste wurden nicht so ernst und feierlich begangen, wie wir das heute gewohnt sind. Sie waren jeweils auch gesellschaftliche Ereignisse, bei denen die ganze Pfarrgemeinde zusammenkam, vom Pfarrer das neueste aus der großen Welt erfuhr, Geschäfte abwickelte und Bekanntschaften anknüpfte. (Das Konzil von Trient wird wohl seine Gründe gehabt haben, warum es 1563 anordnete, daß Männer und Frauen in der Kirche getrennt sitzen sollten.)

Die ganze Frömmigkeit des Volkes brach erst dann mit aller Gewalt hervor, wenn die Ernte oder der Viehbestand bedroht waren. Josef Hazzi schrieb dazu 1801 in seinen »statistischen Aufschlüssen über das Herzogtum Bayern«:

»Obschon der hiesige Bauer beim gewöhnlichen Gang der Dinge ganz und gar nicht frömmelt, so erwacht doch seine ganze Andacht in vollem Maße, zur Zeit, da sich eine Viehseuche zeigt. Da verlobt man sich zu allen Heiligen, wo man Hülfe zu finden glaubt, geht wallfahrten, legt Geld in die Opferstöcke, läßt Messen lesen, reißt das hochwürdigste Gut aus dem Schoß des Altars, spricht damit Segnungen über die Herde auf offenem Felde, betet häufig Rosenkränze, bis die Seuche nachläßt. Dann geht alles wieder seinen gewohnten Gang.«

Hier wird noch einmal ganz klar, in welchem Ausmaß die Religion zur Sicherung der Existenz benötigt wurde. Es wird aber auch deutlich, daß die Volksfrömmigkeit ein Hemmnis für jeden Fortschritt in der Landwirtschaft darstellen mußte: Solange der Bauer die Ursachen für die Erkrankung seines Viehs im Bereich der Religion suchte, solange konnte er die Seuchen nicht wirklich bekämpfen. Als weiterer Faktor kam dazu der große Zeitaufwand, den die religiösen Bräuche erforderten.

Beides veranlaßte schließlich den aufgeklärten Staat, diese Bräuche rigoros zu beschneiden.

Die erste Maßnahme war eine drastische Einschränkung der kirchlichen Feiertage. Die Fürstbischöfe von Würzburg und Bamberg machten 1770 den Anfang, indem sie 18 kirchliche Feiertage ganz abschafften und zusätzlich eine Reihe örtlicher Feiertage zusammenlegten. Zwei Jahre später folgte – mit Zustimmung des Papstes – auch die bayerische Regierung diesem Beispiel.

Es gab damals in Bayern über das Jahr verteilt rund 40 kirchliche Feiertage. Dazu kamen etwa 30 Feiertage, die auf lokaler Ebene begangen wurden: Kirchweihfeste, Ortspatrozinien, verlobte Feiertage, Bauern- und Hagelfeiertage. Wenn man die Sonntage dazuzählt, waren das über 120 Tage im Jahr, an denen die Arbeit verboten war.

Der aufgeklärte Staat, der ein neues Arbeitsethos durchzusetzen sich bemühte, das auf dem Leistungsprinzip und dem Gewinnstreben aufbaute, konnte eine solche Vergeudung von Arbeitszeit nicht hinnehmen. Außerdem mußten die katholischen Länder befürchten, daß sie gegenüber ihren protestantischen Nachbarn ins Hintertreffen gerieten, denn das Steueraufkommen und damit der Wohlstand des Staates hing noch immer fast ausschließlich vom Ertrag der Landwirtschaft ab. Und schließlich gab es noch einen aktuellen Anlaß, nämlich einen akuten Arbeitskräftemangel gerade auf dem Land.

Die Feiertagsverbote brachten für die arbeitende Bevölkerung nicht nur eine empfindliche Verkürzung der Mußezeit, sondern auch ganz allgemein eine Einschränkung jener Zeit, die man traditionellerweise zu Wallfahrten und Bittgängen genutzt hatte. Es ist verständlich, daß sie vor allem beim Landvolk auf erbitterten Widerstand stießen und trotz scharfer Strafen immer wieder übertreten wurden. Die Dienstboten weigerten sich zu arbeiten, die Bauern ließen sich nicht davon abhalten, die altüberkommenen Feiertage auch weiterhin nach altem Brauch zu begehen. Das galt vor allem für die sogenannten »verlobten Feiertage«, die aufgrund eines Gelübdes gefeiert wurden, das die Gemeinde in Notzeiten geleistet hatte.

Nach dem Willen des Staates sollten die damit verbundenen Wallfahrten jeweils auf den nächsten Sonntag verlegt werden. Die Bauern aber waren davon überzeugt, daß die Heiligen sehr ungnädig reagieren würden, wenn das Gelübde nicht ganz genauso erfüllt würde, wie es versprochen und verlobt war, und nahmen lieber eine staatliche Strafe in Kauf, als den Zorn ihrer himmlischen Nothelfer herauszufordern.

Der Widerstand wurde schließlich so groß, daß die Verbote 1786 vorübergehend wieder stark abgemildert werden mußten.

Gleichgroße Probleme hatte die Obrigkeit mit einem anderen Verbot, das sich auf das Wetterläuten und das Wetterschießen erstreckte. Nach allgemein verbreitetem

Brauch sollte durch das Geläut der geweihten Kirchenglocken und durch das zusätzliche Abfeuern von Böllern jedes Unwetter, oder vielmehr die das Unwetter begleitenden Teufel und Wetterhexen vertrieben, und so die Gemeinde vor Hagel, Blitz und Wolkenbruch geschützt werden. Den aufgeklärten Zeitgenossen erschien dieser Brauch besonders rückständig und in finsterstem Aberglauben verhaftet.

1783 wurde das Wetterläuten in Bayern bei Strafe von 20 Reichstalern verboten. Die Verordnung mußte in den folgenden Jahren ständig erneuert werden, weil sich das Volk nicht daran hielt, und es kam zu erbitterten Streitereien, wenn eine Gemeinde ein Unwetter durch verbotenes Wetterläuten »abgeleitet« hatte, und die Nachbargemeinde, die das Verbot beachtet hatte, dadurch geschädigt worden war.

Mit dem gleichen Eifer, mit dem die Aufklärer gegen diese Bräuche vorgingen, bekämpften sie auch alle anderen Äußerungen der Volksfrömmigkeit, die dem rationalistischen und nüchternen Geist der Zeit zuwiderliefen. Die darauf abzielenden Anordnungen und Verbote häuften sich in den ersten Jahren des 19. Jahrhunderts, als die Säkularisation einsetzte und die geistlichen Orden aufgelöst wurden.

Der Staat verbot die Mitternachtsmette am Heiligen Abend (sie wurde auf fünf Uhr früh verlegt), und verfügte, daß bei der Aufstellung der Weihnachtskrippen – damals das Symbol des Festes – nur noch die Hauptfiguren verwendet werden durften. Die Feiertagsverbote wurden in verschärfter Form neu durchgesetzt, Wallfahrten und Bittgänge bis auf wenige Ausnahmen grundsätzlich untersagt. Alle Feldkapellen, Marterl und Bildstöcke mußten abgebrochen werden, viele Wallfahrtskirchen wurden aulöst (die berühmte Wies-Kirche wäre beinahe um den Spottpreis von 700 Gulden an einen Forstbeamten versteigert worden), und damit wurde auch jenes religiöse Brauchtum abgewürgt, dem Votivtafeln und Mirakelberichte zu verdanken sind: Die Votivgaben mußten aus den Kirchen entfernt werden, die Wallfahrtspriester durften keine Mirakel mehr veröffentlichen.

Durch Zwangsmaßnahmen allein aber hätte sich das religiöse Leben des Volkes nicht wesentlich verändern lassen. Die Bevölkerung hielt mit solcher Zähigkeit an ihren altüberkommenen Bräuchen fest, daß die Verbote in der Zeit der Restauration und nach dem Regierungsantritt von Ludwig I. in Bayern (1825) zum großen Teil wieder aufgehoben wurden.

Daß sich die bäuerliche Kultur dennoch mehr und mehr aus ihrer religiösen Verankerung löste, dafür waren andere Maßnahmen verantwortlich:

Die Einführung der allgemeinen Schulpflicht, die Gründung von landwirtschaftlichen Akademien und Tierarznei-Schulen, die Einführung der Kartoffel und anderer weniger witterungsanfälliger Feldfrüchte, die Verbesserung der Gesundheitspflege und der Bodenkultur, die Aufwertung der sozialen Stellung der Kleinbauern und andere Neuerungen. Neuerungen, die die Existenzgrundlagen und die Lebenschancen der Bevölkerung verbesserten, die ein rationalistischeres Weltverständnis förderten, und die das System der religiösen Sicherungen nach und nach überflüssig machten.

Natürlich war das ein langwieriger Prozeß, und gerade auf dem Land hielten sich die alten Formen eigenständiger barocker Volksfrömmigkeit noch bis weit ins 19. Jahrhundert hinein. Die oben abgebildete Votivtafel aus Hohenburg im Isarwinkel stammt aus dem Jahre 1823 und ist noch ganz dem altüberkommenen Mirakelglauben verhaftet.

Sonst aber ist der Wandel, wie schon am Anfang dieses Kapitels beschrieben, nicht zu verkennen. Die Votivbilder des 19. Jahrhunderts erzählen in der Regel keine Mirakel mehr, sie dokumentieren nurmehr die fromme Gesinnung ihrer Stifter. Sie künden nicht mehr vom erfolgreichen Abschluß eines in einer akuten Notlage geschlossenen Verlöbnis-Vertrages zwischen dem Votanten und seinen himmlischen Nothelfern, sondern demonstrieren nurmehr das Bedürfnis, sich ganz allgemein des Schutzes dieser Nothelfer zu versichern.

Der Glaube hatte sich vergeistigt und verinnerlicht, die Frömmigkeit wurde mehr und mehr ihres äußerlichen Beiwerks und ihrer bildhaften Attribute entkleidet, die Religion wurde nicht mehr zur Sicherung der materiellen Existenz gebraucht.

Das ist der Grund, warum die Bilder des 19. Jahrhunderts im Vergleich zu den älteren eher stereotyp und unpersönlich wirken. Denn gerade der Hang zur Äußerlichkeit, die Bildhaftigkeit des Glaubens, die Naivität der frommen Gesinnung und die existenzielle Verbundenheit der Votanten mit ihren Nothelfern hatten die alten Votivtafeln und die Geschichten, die sie erzählen, so lebendig gemacht.

Auf dem Land hielten sich die altüberlieferten Formen barocker Volksfrömmigkeit trotz zahlreicher Verbote und Einschränkungen durch die aufgeklärte Obrigkeit noch bis weit ins 19. Jahrhundert hinein lebendig, wie diese Votivtafel aus Hohenburg verdeutlicht. Obwohl sie erst 1823 gestiftet wurde, enthält sie doch noch all das, was die alten Votivbilder auszeichnete: Die Freude an der bildlichen Darstellung des Mirakels, das öffentliche Bekenntnis ihres Stifters und die überschwengliche Demonstration seiner Dankbarkeit.

Votivtafeltexte

Der auf Seite 1 abgebildete Fuhrwerkszusammenstoß ist einer Votivtafel aus der Leonhardskapelle von Siegertsbrunn bei München entnommen. Das Bild stammt aus der ersten Hälfte des 19. Jahrhunderts. Außer den Initialen H. G. ist darauf kein Text verzeichnet.

Zu Seite 36

Auß inbrinstiger Lieb und Anrueffung der hochgelobten Himel-Khönigin und Junckfrauen Maria hat wegen der heilligen unzerthailten Dreifaltigkeit Gottes erhalten alhi den 14. Maji anno 1634. Jar deß Melchior Mesners zue Raab seinen Sohn, Matthie genandt, seines alters bey 5 Jar alt, so er neben andern beystehenden Khindern in ain sehr dieffe Lackhen gefallen, doch aus vor oben ernanten Firbitt der heilligen Muetter gottes ist soliches Khindt erödt (errettet) und von der gfar erhalten worden. Zue Gedechtnus hat er, Vatter, solches Täffel alhieher nach alten Edting gelobt und versprochen.

Zu Seite 37

Anno 1640 den 10. Februari ist Maria Chiemseerin, des Meisters Georgen Übersreutter, Bürger und Kramers zu Braunau eheliche Hausfrau in so schweren Khindtsnötten gewessen und in die 17 Stundt lang im Geburtsstuel gesessen und meniglich vermaint, es werdt Muetter und Khindt beisambt bleiben muessen (es würden beide sterben müssen). Wie sie dan sich ganz da sie bered gemacht und die h. letzte Ölung zu verlangen und under werend zeremonien, so bei der H. Ölung gebrauchten, hat der Priester (ihr die Sterbekerze in die Hand gegeben, weil kaum mehr ein Lebenszeichen an ihr zu verspüren war: Originaltext zum Teil unleserlich). In soliche Leidt und betrieben Zuestand hat obgemelter Übersreutter ain Wahlfahrt zu der gnadtenreichen unser lieben Frauen Capel gen alten Ötting auch ein H. Mäss und gmaltes Täfel versprochen, auf soliches Gelübd hat es sich nit nur gebesert, sonder ist (sie) des Khinds niderkhomen. Der H. Trivaltigkheit soll Lob und Danckh gesagt werden.

Zu Seite 58

Als im Jahr 1583 der Edl und Vest. Andreas von Ettling, der durchleichtigen Hochgeborener Unsers Gl. Fürsten u. Hern Herzog Ferdinanden in Bayern Cammerer sich mit Irer H. D. in das Cölnisch khriegswesen pegeben, ist ime, von Edling auf den 9. tag February anno 1584. Jar gleich nach einnemung der Statt Bonn ain unversechner straich in dem haubt und hirn schal, wie hie vor augen zesechen (zu sehen) bescheechen, Also daß meniglich seines Lebens schlechte hoffnung geschöpfft. Nachdem er aber nach iberstanden großen schmerzen und Versuechung viler Arzt-Khunst hat er der hochwierdtigen Muetter Gottes Maria ain khirchfart nach Tundtenhausen verlobt, hat sich angesagter sein Schad von tag zu tag Gottlob gepesert, wie er dann nach abhochgedachter Irer H. D. heraufkumpft (nach der Rückkehr des Herzogs) auch mit gesunden leib glicklich gehn Minchen khumen. Darauf hatt er die daffel machen lasen. ACTUM den 26. Marzi 1586

Zu Seite 76

Anno 1681 Maria Millerin Wirdtin von Öpfach, zeigt an, das sy den vergangne hörps (Herbst) nach denckhling ist geraist, under dösen hat dieren (die Dirn) in dem kuchelstible (Kammer neben der Küche) zu dem flax (Flachs) eingehaizt zu dem dören (Dörren) und den opfen gar zu starck gehaizt underdesen ist der flax aller brinet (brennend) worden, das auch das stible sambt der kuchl voller feir gewösen das es starck zu allen fenstern hat hinaus geschlagen, das sy vermainen, sy kinens nimer erlössen (löschen). In dem grossen Laidt und Jamer ist

166

die Frau haimkhomen, underdösen wie sy es gesehen hat, hat sy unser lieber Frau auf dem H. Berg angerueffen, und gleich ein H. möss sambt einer opfer dafl versprochen, wan es gelöst (gelöscht) wierdt, under disem schrickhen, laufft sy aus dem hauss und fölt vor dem Maria hilff bild nider auf die knie, und rueffs sy an, das dis feir gelöst wierdt. nach solchem gelibt ist das feir alsbaldt gelöst worden, gott und unser frau sey danckh sagt.

Zu Seite 77

Diese Votivtafel errichten wir Unterzeichnete zum Andenken an den mächtigen Schutz, den wir durch die mächtige Fürbitte der seligsten Jungfrau Maria erfuhren in jener großen Feuersgefahr, als am 15. September 1855 unmittelbar nach beendigten Samstag-Rosenkranze beim Kramer dahier eine furchtbare Feuersbrunst ausbrach und sich über das ergriffene Haus mit so unwiderstehlicher Schnelligkeit verbreitete, daß wenig Hoffnung mehr war, unsern Getreidstadel und selbst unser Haus vor der Wuth des verheerenden Brandes noch retten zu können. In dieser augenscheinlichen Gefahr sind wir aber durch die angerufene Fürbitte der Mutter der Barmherzigkeit, die bei ihrem göttlichen Sohne alles vermag, und die liebreichen Anstrengungen der aus der Nähe und Ferne hilfreich herbeigeeilten Mitmenschen von aller Beschädigung freigeblieben, wofür dem allmächtigem Gott und der seligsten Gottesmutter, dieser Helferin der Christen, ewiger Dank hiermit gesagt sei.
Augustin und Anna Rainer, samt ihrer Tochter Anna v. Högling.

Zu Seite 78

Zu der allerseligsten Jungfrau und Schmerzhafften Mutter Gottes, dem heiligen Martyr Felix, wie auch dem heil. Florian und Sebastian verlobt sich hieher der Ehrngeachte und wohlweise Herr Sebastian Landrichinger des Marckts Gars bürgerlicher böck, dan (damals) des Raths mitglied mit seiner Frau Maria Elisabetha Landrichingerin und dem ganzen Hausgesind in einer höchst gefährlichen feuersbrunst, die allhier den 19. Jenner Anno 1779 zwischen 3 und $^1/_2$vier uhr in der Frühe entstanden alle benachbarte häuser in die asche gelegt und auch des obbemelten Herrn Sebastian Landrichinger (Haus) durch eine 5 stund anhaltende hitze in solch verzweifelten stand gesetzt, daß alle hoffnung durch menschliche hilff, selbe(s) mehr erretten zu können gänzlich verschwunden, dahero hat er sich in dieser äusserst gefahr zur schmerzhafften Mutter Gottes, zu denen heiligen Felix, Florian und Sebastian mit gegenwärtiger Tafel und heiliger Mess verlobt, und sein hauß ist der augenscheinlichen Feuersgefahr zu ieder mans verwunderung noch glücklich und ohnbeschädigt entronnen. Gott und dem ganz(en) himmlischen heer seye darvir Ewiger Danck gesagt.

Zu Seite 86/87

In dem Jahre 1779 hat sich an dem 19. Tage Jenners in dem hiesigen Markt Gars auß unerforschlichen Urtheil deß gerechten Gottes eine so schaudervolle Feuerßbrunst erhebet, das in zwoen Stunden sechs Häuser samt allen Haußgeräth schon wirklich ein Raub deren Flamen geworden. Nur die mächtige Fürbitt MARIAE, der schmerzhaften Mutter, und des glorreichen Martyrs FELIX (des Ortspatrons) ware es, welche den straffenden Arm des erzörneten Gottes ingehalten und das wüthende Feuer, von dem ganzen in gefahr stehenden Markt abgewendet hat. Zur kindlichen Danksagung für diese wundervolle Gutthat ist ein geringes Denkmale eines dankbaren Herzens errichtet worden von J. A. R. und M. A. R. 1781

Zu Seite 98

Gott und der seeligisten Jungfrauen zur schuldigister danckbahrkheit, auch zur ewigen gedächtnuß hat dise daffl mahlen und anhero aufhencken lassen Anthonius Sebastianus Öfele, SSae (Sanctissimae) Theologiae Doctor Protonot. Apost. und Pfarrer zu Mainburg, alß welcher, nachdeme Anno 1704 den 19. Julii der allhiesige Marckht Mainburg mit denen eingefahlen hussaren wegen der geforderten Contributionen accordiert, auf beschechenes ersuechen den 20. Julii darauf mit dem ambtierenden Burgermeister H. Andreas Lampacher und Hanns Georg Paumann das versprochen gelt nacher Reichertzhofen yberbringen und erlegen helffen, den andern tag als den 21. Julii hinnach aber in dem rückhweg zu Ober Empfenbach von einer hussaren Parthey sambt oberwehnten H. Burgerm. et Cons. item auch denen redimierten gaislen Johann Wolfarth und Johann Forster beden Burger der orthen, auch etlichen pfleghtsunterthonen auf ein neues gefangen, in eussriste todtsgefahr gesetzt und (LA) zue fuess fort geschleppt, auch gleich darauf in dem so genannten Hasiriedt (LB) alles zue seiner et Cons. massacrierung veranstaltet worden, weilen der augenscheinlichen todtsgefahr zu entgehen H. Burgerm. ein merkhliche Summa gelts de novo versprochen, umb aber solches auf den 22. Julii versprochener maßen nit gelifert, als haben die berüehrte Hussaren mich Pfarrern als angehaltenen gaisl denselben tag zwischen zweyen gebunden, und mit den geladenen und überzogenen Mußqueton auf das herz haltent durch under Lauterbach (LC) und mehr alß ein gantze Stund weith mit verhenkhten zaumb fortgeführt, auch eben selbigen tag zu nachts negst bey Gebratzhausen (LD) ein über die massen gefährlichen schwerdt streich auf mich geführt, und endtlichen negsten Sontag den 27. Julii darauf (weil das gelt noch nit ankhommben war) bey den Leprosen zu Wollntzach (LE) als einen zum todt destinierten mit strickhen unaußsprechlich hart geraidtet, auch unfelbar gleich an der stöll wurden erschossen haben, wan nit die anwesende und heuffig zusamm geloffene burger zue besagten Wolnzach durch inständiges bitten solches verhindert, und gleichsamb versichert hätten, das das versprochene gelt an Montag den 28. Julii umb 6 uhr morgens gewiss anlagen werde, wie mich nun, nach gemachten gelibd zu S. Salvator allhier nacher Mainburg, und zu U. L. F. (Unserer Lieben Frau) nacher Alten Oettingen gott und die Seligiste Jungfrau vasst miraculoser weiß durch ein khayserl. tragoner trouppen bey Gassitzhausen eben an solchem Montag und stund erlöset, das weißet (LF).

Zu Seite 110

Mit dieser Tafel haben sich vier unverheiratete Männer zu den schmerzhaften Jesu am Kreuze hieher (nach Hohenburg) verlobt, nämlich Johann Schöfmann von dem untern Mauerbach, Franz Probst vom Graben, Johann Hochenwieser und Georg Letner aus der Pfarre Lenggries wegen der großen Gefahr, in welcher sie bei der Revolution vor München schwebten, weil sie glaubten, daß es unmöglich wäre, mit dem Leben mehr davon zu kommen. Aber durch Hilfe und Beistand des schmerzhaften Jesu am Kreuze kamen sie glücklich wieder zurück. Gott dem höchsten sei Dank gesagt.
Amen – 1705

Zu Seite 136

Allhier hat das Unglück gehabt der Tugendreuche Antoni Jahrstorffer, Bauernsohn von nieder Höcking durch einen gefehrlichen pferdschlag, durch die fierbitt der unbefleckten empfengerin Maria und des Heiligen Antoni von Badua widerum glicklich hergestellt worden. Got sey ewigen danck gesagt. 1793

Zu Seite 155

Anno 1689 den 23. May, als die Pfarrgemain der Churbaierischen Stadt Landau von verrichteter 4jähriger Kirchfahrt (einer Wallfahrt, die alle vier Jahre absolviert wurde) auf zwei zusammengehöfften (gehefteten) Schiffen nach Haus fahrete, ist ober dem Wirtshaus Sandbach in denen Steinklippen das eine Schiff lödig worden. Etliche Personen auf die Stein aufgesprungen auf zueruffung Mariae, hier ist allen Menschen einiges Leid widerfahren, sonder die übrige durch den Steuerruderer zu einem fölsen angeländet und so wohl diese, als andere nacheinander in schiff sein, ohne Gefahr ausgeführet. Zu dankbares Gedächtnis diese Tafel allhero verlobet worden.

(Der Maler hat hier offensichtlich den Text ein bißchen durcheinandergebracht. Es muß richtig heißen: »Etliche Personen sind auf die Steine aufgesprungen und auch den übrigen Passagieren ist hier einiges Leid widerfahren, weil der Steuerruderer das Schiff auf eine Felseninsel auflaufen ließ. Aber auf Anrufung Mariae konnten sowohl diejenigen, die auf die Steine aufgesprungen waren, wie auch die anderen, die sich noch im Schiff befanden, nacheinander ohne Gefahr an Land gebracht werden.«)

Zu Seite 165

Zu Lob und Dank des bittern Leidens und Sterbens Jesu Christi sowohl als auch der Wiedergenesung hat hieher (nach Hohenburg) ein MONUMENT errichten lassen Ferdinand Schöttl, Bauers Sohn zum Jäger am Fall. Hat sich auch zu den leidenden Jesu im Kerker verlobt und ist, dem Allmächtigen sey unzählbarmall Dank gesagt, glücklich geheilet worden. Er hat sich den Fuß zweymall gebrochen und zerschmettert. Glücklich gekommen aus allen gefährlichen Orten bis auf die Ebne, dort erst draff mich das Schicksal, wo er schon sicher zu sein glaubte. Geschehen den 10ten Februar 1823.

Die Abbildung auf Seite 172 stammt von einer Votivtafel aus Maria Steinbach aus dem Jahre 1746. Der Bildtext lautet:

Allhero hat sich verlobt zue der wunderthetige Muetter Maria, Engelberthus Mayer, Würdt in hechen wegen eines kranckhen Ross gott lob besser worden.

Bibliografie

Andree, Richard: Votive und Weihegaben, Braunschweig 1904.

Bachmann, Hanns: Mirakelbuch... Maria Stein, München 1973.

Bach, Hermann: Mirakelbücher bayerischer Wallfahrtsorte, München 1963.

Bartels, A.: Der Bauer in der deutschen Vergangenheit, Leipzig 1900.

Bauer, Robert: Die Bayerische Wallfahrt Altötting, München 1970.

Ders.: Die Altöttinger Votivtaferl, Passau 1971.

Bauerreis, Romuald: Die Entstehung der christlichen Wallfahrt, München 1936.

Ders: Kirchengeschichte Bayerns, St. Ottilien 1953.

Bleibrunner, Hans (Hrsg.): Der Bogenberg, Landshut 1962.

Böck, Karl: Johann Christoph Beer (1690–1760), ein Seelsorger des gemeinen Volkes, Kallmünz 1955.

Brittinger, Anita: Die bayerische Verwaltung und das volksfromme Brauchtum im Zeitalter der Aufklärung, München 1938.

Consentius, Ernst (Hrsg.): Meister Johann Dietz, Lebensbericht eines Feldschers, Ebenhausen 1915.

Copeland, John: Roads and their traffic (1750–1850), Newton Abbot 1968.

Creutz, Rudolf: Einführung in die Geschichte der Medizin, Iserlohn 1948.

Dann, G. E.: Vorträge zur Pharmaziegeschichte, Stuttgart 1966.

Delius, Walter: Geschichte der Marienverehrung, München 1963.

Diepgen, Paul: Geschichte der Medizin, Berlin 1959.

Dorn, Ludwig: Maria hat geholfen, Maria Steinbach 1972.

Falke, Johannes: Geschichte des deutschen Handels, Leipzig 1859.

Fiedler, Ottomar: Geschichte der deutschen Feuerlösch- und Rettungsanstalten, Berlin 1873.

Fiedler, Siegfried: Grundriß der Militär- und Kriegsgeschichte, München 1972.

Freeden, Hermann v.: Auswanderung, Leipzig 1937.

Fuchs, Adolf: Geschichte des Gesundheitswesens in Kaufbeuren, Kempten 1955.

Fülöp-Miller, Rene: Kulturgeschichte der Heilkunde, München 1937.

Gersdorff, Hans von: Handbuch der Wundarznei, Straßburg 1528.

Gierl, Irmgard: Bauernleben und Bauernwallfahrt in Altbayern, München 1960.

Goy, Barbara: Aufklärung und Volkfrömmigkeit, Würzburg 1969.

Gruber, Christian: Die Bedeutung der Isar als Verkehrsstraße, München 1890.

Gschwind, Joseph: Freisinger Postgeschichte, München 1957.

Hacker, Werner: Auswanderer... im 18. Jahrhundert, Oldenburg 1970.

Harmening, Dieter: Heiligenleben und Wallfahrtsfrömmigkeit in Franken, Würzburg 1967.

Herre, Franz: Das Augsburger Bürgertum im Zeitalter der Aufklärung, Augsburg 1951.

Heyden, Rolf: Die Entwicklung des öffentlichen Verkehrs in Hamburg, Hamburg 1962.

Höfler, Max: Volksmedizin und Aberglauben in Oberbayern, München 1893.

Huber, F. K.: Geschichtliche Entwicklung des modernen Verkehrs, Tübingen 1893.

Hüttig, K. F.: Pfälzische Auswanderung 1750–1845, Marburg 1958.

Hüttl, Ludwig: »Max Emanuel«, München 1976.

Huizinga, J.: Herbst des Mittelalters, München 1928.

Karl, J. B.: Handbuch für Reisende durch das Königreich Bayern, München 1820.

Kernmayr, Hans G. (Hrsg.): Der goldene Helm, München 1956.

King, L. S.: The medical world of the 18. century, Chicago 1958.

König, M. A.: Weihegaben an unsere liebe Frau von Altötting, München 1939.

Kraft, Günther: Über eine mitteldeutsche Räuberbande, Weimar 1959.

Kramer, K. S.: Bauern und Bürger in Unterfranken, Würzburg 1957.

Krebel, G. F.: Die vornehmsten europäischen Reisen, Hamburg 1792.

Kriss, Rudolf: Die Volkskunde der altbayerischen Gnadenstätten, München 1953.

Ders.: Die religiöse Volkskunde Altbayerns, Wien 1933.

Kriss-Rettenbeck, Lenz: Das Votivbild, München 1961.

Ders.: Ex voto, Zürich 1972.

Lamb, Carl: Die Wies, München 1964.

Lammert, Gottfried: Volksmedizin in Bayern, Würzburg 1869.

Leibbrand, Werner: Romantische Medizin, Hamburg 1937.

Leitschuh, Max: Auswirkungen des Spanischen Erbfolgekrieges, München 1965.
Löper, Karl: Die Rhein-Schiffahrt, Straßburg 1877.
Marx-Kruse, M. und E.: Chronik der deutschen Jagd, Ebenhausen 1937.
Mathieu, E.: J. A. Eisenbarth, Weiden 1964.
Minor, August: Räuberbanden im goldenen Grund, Camberg 1970.
Mitterwieser, J. A.: Die Geschichte der Zahnheilkunde in Altbayern, München 1951.
Müller, Adolf: Beiträge zu einer hessischen Medizingeschichte, Darmstadt 1929.
Müller, Karl: Kurbayerische Militärverhältnisse im 1. Viertel des 18. Jahrhunderts, München 1903.
Nacken, Edmund: Schinderhannes. Mainz 1968.
Phayer, F. M.: Religion und das gewöhnliche Volk in Bayern (1750–1850), München 1970.
Pollack, Kurt: Die Jünger des Hippokrates, Wien 1963.
Raab, Heinrich: Matthias Klostermayer, Prachatitz 1933.
Rattelmüller, P. E.: Matthäus Klostermayer, München 1971.
Rauers, Friedrich: Die Geschichte des Verkehrs, Bad Godesberg 1962.
Sasse, Carl Hans: Geschichte der Augenheilkunde, Stuttgart 1947.
Schäffer von Sulz: Abriß des Jauner- und Bettlerwesens, Stuttgart 1793.
Schairer, I. B.: Das religiöse Volksleben am Ausgang des Mittelalters, Leipzig 1914.
Scharrer, Franz S.: Chronik der Stadt Vilshofen, Vilshofen 1897.
Schauwecker, Heinz: J. A. Eisenbarth, München 1962.
Schindler, Herbert (Hrsg.): Bayerns goldenes Zeitalter, München 1968.
Schmidt, C. W.: Mit der Postkutsche durch Deutschland, Berlin 1938.
Schmidt, Leopold: Das deutsche Votivbild, Halle 1941.
Schorer, Hans: Das Bettlertum in Kurbayern in der 2. Hälfte des 18. Jahrhunderts, 1904.
Schreiber, Georg: Deutsche Bauernfrömmigkeit in volkskundlicher Sicht, Düsseldorf 1937.
Ders. (Hrsg.): Deutsche Mirakelbücher, Düsseldorf 1938.
Ders.: Mönchtum und Wallfahrt, Köln 1935.
Ders.: Wallfahrt und Volkstum, 1934.

Schwarz, Konrad: Die Entwicklung der deutschen Post, Berlin 1931.
Spengler, Karl: Unterm Münchner Himmel, München 1971.
Staber, Joseph: Volksfrömmigkeit und Wallfahrtswesen des Spätmittelalters im Bistum Freising, München 1955.
Stepanek: Die Wahrheit über den M. Klostermayer, München 1963.
Veit, L. A., Lenhart, L.: Kirche und Volksfrömmigkeit im Zeitalter des Barock, Freiburg 1956.
Vetter, A.: Aus Augsburgs schlimmsten Tagen (im Spanischen Erbfolgekrieg), München 1904.
Virchow, Rudolf: Gesammelte Abhandlungen aus dem Gebiete der öffentlichen Medizin und der Seuchenlehre, Berlin 1879.
Wagner, Hans: Die Aufklärung im Erzstift Salzburg, Salzburg 1968.
Wallmenich, Karl von: Akten zur Geschichte des bayerischen Bauernaufstandes 1705/06, München 1912.
Ders.: Der Oberländer Aufstand 1705 und die Sendlinger Schlacht, München.
Westenrieder, Lorenz: Beschreibung der Haupt- und Residenzstadt München, München 1970.
Zender, Matthias: Räume und Schichten Mittelalterl. Heiligenverehrung, Düsseldorf 1959.

Mirakelbücher (Bayerische Staatsbibliothek)

Altötting 1581 (Martin Eisengrein)
Altötting 1662 (Jacob Irsing)
Altötting 1664 (Gabriel Küpferle)
Altötting 1740
Bogenberg 1624
Bogenberg 1791
Maria Hilf Passau 1714
Maria im Weggental 1731
Maria Steinbach 1738
Maria Steinbach 1740
Weihenlinden 1688
Weihenlinden 1757

Der Autor dankt dem Bayerischen Landesverein für Heimatpflege und den Geistlichen der im Buch genannten Wallfahrtskirchen für Informationen und für Mithilfe bei der Aufnahme der abgebildeten Votivtafeln. Besonders gedankt sei Herrn Dr. Robert Bauer, bischöfl. Administrator der hl. Kapelle in Altötting.

©1976 by Rosenheimer Verlagshaus Alfred Förg, Rosenheim.
Druck: Ernst Kieser KG, Augsburg.
Bindung: Verlagsbuchbinderei Hans Klotz, Augsburg.
Schutzumschlag: Ulrich Eichberger, München.
Fotos von Marlies Rathjens (München), Georg Lotter (München), Erich Braunsperger (Wasserburg).

ISBN 3-475-52171-7